创 新 赋

李牧童

混沌初开，演乾坤之爻变；阴阳交感，成宇宙于日新。毓六根之情性，生万类于絪缊。始怀仁以求是，终明易而通神。尔乃懋修德业，博取物身。随异时以裁度，施满腹之经纶。匡世济民，常领先于创举；移风矫俗，每革弊于陈因。乃知大道之行，必新可久；溥天之众，唯适堪存。

维我泱泱浙大，赫赫上庠。鹏抟禹甸，岳峙钱塘。虽滥觞于光绪，实踵迹于羲皇。笑览三千世界，饱经百廿沧桑。方其兴黉舍于普慈，延师启智；拯士风于科举，矢志图强。崇实求真，谋专精于术业；励操敦品，摒利禄于行藏。比及竺公受任，锐意更张。敬业乐群，改官僚之习气；尊师重道，充智慧之资粮。见闻多其弥笃，教学乐而互彰。既罹忧于兵燹，乃避难于他乡。辗转西迁，遗善行于赣地；迢遥东顾，播文种于黔疆。格物致知，学尽穷研之力；安贫乐道，居留瓢饮之香。遂开一时气象，而引无限风光。行正道于人间，龙骧虎步；铸贤才于海内，日盛月昌。

嗟哉！夫育材之庠序，乃济世之梯航。弘人本之方针，兼修道器；固德才之基石，广蓄栋梁。博学睿思，承菁华于往代；深谋远虑，造时势于前方。极数推来，拓新阶于诸域；秉诚知化，驱原创于各行。明治道之所宜，通权达变；率潮流于应向，内圣外王。扶国政于中庸，教敷百姓；导民心于至善，和洽万邦。皇皇大道，熠熠斯芒。惟新厥德，永发其祥！

浙大史料

选编一（1897—1949）

张淑锵　蓝蕾 ◉ 主编

本书收录的史料
始于1897年浙江大学前身是书院创设
止于1949年新中国成立
发轫，推展，播迁，传承
波澜里证"求是"，史料中鉴往来

ZHEJIANG UNIVERSITY PRESS
浙江大学出版社

本书收录的史料
始于1897年浙江大学前身求是书院创设
止于1949年新中国成立
发轫，推展，播迁，传承
波澜里证"求是"，史料中鉴往来

总　序

　　教育强则国强。求是书院从清末的创办之日起，即确定了"居今日而图治，以培养人才为第一义；居今日而育才，以讲求实学为第一义"的办学宗旨；敢为人先，以引领风云际会之势，贯穿了浙江大学一百二十年办学历程的始终；与时代同呼吸，与国家发展同频共振，是浙江大学一以贯之的精神所在。

　　曾经，以兴新学而图国强，是那一代知识精英以知识振兴中华的理想和抱负。然而，没有强大的国家为后盾，办学的道路，曲折而多难。一部浙江大学的历史，也就是一部浓缩的中国高等教育和科学技术发展史，更是一部承载了中华民族文化血脉的历史。每当我们回首来时路，每当我们细数家珍，我们都会倍感今日的一切，来之不易。我们是历史的见证者，我们也是历史的创造者。一代又一代怀抱报国理想的中国知识分子，用自己的双手和汗水，为中华的强盛而努力拼搏。

　　在网络日渐成为人们生活中不可或缺的元素的时候，书卷，依旧是记载历史、呈现文化、讲述故事的最朴素的载体。在建校一百二十周年之际，这套"百廿求是丛书"，从历史，从文化，从教师的成果，从学生的成长，或是黑白或是彩色地用文字和图片呈现纷繁历史中的岁月积淀，或是叙事恢弘，或是微波涟涟，展现浙江大学独特的品格、独特的历史、独特的文化。在历史与现实的互相映照中，告诸往而知来者。浙江大学的家国情怀和社会担当从未懈怠，峥嵘岁月里铸就的浙大故事，历久弥新。

　　这套丛书共8本，依据"主人翁"的年岁为序，是为《浙大史料》《浙大景影》《浙大口述》《浙大原声》《浙大发现》《浙大戏文》《浙大范儿》《浙大飞语》。有办学史料选集，有校园建筑文化，有老浙大人的情怀，有新浙大人的理想……我们期望能够通过文字，留住过往，呈现历史，以励当下。

《浙大史料》的文字，以求是书院为起点，从"章程"到"规""例"，从"奏请"到"致电"，从"大纲"到"细则"，在史料散失现象十分普遍的情况下，很多是通过抓住点滴线头顺抽细检的方式考订所得，虽只是沧海一粟，但希望以此为起点，能使得我们的积累和研究日渐体系化、专业化。如果要将8本书分个类，《浙大景影》《浙大原声》和《浙大戏文》应当可以与《浙大史料》归在一类，它们共有历史记录的性质，虽然分别是以建筑、原创歌曲和原创校园话剧为主角，但都具有跨年代的积累，都具有浙江大学独一无二的文化烙印。而且，领衔的编著者，是这四方面工作的专业人士，他们用专业的眼光和方法，加之对学校的深深的爱，为读者烹制出原料纯正的精神佳肴。

《浙大口述》《浙大发现》《浙大范儿》和《浙大飞语》的主角是今天的浙大人。《浙大口述》的讲述人，很多已经近90高龄了，他们用平实无华的语句讲述的故事，就是浙大的历史。我们今天的办学成绩，都是在前人砌就的基业上取得的，中华人民共和国成立初期，家底之薄，创业之艰难，如果不是通过他们的讲述，也许我们很难想象。《浙大发现》则是大学办学发展的最好的佐证，浙江大学代代相传的求是印记，在于文化学脉与民族血脉的交融，在于中国知识分子以科学强国为己任的信念。《浙大范儿》是丛书中唯一一本以创业人为采访对象的原创作品集，浙大新一代创业人的感悟和思考，不仅对创业的学生和校友，乃至对高等教育的组织者也有启发和参考作用。《浙大飞语》也同样，青春的校园，记录着青春飞扬的生命。何为"浙大范儿"？就是树我邦国的家国情，开物前民的创新观，永远锐意进取的上进心，追求卓越、造就卓越的勇气和信心！

　　延续一百二十年的浙江大学文化，是岁月淘沙的瑰宝，是大学精神的底蕴，是共同价值的灵魂。传承和弘扬求是文脉，不忘前事，启迪后人。在新的历史时期，我们记述和表达的是今天的浙大人，扎根中国大地，为实现中华民族伟大复兴的中国梦而奋力前行的信念和脚步。

"百廿求是丛书"编委会

2017年4月20日

编写说明

1. 本书是浙江大学"百廿求是丛书"之一。为符合丛书对各本书籍体量和规模的要求，编写者在尽量广泛地收集史料的同时，将具有重要历史价值、反映重要历史节点的精选史料编入本书，不使篇幅过于庞大。

2. 编入本书的史料，年限上具有断代性，起于浙江大学前身求是书院创立时间1897年，止于1949年新中国成立，并以1928年、1936年为历史分期节点，全书依此分为三章。

3. 编入本书的史料，来源上具有多源性，有的来自公开刊印的图书资料，有的来自图书馆或档案馆的馆藏档案及文献，但主要来自编者于长期校史工作中多方钩沉积累而来的史料，以及编者所在单位浙江大学档案馆的馆藏资源。

4. 编入本书的史料，内容上具有二元性，有的史料是浙江大学自身形成的，直接反映历史发展；有的史料虽不是浙江大学自身直接形成的，但促成了浙江大学历史的发展变化，是认识浙江大学历史变化的重要线索，因此也编入本书。

浙大史料

卷首语

　　国有成均，在浙之滨。浙江大学是一所具有深厚历史底蕴的著名高等学府。历史上的浙江大学，曾经在19世纪末的维新思潮之中勇立潮头，以求是书院之名，与北洋西学学堂（现天津大学）、南洋公学（现上海交通大学）等，还有后来的京师大学堂（现北京大学）一起，列为近代中国最早的几所新式高等学堂之一。之后，我国新式学堂如雨后春笋般涌现。1927年，浙江大学作为国民政府创办的四所中山大学之一，以国立第三中山大学之名，管辖浙江大学区，成为教育、行政、学术、服务的中枢机构。1928年，正式定名为"国立浙江大学"。

　　1936年，著名教育家、科学家竺可桢先生担任国立浙江大学校长。由于竺可桢校长的卓越领导，浙江大学云集了大量优秀师资，培养了大量杰出人才，仅经历西迁办学的师生后来当选为中国科学院院士或中国工程院院士者就有50余位。在此期间，培养的物理系学生李政道后来获诺贝尔物理学奖，物理系学生程开甲、数学系学生谷超豪、文科研究所史地学部研究生叶笃正后来获国家最高科学技术奖。在此期间任教的王淦昌、程开甲（毕业留校后任教）后来获"两弹一星功勋奖章"。这些杰出师生在浙江大学的风云际会，书写了浙江大学西迁办学的不朽传奇。著名国际科技史专家李约瑟博士称誉浙江大学为"东方剑桥"。

　　新中国成立后，浙江大学先是为全国高等教育布局调整做出突出贡献，继而通过重建理科、试点综合改革，综合办学实力不断得到加强。经过1952年院系调整，在浙江大学相关院系基础上逐渐发展壮大的原杭州大学、浙江农业大学、浙江医科大学办学质量也不断提升，在各自的领域内也都取得了较高声誉。

　　90年代中期后，浙江大学、杭州大学、浙江农业大学先后进入了国家"211工程"重点建设大学行列，浙江医科大学也顺利通过了省政府重点学科建设项目的可行性论证。1998年，作为当代中国高等教育体制突破性改革的成果，浙江大学与同根同源的杭州大学、浙江农业大学、浙江医科大学顺利实现了合并。学校迎来了创建世界一流大学的全新征程。如今的浙江大学综合实力稳居国内前列，并以稳健的节奏向着世界一流大学的目标迈进。

2014年5月4日，习近平总书记在北京大学师生座谈会上讲话时指出："党中央作出了建设世界一流大学的战略决策，我们要朝着这个目标坚定不移前进。办好中国的世界一流大学，必须有中国特色。没有特色，跟在他人后面亦步亦趋，依样画葫芦，是不可能办成功的。这里可以套用一句话，越是民族的越是世界的。世界上不会有第二个哈佛、牛津、斯坦福、麻省理工、剑桥，但会有第一个北大、清华、浙大、复旦、南大等中国著名学府。我们要认真吸收世界上先进的办学治学经验，更要遵循教育规律，扎根中国大地办大学。"总书记的殷切期望，是浙江大学创建一流大学的强大动力。创建"第一个浙大"，任重而道远。

"天若有情天亦老，人间正道是沧桑。"回眸校史120年，仅以编者掌握的史料来看，浙江大学历史之辉煌、精神之坚强、经验之独特、影响之广泛，堪称国内学林之中坚，乃至世界学府之典范；其经历的曲折，创造的辉煌，遭受的困难，启迪的经验，既是珍贵的文化遗产，也是前进的文化力量。如何展现这120年历史发展的文化轨迹及求是精神，这是编者长期思考的一个重要问题，也是记录校史、反映校史、研究校史、编写校史、传承校史、发扬校史的一个关键。每每看到《国立西南联合大学史料》《清华大学史料选编》《北京大学史料》《交通大学校史资料选编》《厦门大学校史资料》《河南大学史料长编》等等大学史料丛编，总有编写一本或者一套《浙江大学史料》（选编）的躁动。这样的心愿，终于可以在浙江大学120周年校庆之际得以实现，尽管不过是抛砖引玉之举，亦诚令人开怀！

本书史料年限起于浙江大学前身求是书院创立时间1897年，止于1949年新中国成立，并以1928年、1936年为历史分期节点，全书分为三章。这些史料包括立校文件、政府文件、学校规章、公文报告、私人函件、重要论述等，有的是浙江大学自身形成的，直接反映校史发展情况，有的虽不是浙江大学自身直接形成的，但促成了校史发展变化，是认识浙江大学历史变化的重要线索，因此也编入本书。

编写史料是深化历史研究的重要工作。胡适曾强调："有几分证据，说几分话。有一分证据只可说一分话。有三分证据，然后可以说三分话。治史者可以作大胆的假设，然而决不可作无证据的概论也。"傅斯年说："史学便是史料学。""凡一种学问能扩张，他研究的材料便进步，不能的便退步。"要"上穷碧落下黄泉，动手动脚找东西"。"一分材料出一分货，十分材料出十分货，没有材料便不出货。"这些大家的史料观，充分说明了史料编写的重要价值。诚如洪钟大吕，其巨响犹环绕耳际，为编者编写本书找到了坚实的价值支撑，激励编者为编写校史资料、推进校史研究而不懈努力。

最后，值浙江大学120周年校庆之际，祝愿母校生日快乐，事业更加辉煌，早日建成世界一流大学！

编者

2017年4月24日

目　录

目 录

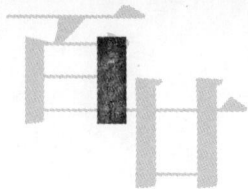

目 录

目 录

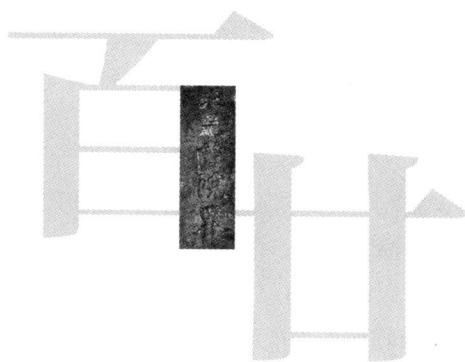

百廿

第一章

兴学图强
（1897—1928）

杭州府林太守启招考求是书院学生示 　　1897年

　　为招考事。照得省城现奉抚宪创设求是书院，延聘教习，讲授化算图绘诸学，兼及外国语言文字。无论举贡生监，年在三十以内，无嗜好，无习气，自愿驻院学习者，务于三月初五日以前，开具三代年貌籍贯住址，邀同本地公正绅士，出具保结，赴院报名。其有略通外国语言文字或化算图绘诸学，均当于册上填注，由监院呈送。示期先试经义史论时务策，取录若干名，再行会同教习复试，选定三十名。每名给伙食洋三元，杂费洋二元。朔课考试化算诸学，望课考试经史策论，均分别给奖。以五年为期，不得无故告退。非假期必常川驻院。其余额外，仍按名注册，俟随时传补。所有详细章程，应于报名时到院详看。为此谕仰愿考各生知悉，各宜依期赴院，报名填结，候再示期扃试，毋自迟误。切切特示。

来源:《经世报》第二册，1897年8月

浙江巡抚廖寿丰奏为浙江省城专设书院兼课中西恭折 　　1897年

头品顶戴浙江巡抚臣廖寿丰跪奏

为浙江省城专设书院兼课中西实学恭折，奏明立案，仰祈圣鉴事。

　　窃臣于上年二月间遵旨议复臣上条奏时务折内陈明设学堂一条，谨当随时劝导举行，嗣经中外诸臣请将书院变通推广，先后奉旨通行各省遵办。窃维居今日而图治，以培养人才为第一义；居今日而育才，以讲求实学为第一义。而讲求实学，要必先正其志趋以精其术业，大学格致诚正修齐治平之道，合古今中外而不能易者也。欧美诸邦，学堂各千百计，自髫龄入小学，以次而中学、而大学，犹是家塾、党庠、州序、国学之制也。若船学，若矿务，若种植，若制造，犹是讲武、训农、通商、惠工之政也。苟事事物物务求其实，朝考夕稽，弗得弗措，何学之不成？亦何事之不举？乃积习相仍，时变日亟，病词章帖括之不足恃，而群慕西学，窃恐规摹形似，剽窃绪余，借一二西语西文以行其罔利梯荣之故智，不独西学无成，而我中国圣人之教且变而愈忘其本，此臣之所大惧也。

查浙江杭州省城，旧有敷文、崇文、紫阳、学海、诂经、东城书院六所；今方以制艺取士，势难骤为更张。另设则无此经费，惟有酌筹改并，因势倡导，择庠序有志之士奖进而培植之，庶趋向端而成就易。泰西各学，门径甚多，要以兵、农、工、商、化验、制造诸务为切于时用，而算学则其阶梯，语言文字乃从入之门。循序以进，渐有心得，非博通格致，不得谓之学成。屏一切模糊影响之谈，而课其实事，庶他日分布，传习愈精，而成材亦愈众。

臣叠与司道筹议，并饬杭州府知府会商绅董，就普慈寺后现有群屋，量加修治，专设一院，名曰求是书院。即委该府知府林启为总办；延一西人为正教习，教授各种西学，华教习二人副之，一授算学，一授西文；委监院一人，管理院中一应事宜。一面购置仪器图籍，由地方绅士保送年二十以内之举贡生监，饬据该总办考取复试，接见询问，择其行谊笃实，文理优长，并平日究心时务，而无嗜好习气者，于本年四月二十日送院肄业。但予奖赏，不给膏火，学以五年为限。并明定规约，妥立课程。每日肄习之暇，令泛览经史语录、国朝掌故及中外报纸，务期明体达用，以孔、孟、程、朱为宗旨，将有得之处，撰为日记，按旬汇送查考。每月教习以朔日课西学，总办以望日课中学，年终由臣通校各艺，分别等第。勤者奖，惰者罚，不率教者斥，优异者存记。另选翻译之人，译述各种有用之书，为振兴学校之助。所有常年经费，如教习、翻译、监院及司事人等薪修工资，并奖赏、伙食等，每年需银五千余两，此外尚有随时购置仪器、图籍暨学生纸笔一切杂用，不在此数。除将东城书院每年膏火银一千余两，全数拨用外，于各书院奖赏存典生息项下，岁提息洋三千元有奇，及各局裁省减并共洋四千元有奇，合之数不及万，均未动支正项。当此开办之始，规模不敢过侈，俟经费稍充，再图展拓。省外各府属，经臣分札饬办，如宁波、绍兴、金华、湖州、台州、严州、温州、海宁等属，或就书院加课或设学堂专课，各视经费多寡议章开办，亦均未请动公帑。臣当随时督察，冀收实效。将来该书院学生学业成就，如有才能超异者，由臣咨送总理衙门考试，以备器使。各府属学生有可用之才，由该府禀请调省考验，一体咨送，以广出身，而资鼓励。除咨总理衙门及礼部外，谨会同杭州将军臣济禄恭折具奏，伏乞皇上圣鉴。谨奏。

朱批：[该衙门知道]

来源：浙江大学档案馆藏复制件

与林迪臣太守论浙中学堂课程应提倡实学书　　1897年　梁启超

顷阅各报，知浙中学堂已有成议，大吏委公总司厥事，无任忭喜。军事既定，庙谟谆谆，野议缤缤，则咸以振兴学校为第一义，各省州县颇有提倡，而省会未或闻焉。浙中此举，实他日群学之权舆也。启超窃以为此后之中国，风气渐开，议论渐变，非西学不兴之为患，而中学将亡之为患，至其存亡绝续之权，则在于学校。昔之蔽也，在中学与西学分而为二，学者一身不能相兼。彼或三十年来之同文馆、方言馆、武备学堂等，其刱立之意，非不欲储非常之才以为国用也，然其收效乃仅若是。今之抵掌鼓舌以言学校者，则莫不知前此诸馆之法之未为善矣，而要彼今日之所立法，其他日成就有以异于前此诸馆之为乎，则非启超所敢言也。启超谓今日之学校，当以政学为主义，以艺学为附庸；政学之成较易，艺学之成较难；政学之用较广，艺学之用较狭。使其国有政才而无艺才也，则行政之人振兴艺事，直易易耳；即不尔而借材异地，用客卿而操纵之，无所不可也。使其国有艺才而无政才也，则绝技虽多，执政者不知所以用之，其终也必为他人所用。今之中国，其习专门之业稍有成就者固不乏人，独其讲求古今中外治天下之道，深知其意者，盖不多见。此所以虽有一二艺才而卒无用也。中国旧学，考据、掌故、词章为三大宗；启超窃尝见侪辈之中，同一旧学也，其偏重于考据词章者，则其变而维新也极难；其偏重于掌故者，则其变而维新也极易。盖其人既以掌故为学，必其素有治天下之心，于历代治乱兴亡、沿革得失所以然之故，日往来于胸中，既遍思旧法何者可以治今日之天下，何者不可以治今日之天下，抉择既熟，图穷匕见，乃幡然知泰西之法，确有可采，故其转圜之间廓如也。彼夫西人之著书为我借著者；与今世所谓洋务中人介于达官市侩之间而日日攘臂谈新法者，其于西政非不少有所知也；而于吾中国之情势政俗未尝通习，则其言也必窒碍不可行，非不可行也，行之而不知其本，不以其道也。于是有志经世者，或取其言而试行之，一行而不效，则反以为新法之罪。今之大局，未始不坏于此也。故今日欲储人才，必以通习中国掌故之学，知其所以然之故，而参合之于西法，以求致用者为第一等。泰西诸国，首重政治学院，其为学也，以公理公法为经，以希腊罗马古史为纬，以近政近事为用，其学成者授之以政，此为立国基第一义。日本效之，变法则独先学校，学校则独重政治，此所以不三十年而崛起于东瀛也。启超自顷入鄂，则请南皮易两湖书院专课政学：以六经诸子为经，而以西人公理公法之书辅之，以求治天下之道；以历朝掌故为纬，而以希腊罗马古史辅之，以求古人治天下之法；以按切当今时势为用，而以各国近政近事辅之，以求治今日之天下所当有事。苟由此道，得师而教之，五年之间可以大成，则真国家有用之才也。今以为浙中学堂宜仿此意，即未能专示以所重，亦当中西兼举，政艺并进，然后本末体用之间不至有所偏丧。彼乎同文、方言诸馆者，其中亦未尝无中学教习也，未尝不课以诵经书作策论也，而其学生皆如未尝受中学然者，彼其教习固半属此间至庸极陋之学究，于中学之书原一无所闻，其将以何术传诸其徒也？学生既于中学精深通达之处未尝少有所受，则其所诵经书，只能谓之认字，其所课策论，只能谓之习文法，而绝不能谓之中学；故其成就一无可观也。故今日欲兴学校，苟不力矫此弊，则虽糜巨万之经费，只为洋人广蓄买办之才；十余年后，必有达识之士以学堂为诟病者，此不可不慎也。为今之计，能聘一通古今达中西之大儒为总教习，驻院教授，此上策也。其不能也，则窃见尊拟章程中有诸生各设日课部一条，苟能以《周礼》《公羊》《孟子》《管子》《史记》《文献通考》全史书志等，及近译西人政学略精之书数种，列为定课，使诸生日必读若干叶，似今日新法证群书古义，而详论其变通之由与推行之道，其有议论，悉札识于日课中，而请通人评骘之。或每月更设月课，其题多用策问体，常举政学之理法以叩之，俾启其心思，广其才识，则其所得亦庶几也。浙中此举，为提倡实学之先声，一切章程，他日诸省所借以损益也，惟公留意焉。启超稚龄寡学，于一切门径条理岂有所知，顾承见爱，相待逾恒，故不避唐突，薄有所见，辄贡之于左右，想公达人，不诃其多言也。

来源：《饮冰室合集》第二册，上海：中华书局，1941年

浙江巡抚廖寿丰奏为嘉奖朱采捐助求是书院片　1898年

　　再，浙江省城设立求是书院兼课中西实学所需经费，撙节提拨，均未动支正项，前经臣奏明在案。兹据嘉善县在籍绅士前广东雷琼道朱采，以该书院规模已立，经费未充，捐洋五千元，解交藩库备用，声明不敢邀请奖叙等情前来。臣查该绅朱采捐助求是书院经费，虽据声称不敢邀奖，惟当此筹款维艰，慨输巨赀，洵足为振兴学校讲求时务之助。可否恳恩传旨嘉奖，俾昭激劝之处，出自逾格鸿施。谨附片陈请，伏乞圣鉴训示。谨奏。

　　朱批：[朱采着传旨嘉奖]

来源：《湘报》第83号，1898年6月10日

求是书院章程 　1897年

一、总办

总办一人，综核事务，随时稽查。

二、监院

监院一人，管理院中一切事宜，收发款目，参稽课程。司事两人，一簿记账目，给发纸笔及收掌书籍仪器；一查记学生出入告假，并料理伙食一切杂事。以上司事二人，责成监院选择办事不苟、诚实可靠之人充当。

三、教习

正教习一人，教授化学及各种西学，兼课图算语言文字。副教习两人，一教授各种算学及测绘、舆图、占验、天文等事；一教授外洋语言文字及翻译书籍报章等事。

四、学生

以三十人为额。

一、行诣笃实，二、文理通畅，三、资质敏悟，四、精神充足。

无论举贡生监，凡年在三十以内愿学者，由父兄或族长邀同公正绅士出具保结，先期到院报名，不取卷费，由监院汇送总办，定期开考。其有已通西学及语言文字者，另期会同教习，认真考验。能如上开四项，无嗜好、无习气者为合格。录取六十名，先行传到三十名，留学两个月，期满由教习各出切实考语，送请抚宪面试，其有缺额，随时挨名传补。新补之人，仍俟两月期满，再行出考送试。

学生住院，概以五年为限，必须恪守院规，认真学习，限内如有不守院规及任意旷废者，即时遣出。每年除现定放学之期，并因病、考试、婚丧诸正事，准其请假外，不得无故辍学。惟限内如有试隽入官者，应准告退。其愿留竟学者听。又限内学业有专门成就者，亦可酌准告退。其愿接习他学者，并此外倘有必不得已之故，则须临时查议酌办。以上各等，须于到院报名时，令其详看章程，如愿遵守，方准应考。

五、课程

逐日学生课程及作息时刻，由教习会同监院妥议，呈由总办详定。凡值心、危、毕、张、箕、壁、参、轸、元、牛、娄、鬼诸星日，九点至十点，第一班地理，第二班英文；十点至十一点，第二班算学，第一班英文；十一点至十二点，第三班英文；一点半至两点半，第一班算学；两点半至三点半，第二班地理；三点半至四点半，各班练字。凡值尾、室、觜、翼、角、斗、奎、井、氐、女、胃、柳诸星日，九点至十点，第二班地理，第一班英文；十点至十一点，第一班算学，第二班英文；十一点至十二点，第三班英文；一点半至两点半，第二班算学；两点半至三点半，第一班地理；三点半至四点半，各班练字。凡值房、虚、昴、星诸星日休沐。

学生汉文宜加温习，时务尤当留心，每日晚间及休沐之日，不定功课，应自浏览经史古文，并中外各种报纸，各随性情所近、志趣所向，讲求一切有用之书，将心得之处，撰为日记，至少以一百余字为率。其西学心得，亦应随时附记，按时汇送监院，呈总办查考。

每月朔课后，由教习造就学问分数清册，由监院复核，汇呈总办，详请抚宪核夺。

六、考校

以讲求实际为主，每月朔日课西学，是为月课，由教习分别等第；每月望日考汉文，或经义，或史论，或时务策，不定篇数，是为加课，由总办分别等第。每年冬间，由抚宪督同总办、监院、教习通校各艺，分别等第，是为会课。除按额给奖外，更有可取者，仍许格外给奖，其名数银数，临时酌定。再比较一年中月课、加课，历考第一名至五次以上者，酌议按月优加膏火。若其学识精进，践履笃实，可期远大之器，并请抚宪择优存记，以备保荐。其列课均历下等者，由教习、监院察看平日是否用功，议请办理。

附奖格

每月月课，化学一名奖银二两，二、三名奖银一两五钱，四、五名一两；算学奖银与化学同；语言文字一名奖银一两五钱，二、三名一两，四、五名五钱，每月加课三十名，合考经史策论，一名奖银二两，二至五名一两五钱，六、七名各一两，八至十名各五钱。各季会课，化学一名奖银四两，二、三名三两，四、五名二两，六至十一名一两，十二至三十名各五钱。

七、经费

总办由杭州府兼充，不另开支薪水。正教习薪水每月一百两，每年计银一千二百两。副教习薪水计二员，每月各五十两，每年共计银一千二百两。监院薪水计一员，每月四十两，每年共计银四百八十两。司事薪水计二人，每月各八两，每年计银一百九十二两。月课赏计十次，每次十八两五钱，共计银一百八十五两。加课赏计十次，每次十一两五钱，共计银一百十五两。正教习舆马杂费，每月二十元，不送伙食，每年计洋二百四十元。伙食，副教习二人，每月六元，监院一人，每月三元，司事二人，每月三元，学生三十人，每月三元，每年共计洋一千三百三十二元。僮仆工食，学生馆僮三人，公用听差三人，司阍一人，更夫二人，司厨二人，水火夫一人，计十一名，每名工一元四角，火食二元，每年共计洋四百四十八元八角。油烛、杂费等项，教习二人各四元，监院、司事各二元，学生三十人各二元，厅堂门灶走廊夹弄，每月六元，每年共计洋九百六十元。

八、筹款

（一）东城讲舍，原有膏火，拟全数并入，每年计银一千两，钱五百四十千文。

（二）书院赏仍照旧由官自给，所有存典贴奖六万元，内拟提四万二千元，每月息七厘，每年提息洋共三千五百二十八元。

（三）书局经费，每年拟抽提一成，计洋二千五百二十元。

（四）采访局经费，每月拟抽提一成，计银二百七十六两零，洋一百三十二元，钱九十九千六百文。

（五）续纂盐法志局经费，每年拟抽提二成，计银一千九两九钱零。

九、书籍仪器

院中择一高敞之处，庋藏书籍仪器，由监院率同司事，不时查点，于夏冬时，分别曝晾，以期经久。学生如需取阅书籍，试验仪器，收发章程，由监院另行妥拟，附入规条。

十、条约

院中一切规约，应由监院会同教习详细妥拟，呈由总办，详请抚宪核定。

求是书院内院礼仪例　　1899年

一、院中供奉至圣先师，每月朔望清晨，教习、监院率诸生齐集，拈香分班行三跪九叩礼。毋得参差不齐及托过不到。至开学、散学两期，总办、总理均到院行谒圣礼。礼毕，中西各教习西向，总办、总理、监院东向，行付托礼。毕，诸生北面鹄立，先谒教习，行一跪三叩礼，次谒总办、总理、监院，亦如之。教习等皆西向答拜。

二、师长首宜敬重，内院诸生，年龄稍长，院中约束较宽，诸生益当自爱，礼仪、规矩，当较约束者尤严，慎勿放诞不羁，傲慢无忌，致贻口实，致被屏除，固为本院之瑕，抑亦诸生之辱。

三、诸生中拔取品行端方者二人为斋长，分统诸生，随时勤勉、掖导诸生，有事上达，或不守院章，屡旷功课及有种种习气者，均由斋长申达总理、监院，分别办理。斋长知而不举，惟斋长是问。诸生平时在房亦毋得喧呶歌唱，狂笑疾呼，以示整肃。讲堂黑板及各处板壁均不得任意涂抹，违者由斋长查明申达，分别记过。

四、诸生每日上讲堂，或因事见总理、教习等，即酷暑亦宜着长衫，教习、总理、监院遇公事见诸生亦然。诸生每日至饭堂，俟闻钟鱼贯徐行，坐定后，务宜肃静，炎夏亦不得袒裼，以昭体制。

五、诸生讲堂听讲，心思务宜专一，不得左右絮语，当教习指授时，尤当潜心听受，或有疑义，择要请益，毋支毋赘。

六、院中崇尚朴实，痛绝浮嚣。凡学生中服饰奇异，及嗜博、酗酒，沾染一切嗜好者，无论在院出院时，一经觉察，即行屏斥，以肃院章而清流品。

来源：《浙江求是书院章程》，1899年，浙江大学档案馆藏复制件

求是书院内院课程例　1899年

一、本院以中学为体，西学为用，每日自上午八下钟至下午六下钟，其余除午膳一小时外，尚余九小时，以四小时习两学，以三小时习中学，余二小时合之晚间二小时，诵习每日所讲各书，为时甚促，各宜分阴是惜，无怠无荒。课程由各教习酌定，毋得渎请减损。惟当炎夏，亭午、灯畔，未便研读，或呈请教习略予减少。

二、内院西学课程五年为限，每班所读各书，均须按时读毕，以便递升。若学年已满，应读之书未毕，及平时学少进境者，分别办理。

三、内院中学课程随时由内院中学正教习酌定，每日以三小时讲肄史学、掌故、性理及西国政艺各书，专门研习，毋得泛骛，有疑义则至教习处叩问。每日就所阅书卷记注于册，有心得者详记之，不限字数，按星期呈缴（现在中学教习尚未延定，诸生日记按旬由监院汇呈总办评阅）。

四、近人议论，多病宋学为独善其身，不知宋贤有学问者无不怀抱经世之业。诸生于四子书、五经、四史，随时各宜温习外，其研习各门尤当以性理之学为主。盖西学必以中学为本，中学尤以理学为本。心术端，血气平，复济以中外古今之学，期为通儒，斯为真才，诸生勉之。

五、业精于勤，荒于嬉。诸生来院肄业，均期有所成就，倘非实有事故请假出院者，不得上班不到，致旷课程。此外，或非游息时闲坐聚谈，尤为人己两误，务宜互相痛戒，毋蹈荒嬉。

六、每月朔课，由教习考察上月功课，限定时刻在讲堂面试，以定分数。诸生不得离坐交谈，回顾斜视，尤不得携带书册，有此等情形，虽佳卷亦附于末，过时缴者不阅，以定实际而杜弊端。

七、每月望日，由总办课中文一次，或经义，或史论，或时务策，不定篇数，是为加课。每年年终，由抚宪会课一次，通校各艺，分别等第，并详核通年功课以定去留。

八、学生所读书籍由院中给发，此外设一藏书处，购置中西日本各国图籍，悬大白漆板二方，将书名、本数标列，以便诸生持借书据领阅。限十日缴换，由

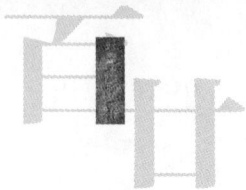

管书监舍载明底册。如有缺少伤损，查明向领书者赔偿。且院中经费有限，各书不能广备，诸生宜分日分部通融取读，或自行院外商借，以辅不足。

来源：《浙江求是书院章程》，1899年，浙江大学档案馆藏复制件

求是书院内院出入例　　1899年

一、凡值万寿日、至圣诞日，清明、立夏、端午、中秋、重阳、冬至诸节，每月房、虚、星、昴四星期，例应休沐之日，均照章给假。每年放学二次，歇夏一月，自六月十一日起至七月十一日止，过年一月，封印日起至开印日止。凡给假放学期内。均可出院。（休沐日、令节日，家居本城者，以一日一晚为率；外邑者，当晚仍须到院，不归则以犯规论。歇夏、过年愿留住院中者，亦如之。）此外，有疾病及紧要大事，准其至监院处申明事故，约定时日，至监舍处在请假簿上当面盖上请假时刻小戳，注明日期，方可出院。回院时，仍至监舍处销假，当面加盖销假时刻小戳。倘不请假而离院旷班，及假满不续不到者，分别记过。平时无得擅自出入。诸生在院首贵专精。本城者宜杜家事，外邑者宜寡交游，方能有益。每日课毕后，有体操场可以游息。如果有事，斯时必须出门，亦当告明监舍，限晚膳前到院，每月不得逾四次，逾者记过（家居本城者，当晚若不到院，仍须请假）。此已曲体人情，量予优待，诸生务宜互相检束，勿致越闲。

二、诸生读书，心思最忌纷扰。每日自上午七下钟起至下午五下钟止，如有戚友探视，无论何人，阍人不得通报。即有要事，亦须俟鸣钟退班后，方准立谈片刻。否则，必须五下钟后来院，方可晤谈，违者分别记过。惟家中有紧急事，不在此例。

来源：《浙江求是书院章程》，1899年，浙江大学档案馆藏复制件

求是书院内院住宿例　1899年

一、院中清晨七点鸣钟一次，院中人闻钟皆起。七点二刻早餐，十二点一刻午餐，上灯晚餐。其间上班、换班、退班，皆鸣钟为号，应击几下，另有定章，俾闻者即知。晚间十点钟鸣钟一次，院中人闻钟皆卧，均勿逾迟。

二、学生每日三餐，均聚集饭厅，俟人齐方可下箸，不得喧哗。除有病外，不得携饭独食。若有亲友到院，更不得留饭住宿，以肃院章。

三、斋房最宜洁净，每日可令馆僮打扫，身体、衣服、物件尤当各自整理清洁，以资卫生。

四、火烛最宜谨慎，诸生临卧时，所有洋油灯火，均须一律息灭，以防贻患。只准点香油灯一盏安置案头，仍宜小心。

来源:《浙江求是书院章程》，1899年，浙江大学档案馆藏复制件

求是书院内院劝惩例　1899年

一、学生到班之勤惰，出入之多寡，均有到班、分数簿及请假簿、饭食簿稽查，出入簿可以连环互查，万难遗遁。每月终，各将簿册交与总理综核，汇为一表，由监院标示，以资愧励。若功课勤、出门少者，分别加奖，旷班多出者，扣资记过。

二、诸生每月除休沐四日外，凡请假者，每日应扣饭食、杂费各壹角充公（外省者，饭食自给，即在加奖上扣算）。月终计算，绝不请假及请假最少者，照数分别核奖，即将应扣、应奖数目人名开单榜示，以昭惩劝而示大公。

三、每月朔望课奖赏原有定数，若优绌无甚悬殊，仍照原额获奖外，倘课卷多系草率浅陋，难足奖额，由阅卷者标明卷面减给若干，即以所减之银存储，待佳卷多时额外加奖，庶免滥竽而励群修。

四、诸生凡旷课违章，由总理、教习、监院注入过册后，即饬斋长传谕本生，勖其痛改，免予标示，以寓优容。若屡记不悛，是该生自甘暴弃，量加屏斥，亦本院不得已之情也。惟诸生谅之。

来源:《浙江求是书院章程》，1899年，浙江大学档案馆藏复制件

求是书院外院礼仪例 1899年

一、院中每月朔望，由教习率领诸生诣至圣先师前，照派定班次，行三跪九叩礼，不得紊乱，尤不准有嬉笑侮慢情形，以昭敬重。开学、散学礼节视内院例。

二、中、西教习，总理、监院，皆有教育之任，诸生均当致恭致敬，师事如仪，毋蹈放荡小羁之习。

三、诸生中拨取品行端正、性情诚实者为班长，分统诸生，按名派定，随时随地劝勉约束，诸生亦当听其掖导，毋得故违。若诸生有过及有事，或有种种习气，班长均须申达教习，斟酌办理。班长不举发者，以徇庇论。倘屡次徇庇，或不能表率同学自犯院章，即当撤去班长，分别记过，另择他生接允。

四、诸生每日上班、退班及至饭堂，于闻击号钟后，先由班长站立斋房门首，诸生依派定名次，鱼贯而行，不得或先或后。至每餐坐定后尤宜肃静，慎勿轻浮纵肆，任意喧呶。

五、诸生于上班时间闻击号钟，即须将应读各书及纸笔等件携带齐集，先以次行至讲堂，按逐日所坐位次坐定，俟教习上堂，均起立致敬。讲毕，教习退堂，亦起立致敬。上班后非奉教习之命不得离坐，不得于上班坐定后再至斋房携

取物件。

六、诸生上讲堂读书听讲，习字作文，心思务宜专一，不得左右絮语，教习指问，起立乃对，疑义就正，语毕乃坐。

七、诸生每日上讲堂，即炎夏亦须着长衫，至饭堂虽盛暑亦不得袒裼，凡出斋舍皆然，以昭体制。

八、本院总以崇实为主，诸生于外间一切嗜好，务宜屏除净尽，如有服饰奇异，举止轻浮，甚或嗜博酗酒，沾染一切习气者，一经觉察，立即斥退。

来源：《浙江求是书院章程》，1899年，浙江大学档案馆藏复制件

求是书院外院课程例　　1899年

一、院中中西学兼课，中学各门曰：经、史、文、字；西学各门曰：格致、算学、舆地、英文，每日自上午八下钟至下午五下钟，其中除一小时午膳，以五小时习中学，三小时习两学，五下钟后游息。晚间一小时习中学，一小时习西学。期于中西兼进，修息适宜。

二、院中中学教法，专以讲解为主，深则讲义理，浅则识文字，按班分授，因材而施。头班讲习经史（及时务诸书），习散文（每月朔望，合二班课策论二次），作日记（每日参阅理学、掌故、政治各书，记明于册，有心得者，详记之）。二班读经（合班先讲，后读，随背，五日理背），习《史记》、散文（除朔望与头班合课外，每月初八、二十三加课策论二次），作日记。三班读经（每日讲读兼理背），习史略，听讲字义（将虚字、实字、活字分类解释，明字体之本义及假借通用之法，每人钞录于册），作问答（逢星期二、五课，每月八次，即就经史中命题，令其演说，不拘字之多少，以明白通顺为主），默书（经书、史事、字义三种）。四班读经（每日讲读兼理背），习史事（每日采取诸史中故事有关心性

者，大书板上，逐字逐句，旁证曲引，令每人钞录于册，以资记省），听讲字义、拼句（逢星期二、五，与三班合课，不限字数，期于通顺，为作散文、问答之始基），默书（与三班同）。西学各班，均习英文、算学、舆地三门，惟头二班添习格致一门。

三、每月学生功课分数，中学头班分日记、作论、讲问三门，二班分日记、作论、讲书、背书四门，三、四班分问答、默书、讲书、背书四门。分三门者，每门分数以三十三分为上，二十二分为中，十一分为下。分四门者，每门分数以二十五分为上，十六分为中，八分为下。每星期合校各门，以满百分为上，七十分为中，四十分为下，不及格者不记。能合四星期分数屡至四百分者升班，屡至一百六十分以下者降班。

四、诸生每日中西学课程，每班自应一律，所读各书，不得稍有参差。如有要事请假，假满上班，所有未读各书只能于课毕时自补，未便于上班时补授。

五、头二班诸生于每日所阅书籍均且随笔日记，三四班另给问答纸，于讲书时所问各字当堂注明呈问，随问随注，统于星期五呈缴教习处，以便抽问，考校分数。如诸生每日听讲时未能洞晓，或常课外所看书籍间有疑义，亦准其另记问答簿中，呈请教习批解，随时发还。所有问答各条仍须随时抽问，余暇翻阅，不得遗忘。

六、二三四班各生，每日所听讲经书自应熟读，其已读各书亦须按日认定章数，温熟报明教习，次日上班时，生书、理书一齐送背，庶便稽查，而免旷废。

七、每月朔望，头二班合课策论，每月初八、二十三二班加课策论。逢星期二、星期五，三四班课问答、拼句，均在讲章面课，限时呈缴，逾者不阅。课毕，即照定时上班肄业各课。逢星期六，头班抽问已看各书，二班温习已读各书，并抽问回讲，三四班回讲后默史事，或默字默书。通考五日内各班功课，由教习记明分数，月终送总理合校，评定甲乙，列表榜示。每季由总办大课一次，年终由抚宪会课一次，以定优劣而资奋兴。

八、考课最重，诸生在讲堂而课时，若有离坐交谈，回顾斜视及携带书籍，私相授受各弊窦，未曾完卷，立即扶去，既经完卷，附置卷末，仍须分别记过。

九、教习各有到班、分数簿一册，将所授各生，所课各门标列于上，除四星期外，到者盖"到"字戳，请假者盖"假"字，迟到者盖"迟"字，不请假、不到班者盖"不到"字，分别记过。诸生功课之优拙，各记分数，一星期小结，四星期大结，月终将此册交总理汇核。

十、歇夏及年终放假时，仍须温习半年所读中西各书。假满到院，先须查考已读各书是否温习已熟，再行开课。

来源：《浙江求是书院章程》，1899年，浙江大学档案馆藏复制件

求是书院外院出入例　　1899年

一、外院因额多屋少，定晨到晚归者十名，其余学生均须常年住院。凡遇万寿、圣诞、清明、立夏、端午、中秋、重阳、冬至各令节，及每月星期照章给假（星期出外，凡家居本城者，以一日一夜为率，逾者记过；外邑者，当晚仍须到院。不归则以犯规论，从重记过。歇复、过年愿留住院中者，亦如之），平时按日明一定课程，非有疾病婚丧大事，不得请假旷班，并不得擅自出入。必持假牌方可出门，另给对牌二方，一存监舍处（一牌存学生家中，无论休沐或有事故来召时，皆须持此为凭，若无对牌送到，即休沐日亦不得出门，只能在操场游玩，以畅天机）。诸生除休沐外，有要事请假者，须由学生父兄写信申明事故，约定时日，学生将信至教习、监院处呈明，允准给与请假条一纸，填明日期，由教习、监院各加小印。学生持此假条至监舍处登簿，更易假牌，交与阍人，方可出院（如不遵此例者，从重记过）。监舍不见假条，不给假牌，阍人不见假牌，不得放行（若无牌者，阍人放行，着阍人追回，阍人屡次疏忽者，斥出）。该生回院，仍由门房取假牌，至监舍处销假登簿，以便稽核而杜擅离（凡请假者，以本日请假时算起，至次日此时作一假，逾此时两点钟即作两假论，以此递推）。

二、院中课程均有一定时刻，每日自上午八点钟至下午五点钟，诸生如有家人亲友来院看视，阍人一概代复。惟五点钟后来院者，准其延至学生会客厅上小

坐，通知学生出见，不得擅入斋舍，更不得留饭住宿。若该生家中仆人携取物件或有信来，只准在门房守候，由阍人传递，毋得进入，以免混杂。

三、诸生每日除上班外，均须各归斋房，认真自课。惟下午六点钟至八点钟准其同聚讲堂问难，或至体操场游息（仍由东西斋教习监督），或至教习房晤谈请益，惟不得至内院至门首，漫无闲限，以紊院章。

来源:《浙江求是书院章程》，1899年，浙江大学档案馆藏复制件

求是书院外院住宿例　　1899年

一、外院因人多屋少，一房居住三人，惟班长房住二人。每房卧榻、桌凳等物均有定数，不得擅占及任意污损，私自携取。

二、斋房尤以清洁为主，每日可令馆僮打扫，一切物件均须各自整理，不得紊乱。

三、衣服、身体均当洁净，并须留心卫生，以免疾病。

四、火烛最宜谨慎，诸生临卧时，所有洋油灯火均须一律息灭，以防贻患，只准点香油灯盏，三人轮用，按日递推。

五、馆僮照料各房人数较多，未便时时他出，如诸生有须买各件，先写名目条送监舍处，并记每日两期，统交馆僮一齐照买，不得零星差遣。倘馆僮有侮慢玩怠情形，亦准随时禀明监院，酌办更换。

来源:《浙江求是书院章程》，1899年，浙江大学档案馆藏复制件

求是书院外院劝惩例　　1899年

一、诸生中如有人品纯静，恪守定章，通校中西各课均能苦志力学，功夫猛进者，每季择优记功。平时不守定章及功课全无进境者，分别记过。每年终比较，凡每门分数多在百分左右，每季记功共在六次以上者，依序升补，屡次记过降班者黜退。

二、凡续招诸生另立附班，不在头二三四班之列，俟留学一月。察其性质、学业果堪造就，应归何班，由教习酌量补入。若现在头二三四班中，或终涉怠荒，或限于材质，或因事抗废至一二月者，势难仍归原班，应降入附班再读一月。果能刻苦猛进，仍由教习分班拔取。否则，一月期满，中西各科全无进境者，即当一律除名。

三、诸生每日中西课程时刻，列表悬示，均当应时上班，不得旷误。除疾病请假外（至十日不销假，院中饬人往视，真病准其续假。伪托者督同至院，从重记过），上班迟到者记一过，怠惰旷班者记二过，在院故意旷班者记三过，逢课托故不考者记五过，不领牌、不请假出院者记五过，假满不续不到者记三过（星期后不请假不到院者同）。此外，涂抹板壁、刻画书桌，糟蹋字纸及歌唱喧笑，争闹狎侮，时出斋房，种种犯规等事，均随时量其轻重，分别记过。

四、诸生行止，无论何时何地，均由各教习督察，监舍亦从旁稽查（外院总门出入，及斋房夜间火烛是监舍之责），如或违章，即加训导。训导不遵者，由教习酌量记过，屡记不悛者斥退。

五、诸生每日早七点钟起，晚十点钟卧，以及上班时刻，均须遵照定章，不得逾越，逾越者记过。不住院各生八点钟上班，六点钟出院，亦须按定时刻，不得稍逾，逾者记过。

六、诸生有过，随时标示，若已在十次以上，即须屏斥，无庸销除外，凡在五次以内，准其于星期六五点钟后在大讲堂面圣静坐销过。监舍监之，不准瞑目回头言语，须静坐三十分钟者，准销一过，以此递推，庶几不恶而严，以生其悔

过自新之意。

来源:《浙江求是书院章程》，1899年，浙江大学档案馆藏复制件

求是书院外院招考章程　　1899年

一、求是书院内院学额三十名，向由举贡生监年在三十以内者考试充补。自添设外院以来，定外院学额六十名。凡内院学生缺额，皆于每年年终由外院比较学生通年功课择其中西学问猛进、平时品行端方、每门分数皆在百分左右、每季记功共在六次以上者，依序升补，如出额多，及格少，任缺毋滥。

二、外院每年定正月、七月招考两次（平时准其报名注册，惟不能零星考补），无论本省、外省（内外院以十名为额），凡年在十二岁以上十六岁以下，身家清白，器宇沉静，资质敏悟，气体充实者，由该生父兄或族长亲同该生至院，开明姓名、年岁、三代、籍贯、住址，呈报注册，取具绅士切实保结（绅士不限，达官、举贡有品学者均可），听候传考。考之日，辰刻到院，由总理、教习、监院督课，并逐一察看行止。能文者作策论一篇，初作文者作答问二条，不能文者默经书百余字（已习西学、西文者兼试之）。均各写姓名、履历一纸，附缴核对。午刻齐退，由总理会同教习详阅，评定甲乙。除应补各额列为正取外，复列备取若干名，以便按次递传，传到后暂归附班，俟试读一月，期满分别去留。

三、本书院中西学兼课，中学各门曰：经、史、文、字；西学各门曰：格致、算学、舆地、英文。每日自上午八下钟至下午五下钟，其中除一小时午膳，以五小时习中学，三小时习西学，五下钟后游息。晚间一小时习中学，一小时习西学。期于中西兼进，修息适宜。

四、本书院中中学教法，专以讲解为主，深则讲义理，浅则识文字，按班分授，因材而施。头班讲习经史（及时务诸书），习散文（每月朔望，合二班课策论二次），作日记（每日参阅理学、掌故、政治各书，记明于册，有心得者详记之）。二班读经（合班先讲，后读，随背，兼理背），习史学、散文（除朔望与头班合课外，每月初八、二十三加策论二次），作日记。三班读经（讲读兼理背），习史略，听讲字义（将虚字、实字、活字分类解释，明字体之本义及假借通用之法，每人钞录于册），作问答（逢星期二、五课，每月八次，即就经史中命题，令其演说，不拘字之多少，以明白通顺为主。在讲堂面课，限二小时缴），默书（经书、史事、字义三种）。四班读经（讲读兼理背），习史事（每日采取诸史中故事有关心性者，大书板上，逐字逐句，旁证曲引，解释详明，令每人钞录于册，以资记省），听讲字义、拼句（逢星期二、五与三班合课，不限字数，期于通顺，为作散文、问答之始基），默书（与三班同）。西学各班均习英文、算学、舆地三门，惟头二班添习格致一门。

五、本书院学生，中西均分为四班，每星期由教习记明分数，月终由总理综核，分别甲乙，列表榜示。有违院章者随时标示记过，品学可嘉者每季榜示记功，以示惩劝。每课策论、问答、拼句各卷，由教习评改后，标定甲乙，合订成册，任其传观，庶几相观而善，进功倍易（传毕仍存院中备查）。每季由总办大课一次，年终由抚宪会课一次，以定优劣而资奋兴。

六、外院共分四班，约以每年升一班为度，升至头址，品学均优者升补内院。然用功果勤，堪以升班者，亦不限以年月。若始勤终怠，学少进境者，随时降班，其降班及不能升班，已过应升之限一年者除名。

七、升至内院以五年为限，期满业成，给予执照，或奏予出身，或保送总理衙门考试，或派往东、西洋游学，或留派本省学堂充当教习，临时酌夺办理。

八、本院学生每人每月由院中给与伙食洋叁元，杂费洋贰元（外省人不给），每月朔望课及年终会课另有奖赏。外院学生修膳，向由自备，每月修洋两元，每日膳洋捌分，束修每年正月二十一日及七月十一日两期预缴，掣给联单为凭，方准进院。此外，油烛杂用诸费，均由该生自备。外院月课、季课、会课，由院中另给奖赏。

九、内院学生读本书籍由院中给发，至外院应用书籍等件，由院中提款总购，准诸生缴还原价，随时领用。其应购各书由教习酌示后，各班均须一律购齐，免致上班参差。若院中刊印之书每生分赠一帙，无庸缴价。其余斋舍中床架桌凳，

院中均有，不须该生自携。

十、本书院崇尚实学，痛绝浮嚣。凡学生中举止轻躁，服饰奇异及染各种习气，赴考时已见者不录，到院后始知者斥退。诸生来学必须恪守课程规条，潜心向学，期于大成，慎勿放荡无常，致遭屏斥。

十一、外院因额多屋少，定晨到晚归者十名，其余学生均须常年住院。凡遇万寿日、至圣诞日、盛暑、年终及各令节例行放假外，每月逢星期给假一日（只准一日一晚），此外逐日皆有课程，非有疾病婚丧大事，不得请假旷班，平时无得擅自出入。外院生加给对牌（家中来召时，持对牌为凭），除休沐例假外，平时请假，先至教习、监院处领请假条一纸，申明事故，若经允准，各加小印，由学生持条至监舍处易假牌，方可出门（年在十四以下者，休沐日亦须家中来召，方准出门），一切细章详载规例。

来源：《浙江求是书院章程》，1899年，浙江大学档案馆藏复制件

求是书院内院中西学按日课程表　1899年

内院中西学按日课程表

	头 班	二 班	三 班
八点至九点	预备功课	预备功课	预备功课
九点至十点	中学	化学	文法
十点至十一点	算学	文法	英文
十一点至十二点	单日格致　双日英文	单日英文　双日格致	算学
一点至二点	化学	中学	中学
二点至三点	文法	算学	单日化学　双日格致
三点至四点	中学	中学	

续表

	头 班	二 班	三 班
四点至五点	中学	中学	中学
五点至六点	星期一、星期四体操，不体操预备功课	星期一、星期四体操，不体操预备功课	星期一、星期四体操，不体操预备功课
六点至七点	游息	游息	游息
七点至八点	游息	游息	游息
八点至九点	预备功课	预备功课	预备功课
九点至十点	预备功课	预备功课	预备功课

（原文献标注：此表就近时功课而定，随时必有增改，未能据为成格。）

来源：《浙江求是书院章程》，1899年，浙江大学档案馆藏复制件

求是书院外院中西学按日课程表　1899年

外院中西学按日课程表

	中学教习	中学教习	中学教习	中学教习	西学教习	西学教习	西学教习	西学教习
八点至九点	头班讲经	二班讲经	三班讲经	四班讲经				
九点至十点	头班读经	二班读经	三班读经	四班读经				
十点至十一点	头班讲问诸史		三班督读中文	四班督读英文		二班格致		
十一点至十二点	三班讲史略，四班讲故事	三班识字				头班算学		
一点至二点		二班讲问诸史				三、四班督读英文		
二点至三点				二班英文	头班格致	三班英文	四班英文	

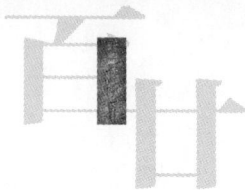

续表

	中学教习	中学教习	中学教习	中学教习	西学教习	西学教习	西学教习	西学教习
三点至四点					二班单日文法，双日舆地		四班算学	三班算学
四点至五点					头班英文舆地	二班算学	三班单日习文法	四班双日习文法
五点至六点			监督东斋生游息	监督西斋生游息	头二班逢星期一、星期五体操，三四班逢星期三、星期六体操			
六点至七点			监督东斋生游息	由监舍代监西斋生游息				
七点至八点								
八点至九点			在房监读	在房监读				
九点至十点			在房监读	在房监读				

（原文献标注：此表就近时功课而定，随时必有增改，未能据为成格。）

来源：《浙江求是书院章程》，1899年，浙江大学档案馆藏复制件

求是书院内院西学按年课程表　1899年

内院第一年课程表

英文读本	参阅诸书
格致课 格物萃精上半（克里脱本） 化成类化学（史砥尔本）	化学鉴原（傅兰雅本） 化学鉴原补编（傅兰雅本）

续表

中文读本	参阅诸书
算学课 形学备旨（狄考文本）	几何原本前后编 数理精蕴

英文读本	杂　课
英文课 朗诵第五册 文法纠正（可拉克司本） 万国史记上半（班姆司本）	作论 习写书札 翻阅报章

内院第二年课程表

英文读本	参阅诸书
格致课 格物萃精下半 生物质化学（而来姆山本）	化学鉴原续编（傅兰雅本）

中文读本	参阅诸书
算学课 圆锥曲线（求德生本） 八线备旨（潘慎文本）	三角数理（傅兰雅本） 数理精蕴 梅氏丛书

英文读本	杂　课
英文课 英文选本 万国史记下半 地势学（孙应汤本）	作论 选译书札 翻阅报章

内院第三年课程表

英文读本	参阅诸书
格致课 格致统编（千拿氏本，动力合论、摄力学、水学、气学、声学） 化学考质（扫拍及末尔合本）	声学揭要（赫士本） 化学辨质（聂会东本） 化学考质（傅兰雅本） 声学（傅兰雅本）

中文读本	参阅诸书
算学课 代形合参（潘慎文本） 格物测算（丁韪良本，卷一至卷二）	梅氏丛书 数理精蕴

英文读本	杂　课
英文课 英文选本 美国史记（乌里拍夫本） 辨学（地咉本）	作论 选译文件 翻阅报章

内院第四年课程表

英文读本	参阅诸书
格致课 格致统编（热学、光学） 身理学（史砥尔本） 地质学上本（辣康本）	光学揭要（赫士本） 光学（金楷理本） 省身指掌（博恒理本） 地学指略（文教治本） 地学浅释（玛高温本）
中文读本	**参阅诸书**
算学课 代微积拾级（伟烈亚力本） 格物测算（卷三至卷五）	微积溯原（傅兰雅本） 积较术（华蘅芳本） 历象考成前编
英文读本	**杂课**
英文课 富国策（第服本） 英国史记（乌里拍夫本） 英文史	作文 选译文件 翻阅报章

内院第五年课程表

英文读本	参阅诸书
格致课 格致统编（磁学、干电学、湿电学、气候学） 地质学下半 天学（陆克霞本）	谈天（伟烈亚力本） 电学（傅兰雅本） 测候丛谈（金楷理本）
中文读本	**参阅诸书**
算学课 天文揭要（赫士本，全） 格物测算	历象考成后编 决疑数学（华蘅芳本）
英文读本	**杂课**
英文课 泰西各国律例 泰西新史（末开式本） 英文史	作文 选译文件 翻阅报章

来源:《浙江求是书院章程》，1899年，浙江大学档案馆藏复制件

求是书院外院西学按年课程表 1899年

外院第一年课程表

中文读本	参阅诸书
格致课 启悟初津（卜舫济本） 格致启蒙（林乐知本）	体性图说（傅兰雅本） 重学图说（傅兰雅本） 水学图说（傅兰雅本） 声学图说（傅兰雅本） 光学图说（傅兰雅本）

中文读本	参阅诸书
算学课 心算初学 笔算数学（狄考文本，上卷又中卷 至命分）	算学须知（傅兰雅本） 数学启蒙（伟烈亚力本）

英文读本	杂 课
英文课 拍拉吗 朗诵第一本 朗诵第二本 语言文法书上半（散姆拍生本）	写字 拼法 作句 习语

外院第二年课程表

中文读本	参阅诸书
格致课 化学启蒙（林乐知本） 天文启蒙（林乐知本） 地理启蒙（林乐知本）	化学须知（傅兰雅本） 天文须知（傅兰雅本） 地理须知（傅兰雅本） 化学易知（傅兰雅本） 天文图说（柯雅谷本） 天文略解（李安德本） 地势略解（李安德本） 地理全志（慕维廉本）

中文读本	参阅诸书
算学课 笔算数学（中卷小数起至下卷末）	数学理（傅兰雅本） 算学笔谈（华蘅芳本） 九数通考（屈曾发本）

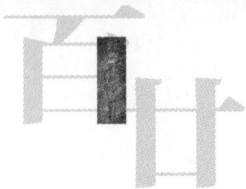

续表

英 文 读 本	杂 课
英文课 朗诵第三本 语言文法书下半 文法初阶 奥地初集	默书 作句 习语 习信

外院第三年课程表

中 文 读 本	参 阅 诸 书
格致课 格物质学（潘慎文本）	格物入门（丁韪良本） 格致略论（傅兰雅本） 气学须知（傅兰雅本） 声学须知（傅兰雅本） 电学须知（傅兰雅本） 重学须知（傅兰雅本） 力学须知（傅兰雅本） 水学须知（傅兰雅本） 光学须知（傅兰雅本） 热学须知（傅兰雅本）
中 文 读 本	参 阅 诸 书
算学课 代数备旨（狄考文本）	代数术（傅兰雅本） 代数难题（傅兰雅本） 四元玉鉴（朱世杰本）
英 文 读 本	杂 课
英文课 朗诵第四本 文法进阶 奥地二集	习信 作论 默书 习语

来源:《浙江求是书院章程》，1899年，浙江大学档案馆藏复制件

求是书院鸣钟定章　　1899年

清晨七点钟，催起，急击七下，缓击七下。

七点二刻，早餐，急击三下，缓击三下。

八点钟，到班，缓击八下（休沐日不击）。

九点钟，换班，缓击九下（休沐日不击）。

十点钟，换班，缓击十下（休沐日不击）。

十一点钟，换班，缓击十一下（休沐日不击）。

十二点钟，下班，缓击十二下（休沐日不击）。

十二点一刻，午餐，急击三下，缓击三下。

午后一点钟，上班，缓击一下（休沐日不击）。

两点钟，换班，缓击二下（休沐日不击）。

三点钟，换班，缓击三下（休沐日不击）。

四点钟，换班，缓击四下（休沐日不击）。

五点钟，课毕，缓击五下（休沐日不击）。

上灯，晚餐，急击三下，缓击三下。

十点钟，催卧，急击十下。

来源：《浙江求是书院章程》，1899年，浙江大学档案馆藏复制件

求是书院谕司阍　　1899年

一、司阍二人，一司稽查出入簿、收发假牌、填盖时刻戳印。一司递送信

件，通报宾客。

二、院中自上午八点钟起，至下午五点钟止，教习、学生皆有一定功课，无论何人过访，阍人皆不得通报，惟登号备查。即有要事，亦只能延入客座，俟鸣钟退班后通知出见。否则必须五下钟后方可见客。学生之客不得导入讲堂、斋舍，以免纷扰。惟信件则随到随送，不拘时刻。

三、总理、监院、监舍处，如有客来，非真有公事者，一概谢绝。五下钟后，准其通报，仍须延入客厅会晤。不得导入住室。

四、院中总理、教习、监院、监舍、学生等，出入时刻均宜登入簿中，不得遗误。逐日呈总理、监院处察核。外院学生凭牌放行，如无牌出门者，着阍人追回，仍记大过一次（记大过四次，斥退）。

五、内外院学生家中有人携送物件或有信来，所来之人只准在门房守候，由阍人转递，毋得径入。违者阍人记大过一次。

六、院中学生如有买酒唤肴，拥保出入，馆僮与阍人各记大过二次。

七、院中无论上下人等，皆不得留人住宿。如有晚饭后未出者，准阍人报明监院、监舍处查问。倘阍人知而不言，即将阍人斥出。

八、院中黎明开门，晚间九点钟关门上锁。非有公事，不得开锁。违者记大过二次。

来源：《浙江求是书院章程》，1899年，浙江大学档案馆藏复制件

求是书院谕司庖 1899年

一、总理、教习、监院、监舍伙食，每日洋壹角，茶水每月洋壹角。

二、内院学生伙食，每日洋壹角，茶水每月洋壹角。外院学生伙食，每日洋捌分，茶水每月洋捌分（内外院下人每日饭钱五分，不另备茶，每月壹元五角，

不得扣算）。

三、总理、教习、监院、监舍分两桌（每桌八人），内院学生分五桌（每桌六人），外院学生分八桌（七桌八人，一桌四人）。饭菜均当一律丰洁，不得低昂。

四、每日一粥两饭，早粥每桌小菜四样，用五寸盘（内院六人一桌，外院八人一桌，菜同）。午饭、晚饭，八人一桌六大碗（用二号大碗，六荤），七人一桌六大碗（用三品大碗，五荤一素），六人一桌五大碗（四荤一素），五人一桌四大碗（四荤），四人一桌四大碗（三荤一素），三人一桌四中碗（用高脚碗，三荤一素），两人一桌三中碗（二荤一素），一人二中碗（一荤一素）。凡有汤，抵一素。以上皆就内院计。外院八人（伙食费少），抵内院六人，人数、桌数，照此比较。

五、厨房盥汤、茶水，必须周到。茶炉黎明开火，晚间十点钟息火，煮水必熟，随时应用。如或不遵，即当斥换。

六、一日内，或有仅午饭一餐、仅晚饭一餐者，伙食仍照全日算给，厨房菜品亦仍就全数照开（如午饭一桌六人。晚饭少一人，菜品仍照六人开；午饭一桌五人，晚饭多一人，菜品亦照六人，不得缺少，以此递推）。休沐前一日，晚饭人数即少，亦须照午饭桌数开。

七、休沐日，在院开饭者，伙食照算（无论一餐、两餐，均照全日算）。如吃早粥即出，并不在院午餐、晚餐者，准其不给伙食。

八、每日开饭人数，由内外院监舍于上午十点钟开条写明人数，给与厨役，即凭此条开饭，无得临时添补，以致肴馔减薄。

九、学生于先一日请假者，伙食扣算。如当日早间告假，厨房业已备菜，本日伙食仍应照给，须于次日扣起，以示体恤（监舍开条亦仍将此人算入，菜照开）。

十、学生不得加设客饭，不得私自添菜，不得沽酒使暖，非有疾病，不得携饭菜至房。如有此等情弊，除将馆僮从重记过外，厨役亦记大过一次。

十一、每日七点二刻早粥，十二点一刻午饭，上灯晚饭，皆有一定时刻，不得任意迟早。

十二、米须上白，肴须加丰。倘饭菜不堪适口，随时由总理、监院、监舍训斥，令其更改（肴馔必须丰满而味真）。倘屡次训斥不悛，即行斥出。

来源：《浙江求是书院章程》，1899年，浙江大学档案馆藏复制件

求是书院谕斋夫　1899年

一、外院东西斋斋夫四人，每人分管斋房六间。每日清晨打扫污秽，晚间各斋房上灯，随时照料火烛。日间，除下午买各学生点食，及学生中确有要事急须送往，陈明外院监舍，依次为其出院外，余时皆须在院伺应茶水一切，不得擅自出入，违者监舍记过一次。

二、清晨八点钟至下午五点钟，各学生按时上班，不能离坐。斋夫中宜于东、西斋门首每面常坐一人，按日轮替，以便照料上班学生茶水，不得彼此推诿，违者由监舍记过一次。

三、各斋夫清晨六点钟即起，以便打扫各斋，晚间须俟所伺候学生均已安睡，方可就卧。若有迟起早眠者，由监舍记大过两次。

四、学生平时上班，不在斋房，休沐例假及有事请假不在院中，各斋房均须归各斋夫随时照料，巡察门首，已谕阍人，闲杂人等不准领入斋舍，尤易看管。如斋房中有失去物件，不论大小，均须责令该房斋夫赔偿，仍由监舍记大过两次。

五、各斋夫平时或有故意偷懒，不应学生呼唤者，准学生将事故陈明外院监舍，商明监院，分别轻重，酌夺办理。

六、斋夫无事不得至门房、厨房游玩、闲谈，违者记过一次。

七、各斋夫记过册按月由外院监舍总核，如记过五次以上者，立即斥出，另行更换。若所犯之过在此数条外者，由监院、监舍分别轻重，随时酌夺更换。

来源:《浙江求是书院章程》，1899年，浙江大学档案馆藏复制件

求是书院同学录

姓名	字
王济清	澄甫
王鸿度	景向
王崇礼	声孚
王丙黎	
王烈	林之
王燾	树之
王冠清	
王燾	
王克荷（佐）	薪甫
王斌	
王庆英	
王楫	
王嘉乐	伟人
王国芳	兰卿
方祖成	
方珂（从距）	鸿声
方于圻	
方钺（志澄）	穌生
文光	耀甫
史久光	寿白
史景布	子贞
史景范	
申权	廷扬
石承宣	劼夫

姓名	字
田秋	
朱作榮	汲民
朱元善	
朱豪	
朱其辉	二酉
沈铭	蔼如
沈璧	蓝田
沈祚延	芑舫
沈祖绵	胤民
沈韵	
沈宝华	梦花
车邻	
李炜章	斐然
李祖虞	梦驹
李祖宏	穀士
李祖颐	柏年
李伯庚	达夫
李钦	纪勋
李祖植	
吴钟镕	碧华
吴廷禄	书箴
吴乃琛	贯臣
吴乃璋	
吴兴权	

姓名	字
吴镜第	
何焯时	雨门
何燏时	燮侯
何楷	
何竹青	
何敬煌	
汪显（衍德）	炎忱
汪尊美	企张
汪希	叔明
汪櫹	幼通
汪崴	曼峰
余嘉礼	谟甫
周承炎	赤忱
周伯雄	子豪
周启桐	
周翰	
周契南	
周昌寿	
周维藩	
金保康	九如
金鑑	润夫
邵长光	培之
来裕恂	雨生
施承志	调梅
施霖	雨若
施桂馨	
施行泽	咸山
胡国钧	秉之

姓名	字
胡浚济	允东
胡时亮	蕭溪
胡浚康	可庄
范琦	允兹
范进	
范光祖	
俞载康	午庭
俞涛（鸿寿）	紫禔
俞钟	琴生
俞致中	
祝震	凤楼
祝晋	麟阁
郁延年	九龄
郁制清	子青
洪成渊	
洪杓	
柴宗涞	景波
袁世俊	文燦
袁家达	紫绶
袁毓鲤	文庭
袁汰	文白
袁毓麟	文薮
马宗周	子畊
马宗汉	子畦
马步青	
徐元炜	午桥
徐积勋	绩卿
徐麟祥(甬甫、肃)	澄秋

姓名	字		姓名	字
徐士镳	成之		陆震	天秋
孙洲环			陆世芬	仲芳
孙宗渭	梦熊		陆世勋	竹铭
孙翼中	江东		陆凤翔	炳常
凌霄（杰）	壮华		陆永恒	
夏元瑔	浮云		陆永趾	
唐世榖	仲诒		陆懋勋	冕侪
翁之麟	振伯		陆钦文	
高克潜（荫莱）	幼筠		张廷霖	萍青
高清璟	铁梅		张锡庆	又新
陈谱（其善）	智侯		张之桢	云樵
陈莘燮	子琴		张大钧	铁华
陈铣	叔莘		张桐孙	峄材
陈宗元	企柳		张保福	佑如
陈威	公猛		张增燦	
陈赐第	稚鹤		张妘燮	
陈国璜			许德芬	九畹
陈振华			许寿裳	季茀
陈汝杭			许钰身	
陈国材	东生		庄谠	少筠
陈国志			庄成武	
陈彰寿	仲文		常庚吉	芝云
陈汉第	仲恕		项藻馨	兰生
陈士杰（庆增）	芷衡		盛开猷	壮叔
陈棿	乐书		堵福诜	申甫
陈渠			章学谦	俊卿
陆凝	敬旒		冯寿祥	
陆朝儒	仲雄		屠考庵	

姓名	字
程鹏	幹庭
程鹏鸇（鹍）	运南
程宗植	培甫
汤兆丰	书年
褚德顺	幼觉
温玉	柯甫
黄振禹	莫华
傅疆	写忱
傅尚瑞	
杨国镛	振卿
杨崇稣	
杨荫春	际青
叶景范	少吾
裘嗣芬	
嵇伟	慕陶
嵇竞	
赵震有（继昌）	东侯
赵子俊	杰夫
赵望杏	秉良
赵文尺	
寿昌田	拜庚
熊飞	凌霄
熊文	
蒋尊簋	百器
蒋方震	百里
蒋梦桃	
刘崧申	松君
刘保申	

姓名	字
刘彬	
厉家福	绥之
郑诚元	贞吉
骆师曾	绍先
蔡维藩	仰贞
钱家治	均夫
钱承志	念慈
钱宝森	
钱兴	
钱家翰	浩如
卢观涛	枚卿
谢继连	绥丞
谢成鳞	伯青
谢成鳌	
戴克绍	伟才
戴立诚	修甫
戴兆銮	诵敬
钟赓言	
钟之翰	
钟寿昌	楸宣
钟枚	璞岑
韩澄	靖盦
韩永康	强士
韩彦儒（世贤）	通伯
韩志婴	
魏声和	
魏树晋	
罗嗣宗	景仁

姓名	字
罗祖培	

姓名	字
严本善	米若

来源：《杭州求是书院同学录》，浙江大学档案馆藏复制件

光绪帝谕各省所有书院改设学堂　1901年9月14日

　　上谕人才为庶政之本，作育人才端在修明学术。三代以来学校之隆，皆以德行道艺为重，故其时体用兼备，贤才众多。近日士子或空疏无用，或浮薄寡实，今欲痛除此弊。自非敬教劝学，无由感发兴起。除京师已设大学堂应行切实整顿外，着各省所有书院，于省城均改设大学堂，各府厅直隶州均设中学堂，各州、县均设小学堂，并多设蒙养学堂。其教法当以四书、五经、纲常大义为主，以历代史鉴及中外政治、艺学为辅，务使心术端正，文行交修，博通时务，讲求实用，庶几植基立本，成德达材，方副朕图治作人之至意。着各该督抚、学政，切实通筹，认真举办。所有慎延师长，妥定教规，及学生卒业，应如何选举鼓励，一切详细章程，着政务处咨行各省悉心酌议，会同礼部复核具奏。将此通谕知之。钦此。

浙江巡抚任道镕奏为遵旨改设浙江大学堂办理大概情形恭折

1902年1月22日

头品顶戴浙江巡抚臣任道镕跪奏

为遵旨改设学堂，谨将办理大概情形恭折具陈，仰祈圣鉴事。

窃照光绪二十七年八月初二日内阁奉上谕，作育人才端在修明学术。除京师已设大学堂应行切实整顿外，各省所有书院于省城均改设大学堂，各府厅直隶州均设中学堂，各州县均设小学堂，并多设蒙养学堂。其教法当以四书五经、纲常大义为主，以历代史鉴及中外政治为辅。务使文行交修，讲求实用。着各该督抚学政，切实通筹，认真举办等因，钦此。

仰见圣朝兴学育才，殷殷图治，跪诵之下，钦服莫名。伏维国势之强弱，存乎人；人才之兴替，视乎学。古昔盛时，州序党庠莫不以学为重。近日东西各国亦务广建学舍，以励群材。盖非预储于平时，必难收效于异日。方今急务，莫先于此。

臣查浙江省垣前已奏设求是书院及增设养正书院，均系中西并课，粗具规模。臣督同司道筹议，即以求是书院改为省城大学堂，养正书院改为杭州府中学堂，又以崇文、紫阳两书院改设钱塘、仁和两县小学堂。整旧从新，另立规制。现因经费支绌，学生额数，大学堂先定一百二十名，中学堂一百名，小学堂五十名。均取身家清白，年岁合格者，由地方绅董保送考验选充。定于来年正月间一律开办。又拟于省垣分设蒙养学堂为幼童就学之地，其绅富有捐建者，并准随时禀明兴办。此改设省城学堂之大概情形也。

学堂既设，应议办法。查各学生由小学而入中学，由中学而入大学，有一定之阶级，即有一定之课程。小学堂习初级浅近学，中学堂习溥通学，大学堂习专门学。各按年限，依次毕业，循序递升。惟专门之学因各学生造诣尚浅，无所取材，故大学先设正斋，未设专斋。各堂均延聘总理一人，分设中西学各教习。中教习课经史政治等学，西教习课天算、地舆、测绘、格致、方言、体操等学。其大学堂事体较重，派委正监督一员。凡堂中一应事宜，皆以总理董其成，而监督亦随同稽察，并督率员司等经理银钱收支等事务，期条理精密，约束整齐。其余一切条规，略仿山东章程。惟东省大学堂兼包中小两学，浙省则系各堂分设。情事稍异，不得不量加变通。此酌定学堂办法之大概情形也。

办法既定，应筹经费。查学堂经费较之书院应增至数倍。原有支款，为数无多。现值库储奇绌，正项无可动支。查有各州县丁漕平余项下经前抚臣廖寿丰奏明，提拨学堂经费，钱五万串。旋因学堂未经开办，州县报解寥寥。兹已饬司实力催缴为常年额支之需。而置备书籍仪器，增建房屋工作，设立蒙养学堂与夫一切活支需费亦钜，难以预计，拟随时设法另筹。此办理学堂经费之大概情形也。

以上各端大致已有就绪，即当实力经营。至省外各府厅州县应建学堂，均饬就地筹款，次第举行，以广造就。窃谓居今日而言学术，必以中学为体，西学为用，明体达用，斯为成才。恭绎圣谕，以文行交修，讲求实用，谆谆垂训，实已揭教学之全规。今当立法之初，尤必预防流弊。凡有官师之责者，皆当勖勉诸生，共励躬行，原本忠孝。由是精研道艺，储为有用之才。若但知浮慕而趋向不端，剽取西学之皮毛以为逢时之长技，倾规佚矩，贻患正多。此尤宜杜渐防微，力持于风俗波靡之会者也。总理大学堂前吏部稽勋司主事劳乃宣，总理中学堂前贵州学政杨文莹，声望素孚，品学纯正，皆能本身作则，培植初基。现政务处核议学堂选举鼓励章程，业经奉旨允准负笈之士，益当争自磨濯，日新月异，以自奋于功名。臣当督同官绅等奉宣明诏，提倡士风，务求实学，以期仰副圣朝造士作人之至意。

所有浙省改设学堂办理大概缘由，除分咨政务处、礼部查照外，理合会同闽浙总督臣许应骙恭折具奏。伏乞皇太后、皇上圣鉴训示。再浙江学政由臣兼理，毋庸会衔，合并陈明。谨奏。

　　　　　　　　　　　　　　　　　　　　光绪二十七年十二月十三日

朱批：[着照所拟章程切实办理，仍随时考核，以期收得人之效]

　　　　　　　　　　　　　　　　　　　　　　来源：浙江大学档案馆藏复制件

浙江巡抚任道镕遵旨改设学堂疏　　1902年2月14日

　　伏维国势之强弱在乎人才，人才之兴替视乎学术。古昔盛时，州序党庠，莫不以学为重。近日中西各国，亦务广建学舍，以励群材。盖非预储于平时，必难收效于异日。方今急务，莫先于此。臣查浙江省垣，前已奏设求是书院及增设养正书院，均系中西并课，粗具规模。臣督同司道筹议，即以求是书院改为省城大学堂，养正书院改为杭州府中学堂，又以崇文、紫阳两书院改设钱塘、仁和两县小学堂，整旧从新，另立规制。现因经费支绌，学生额数，大学堂先定一百二十名，中学堂一百名，小学堂五十名，均取身家清白、年岁合格者，由地方官绅董保送，考验选充，定于来年正月间一律开办。又拟于省垣分设蒙养学堂，为幼童习学之地。其绅富有捐建者，并准随时禀明兴办。此改设省城学堂之大概情形也。学堂既设，应议办法。查各学堂由小学而入中学，由中学而入大学，有一定之阶级，应有一定之课程：小学堂习初级浅近学，中学堂习普通学，大学堂习专门学，各按年限，依次毕业，循序递升。惟专门之学，因各学生造诣尚浅，无所取材。故大学堂先设正斋，未设专斋。各堂均延聘总理一人，分设中西学各教习，中教习课经史、政治等学，西教习课天算、地舆、测绘、格致、方言、体操等学。其大学堂事体较重，派委正监督一员，凡堂中一应事宜，皆以总理董其成，而监督亦随同稽查，并督率司道等总理银钱收支等事。务期条理精密，约束整齐。其余一切条规，略仿山东章程；惟东省大学堂兼包中、小两学，浙省则系各堂分设，情事稍异，不得不量加变通，此酌定学堂办法之大概情形也。办法既定，应筹经费。查学堂经费较之书院应增至数倍，原有之款为数无多，现值库储奇绌，正项无可动支。查有各州、县丁漕平余项下，经前抚臣廖寿丰查明，提拨学堂经费钱五万串，旋因学堂未经开办，州县报解寥寥，前已饬司实力催缴，为常年额支之需。而置备书籍、仪器，增建房屋工作，设立蒙养学堂与夫一切开支，需费亦钜，难以预计，拟随时设法另筹。此办理学堂经费之大概情形也。以上各端，大致已有就绪，即当实力经营。至省外各府、厅、州、县应建学堂，均饬就地筹款，次第举行，以广造就。

来源:《本朝道成同光奏议》

浙江巡抚聂缉椝奏为延请陶葆廉接办浙江高等学堂片 1903年

　　再，浙江省城大学堂业经遵照钦定章程改为高等学堂，所有总理一员事烦责重，非声望素孚者不能胜任。前抚臣任道镕于改设学堂折内，奏明延请在籍绅士前吏部稽勋司主事劳乃宣办理在案。兹据该总理因病再三辞退学务重任，亟应遴员接办，以资督率。臣留心考察，有绅士特用员外郎陶葆廉品端学粹，名实相孚，堪以接办高等学堂总理事宜。除延请并分咨查照外，谨附片具陈。伏乞圣鉴。谨奏。

　　朱批：[学务大臣知道]

浙江巡抚聂缉椝奏为延请陆懋勋接办浙江高等学堂片 1904年

　　再浙江省城高等学堂前经奏明延请绅士，特用员外郎陶葆廉总理一切事宜，嗣复遵照钦定章程改为监督各在案。兹准该监督一再坚辞请退学务重任，亟应遴员接办。臣留心考察，查有翰林院编修陆懋勋品端学粹，足资表率。前曾在浙办理学堂有年，旋以编修赴京供职，经翰林院衙门咨送南洋考求交涉并考察兵制、商务。近因省亲，乞假回籍，应即留办高等学堂监督事宜，以资督率。至该员留监督事属因公，可否仰恳天恩俯准，免扣资俸，俾得专心在浙经理学务。臣为慎重学务起见，是否有当，除分咨行外，谨附片陈请，伏乞圣鉴训示。谨奏。

　　朱批：[吏部议奏]

浙江大学堂试办章程　　1902年

第一章　学堂办法　计二十三节

第一节　本学堂就原设之求是书院改为浙江大学堂，所有章程遵照政务处颁定各省大学堂章程并参照浙省情形求实旧章酌量办理。

第二节　本学堂授四书五经，中外历史、政治及外国文普通学，以端趋向崇实学为主义。

第三节　现在杭州府中学堂业经开设，小学堂、蒙养学堂亦次第兴办，大学堂先立正斋，俟各府中学堂及本堂正斋有毕业学生再立专斋。

第四节　本学堂暂设总理一员，监督一员，收支一员，帮收支二员，监察一员，监舍一员，文案一员，杂务缮写一员（此系目下暂设员数，俟开办后应否增改，随时察酌核议）。

第五节　本学堂暂设汉文教习四员，舆地测绘教习一员，算学教习二员，格致化学教习一员，日文教习一员，英文教习二员，法文教习一员，体育教习一员，算学英文帮教习二员（此系目下暂设员数，俟开办后应否增改，随时察酌核议）。

第六节　总理总掌学堂一切应办事务，所有堂中教习、学生、委员、司事及夫役人等概归管辖，择聘进退概归主持，课程规约概归稽核。

第七节　监督会同总理教习督饬生徒，恪守规约稽核款目，造办报销并约束夫役人等，随时商请总理核行。

第八节　收支综理堂中款项，凡出入事宜，商请总理核办，帮收支，帮同办理。

第九节　监察专管堂中学生出入，核准学生请假，接见来堂宾客，查察学生上班人数，在斋一切规则簿记功过随时会同监督商承总理核办。

第十节　监舍稽察照料学生出入起居，专司学生请假出堂领给对牌，随时簿记并稽察仆役勤惰等事。

第十一节　文案办理堂中公牍，收管卷宗、簿册、课卷、报章等件。

第十二节　杂务誊写帮同办理堂中庶务，誊写公牍等件。

第十三节　各门教习分授各门课程，并会同总理商订教则，帮教习帮同教授。

第十四节　本学堂学生定额一百二十名，本籍九十名，客籍二十名，旗籍十名，除旧有学生详加甄别留堂肄业外，所有缺额另定章程，出示招考录取传补。

第十五节　考取后，本生各具甘结本省籍取具绅士保结，客籍取具同乡官保结，旗籍由驻防旗营取结咨送。

第十六节　学生考取入堂后，先由教习考察材质学业品行，于一月后会同总理酌量去留。

第十七节　学生皆自备膳资，其寒畯力学学业优长者，应量予津贴膏火，至多以二十名为度。

第十八节　学生卒业由总理会同教习考验，给凭或升入专斋，或调升京师大学堂，或咨送出洋，接习专门或派充各府县中小学堂教习，其有才识过人学业超众者，由抚部院随时奏请破格优奖。

第十九节　堂中一切公牍均由总理判发，应用大学堂图记以壹事权。

第二十节　堂中设藏书楼、仪器室、工艺房各一所，购存中国及东西洋书籍并各种标本模范以资考证（藏书楼、仪器室、工艺房章程另订）。

第二十一节　学生出洋游学已另有的款一万元留备，随时资遣，每年先定额十名，以后应派卒业生或逾名额再行筹款加派。

第二十二节　本堂应附设之师范学堂及译书局两项，此时暂行缓办，俟学生学业有成堪以任师范译书之选再行酌量添设。

第二十三节　本学堂应办事宜除列入章程照办外，所有应行变通之处由总理会集监督教习各员公同酌议以昭公允。

第二章　学堂课程　计十一节

第一节　本学堂所有课程应授以中国义理经济等学，外国方言普通等学以备将来认习专门。

第二节　正斋学生定四年卒业，其有学问优长者学年未满亦得由教习会同总理考校准其升入专斋或资遣出洋游学，其有资质较钝于本班学业未能合格者，亦由教习会同总理酌量或留班学习，或即予除名以示惩劝。

第三节　各项课程科目如下：

经学　讲求群经大义，先各专习一经，一经既毕再习他经。

史学　先中国，次东洋，次西洋。

政治　中国政治，外国政治。

与地　先中国，次外国。

算学　数学代数　几何　微积　天文

格致

化学

图画

外国文　日文，英文，法文。

体操　先柔软，次器械，次兵式。

第四节　各项课程分班传习，每班人数俟考选后由教习会同总理监督酌定。

第五节　课程表随时由各门教习分别酌定。

第六节　每日课程共九点钟，五点钟上班，四点钟自习，间日加习体操一点钟，其起止时刻按照季节随时酌定。

第七节　每月汉文考课二次，其余各项课程由各教习随时考校。

第八节　学堂考核功课用积分法另立专册，每月由各班教习填注，由总理总稽中西学分数榜示以验勤惰。

第九节　学生每月各项课程分数以百分为率，八十分以上者给奖，六十分以上者记功，四十分以下者记过或降班。

第十节　每年夏季冬季由总理会同教习甄别两次，年终由抚部院会考一次。

第十一节　学堂设阅报处一所，存储各种学问报、月报、旬报、日报，派人经理，每日学生功课下班时，准其前往披览以广见闻，惟不得携入私室，又凡议论不甚纯正、记载类多失实之报，概不存储，责成经理人随时留心甄择。

第三章　学堂规约　计三十二节

第一节　本学堂恭祀至圣先师孔子于正殿，浙省诸先儒于两旁，每月朔望由总理监督教习等员率领各班学生行三跪九叩首礼。

第二节　每年恭逢至圣先师诞日、万寿日，由总理监督教习等员率领学生斋班行三跪九叩首礼。

第三节　每年开馆日，抚院率司道府县临堂会同谒圣，分两班，抚院司道首府监督首县先行礼，总理教习率诸生次行礼，皆三跪九叩首，礼毕，抚院以下向总理行付讬礼，总理答拜，总理向教习行付讬礼，教习答拜，诸生北面鹄立，谒抚院司道首府监督首县一跪三叩，各官西向答揖，谒总理教习一跪三叩，总理以下西向答揖，如抚院不亲临，委司道代为行礼，随时候示办理。

第四节　每年以正月二十前后为开学日期，六月中至七月中给暑假一月，十二月十五前后给年假。

第五节　每年恭逢万寿日、至圣先师孔子诞日及清明、立夏、端午、中秋、重阳、冬至各令节均给假一日。

第六节　每月逢房、虚、昴、星日期给假一日。

第七节　堂中除应给例假外，婚假一月，三年丧假一百日，葬假一月，期服假一月，葬假十日，功服假七日，如假期已满实有事未了，必须续请者须具函陈明定期。

第八节　堂中各员均须常川驻堂，不得旷职，如非例假期内确有要事必须请假者，须请人代理当得出堂（教习必以教习代，收支必以收支代，监察、监舍、文案、杂务互相代）。

第九节　堂中留监舍一人，平时例假先二日给假，例假期内必须住堂照料一切，不得出堂。暑假年假亦留一人伴堂，另加津贴，如监舍有事，即请堂中办事人代理监督，亦须时常到堂查察。

第十节　学生除例假外不得无故告假，如有紧要事件应由学生家中或保人具函陈明，由监察发给假单注明期限，向监舍领牌，方准出堂。逾限应再由家中函告缘由，准其续假，其休息时刻暂时请假亦须给条领牌，不告假不续假擅自离堂者，遇沐休日留堂补课。

第十一节　学生逢例假先一日必须课毕后出堂，后一日必须上班前到堂，违者照前条例。

第十二节　学生在堂非有病不得无故旷班。

第十三节　学生每日在堂寝与食息及上班换班均有定时，届时鸣钟为号，其时刻各按季节另行详定。

第十四节　学生按照定时就寝一律息灯不得逾时。

第十五节　学生在讲堂受业考课将应读各书及纸笔携带齐集，不得吸烟，不得笑谈，不得另治他事，不得退至斋舍。

第十六节　学生在讲堂听讲如有疑义，须俟教习讲毕方准问难。

第十七节　上讲堂时即盛暑亦须着长衫，到堂后亦不得袒裼。

第十八节　学生在斋自习时，不得至别斋纷扰，不得任意出堂。

第十九节　堂中无论何人，不得酗酒、赌博、吸食洋烟，如犯此项禁令立即摈斥。

第二十节　学生在堂内犯章屡戒不悛者，或在堂外沾染恶习，经办事各员查明者，均由监督教习监察告知总理，立即标示除名。

第二十一节　学生不得在各处涂抹字迹，斋舍中亦宜整理，不得任意污秽。

第二十二节　学生每班立班长一人，凡一切上堂在斋约章由班长详察，随时劝导。

第二十三节　学生平日举止另立功过册存监察处，由监督、监察、监舍随时查察，商承总理秉公注册，按季榜示，功多者季课外酌量加奖，过多者酌扣季课奖赏。

第二十四节　学生各门功课积分及在院时日并功过等按月汇记，另印一表分送各生父兄或保人存查，外省外府可按时函取。

第二十五节　堂中人出入均由司阍记明时刻，按日呈总理监督处查核。

第二十六节　堂中另设浴室，备堂中人随时沐浴。

第二十七节　堂中人有病即须至养病房调治，愿回家者听。

第二十八节　堂中来客教习上班时，不得通报监督等员，办理堂中紧要公事时，不得接见，如确有要事须面谈者，由司阍先告监察出见再行通报。

第二十九节　学生有亲友来堂均引至会客所，惟上班时不得通报，须俟退班后接见。如有要紧事件，先由监察出见查明情形，再行通报。

第三十节　学生来客不得留饭留宿。

第三十一节　堂中置备木牌、条列、规约、课程等件。

第三十二节　本学堂课程规约等件，如有应行增减更改之处，堂中人均可商酌，俟总理许可后即行标示，但未经标示之前仍须遵守旧章。

第四章　学堂经费　计七节
第一节　学堂经费由总理督同收支经理，并由监督随时稽核。

第二节　本堂常年经费暂以二万七千余元为办理正斋之用，以一万元为本堂及中学资遣学生出洋之用，嗣后如有扩充再行酌量添拨，至开办专斋经费，应俟另议。

第三节　本堂常年经费均于季首请领，以二万七千余元计，春夏秋三季，每季应领七千元，至冬季领六千余元，合二万七千余元。

第四节　本堂经费应分额支、活支两项，如各员束修薪水、夫役工食、学生奖赏及火食日用杂费等项，向有定额者为额支，由收支照章按期给发，其购买书籍、仪器、应用器物、修补房屋、添购工艺房材料等项一切并无定额者为活支，由收支处开单呈总理核定批准查照给发。

第五节　本堂常年经费除撙节动用外，如有赢余，尽数另储留备活支拨用。

第六节　堂中收发款项，收支处于每年六月、十二月清结两次，分造四柱清册，连同原簿呈总理监督核查，由监督造册报销仍汇列一表榜示，以昭公允。

第七节　学生读本、书籍、器具等由堂垫款置备徵价领取，其书值较昂者可照价存交发书处。领书借读，读毕缴书将价给还，书如损坏，扣价购补。

以上章程四章系按照政务处颁发山东章程参酌本省情形办理，恐有遗漏变更，随时再行增改，年终汇报一次以备查考，合并声明。

来源：《浙江大学堂章程》，浙江省图书馆古籍部孤山馆舍藏

奏定高等学堂章程　　1904年1月13日

第一章　立学总义

第一节　设高等学堂，令普通中学堂毕业愿求深造者入焉；以教大学预备科为宗旨，以各学皆有专长为成效。每日功课六点钟，三年毕业。

第二节　高等学堂定各省城设置一所。

第三节　高等学堂之规制，本应容学生五百人以上方为合宜；但此时初办，规模略小亦可，然总期能容二百人以上，以备人才日盛容纳多人。

第四节　高等学堂应令贴补学费，听各省核计本省款项能否筹措，暨本学堂常年经费随时酌定。

第五节　高等学堂应将每岁所教功课、所办事务，及教员员数、办事人数、学生入学及毕业人数，于年终散学后禀报本省学务处转禀督抚察核，并择其要略咨明学务大臣查考。

第二章　学科程度

第一节　高等学堂学科分为三类：第一类学科为预备入经学科、政法科、文学科、商科等大学者治之；第二类学科为预备入格致科大学、工科大学、农科大学者治之；第三类学科为预备入医科大学者治之。

第二节　第一类之学科凡十科：一、人伦道德，二、经学大义，三、中国文学，四、外国语，五、历史，六、地理，七、辨学，八、法学，九、理财学，十、体操。其有志入大学之经学理学学科者，可于第三年缺心理及辨学，而课算学物理；外国语惟英语必通习，德语或法语选一种习之。其有志入法科大学者，可加课拉丁语，此为随意科目。

第三节　第二类之学科凡十一科：一、人伦道德，二、经学大义，三、中国文学，四、外国语，五、算学，六、物理，七、化学，八、地质，九、矿物，十、图画，十一、体操。其有志入格致科大学之动物学门、植物学门、地质学门，并农科大学之各学门者，可加课动物及植物；其有志入工科大学之土木工学门、机器工学门、电气工学门、采矿及冶金学门、造船学门、建筑学门，格致科大学之算学门、物理学门、星学门，农科大学之农学门、农艺化学门、林学门者，可加课测量。

外国语于英语外，听其选德语或法语习之；惟有志入格致科大学之化学门、工科大学之电气工学门、采矿及冶金学门、农科大学之各学门者，必专选德语习之。又其有志入格致科大学之动物学门、植物学门、地质学门，农科大学之兽医学门者，可加课拉丁语；但此加课之拉丁语为随意科目。

第四节　第三类之学科凡十一科：一、人伦道德，二、经学大义，三、中国文学，四、外国语，五、拉丁语，六、算学，七、物理，八、化学，九、动物，十、植物，十一、体操。

外国语于德语外，选英语或法语习之。

第五节　各类学科学习年数，以三年为限。

第六节　各学科程度及每星期授业时刻表如下：

第一类学科
第一年

学　　科	程　　　　　　　　　　　　　　　度	每星期钟点
人伦道德	摘讲宋元明国朝诸儒学案，择其切于身心日用而明显简要者	1
经学大义	讲《钦定诗义折中》《书经传说汇纂》《周易折中》	2
中国文学	练习各体文字	5
兵　　学	外国军制学	1
体　　操	普通体操　兵式体操	3
	以上通习	
英　　语	讲读　文法　翻译　作文	9
德语或法语	讲读　文法　翻译　作文	9
历　　史	中国史	3
地　　理	政治地理	3
	以上主课	
合　　计		36

第二年

学　　科	程　　　　　　　　　　　　　　　度	每星期钟点
人伦道德	同前学年	1
经学大义	讲《钦定春秋传说汇纂》	2

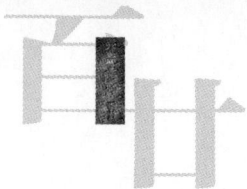

中国文学	同前学年	4
心理及辨学	心理学大意　辨学大意	2
兵　学	战术学大意	1
体　操	普通体操　兵式体操	3
	以上通习	
英　语	讲读　文法　翻译　作文	9
德语或法语	讲读　文法　翻译　作文	9
历　史	亚洲各国史	3
地　理	政治地理	2
	以上主课	
合　计		36

第三年

学　科	程	度	每星期钟点
人伦道德	同前学年		1
经学大义	讲《钦定周礼义疏》《仪礼义疏》《礼记义疏》		2
中国文学	同前学年兼考究历代文章流派		4
兵　学	各国战史大要		3
体　操	普通体操　兵式体操		3
	以上通习		
英　语	讲读　文法　翻译　作文		8
德语或法语	讲读　文法　翻译　作文		8
历　史	西洋各国史		3
法　学	法学通论		2
理财学	理财学通论		2
	以上主课		
合　计			36

上表中英语外，德语、法语二科听学生选习一科。

有志入中国经学门者，其第二年缺心理及辨学，第三年缺中国文学而加课物理、算学，其加课表如下：

学　科	第一年每星期钟点	第二年每星期钟点	第三年每星期钟点
算　学	0	2	0
物　理	0	0	4

以英语入学，而有志选习政法科大学法律门之德国法、法国法，文科大学之德国文学门、法国文学门者，其外国语之授业时刻，应变更，表如下：

学　科	第一年每星期钟点	第二年每星期钟点	第三年每星期钟点
英　语	4	4	4
德语或法语	14	14	12

有志入政法科大学者，可加课随意科目之拉丁语，其授业时刻表如下：

学　科	第一年每星期钟点	第二年每星期钟点	第三年每星期钟点
拉丁语	0	0	2

第二类学科
第一年

学　科	程	度 每星期钟点
人伦道德	摘讲宋元明国朝诸儒学案	1
经学大义	讲《钦定诗义折中》《书经传说汇纂》《周易折中》	2
中国文学	练习各体文字	3
兵　学	外国军制学	2
体　操	普通体操　兵式体操	3
	以上通习	
英　语	讲读　文法　翻译　作文	8
德语或法语	讲读　文法　翻译　作文	8
算　学	代数　解析几何	5

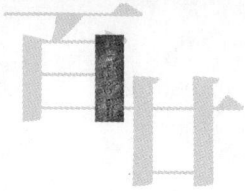

图　　画	用器画　射影图画	4
	以上主课	
合　　计		36

第二年

学　科	程	度	每星期钟点
人伦道德	同前学年		1
经学大义	讲《钦定春秋传说汇纂》		2
中国文学	同前学年		2
兵　　学	战术学大意		1
体　　操	普通体操　兵式体操		3
	以上通习		
英　　语	讲读　文法　翻译　作文		7
德语或法语	讲读　文法　翻译　作文		7
算　　学	解析几何　三角		4
物　　理	力学　物性学　声学　热学		3
化　　学	化学总论　无机化学		3
图　　画	用器画　射影图法　阴影法　远近法		3
	以上主课		
合　　计			36

第三年

学　科	程	度	每星期钟点
人伦道德	同前学年		1
经学大义	讲《钦定周礼义疏》《仪礼义疏》《礼记义疏》		2
中国文学	同前学年　兼考究历代文章名家流派		3

兵　学	各国战史大要	2
体　操	普通体操　兵式体操	2
	以上通习	
英　语	讲读　文法　翻译　作文	4
德语或法语	讲读　文法　翻译　作文	4
算　学	微分积分	6
物　理	光学　电气学　磁气学	3
		讲义3
化　学	有机化学	5
		实验2
地质及矿物	地质学大意　矿物种类形状及化验	2
图　画	用器画　阴影法　远近法　机器图	2
	以上主课	
合　计		36

上表第三年之课程，其有志入格致科大学之动物均学门、植物学门、地质学门，农科大学之农学门、农艺化学门、兽医学门者，缺算学；有志入工科大学之土木工学门、机器工学门、造船学门、建筑学门，格致科大学之算学门、物理学门、星学门者，缺化学之实验；有志入格致科大学之各学门、农科大学之各学门者，缺图画；有志入农科大学之林学门者缺英语。

又有志入格致科大学之动物学门、植物学门、地质学门，农科大学之各学门者，可加动物及植物。其授业时刻表如下：

学　科	第一年每星期钟点	第二年每星期钟点	第三年每星期钟点
动物及植物	0	0	4
			动植物之种类及构造

又有志入工科大学之土木工学门、机器工学门、电气工学门、采矿及冶金学门、造船学门、建筑学门，格致科大学之算学门、物理学门、星学门，农科大学之农学门、农艺化学门、林学门者，可加课测量。其授业时刻表如下：

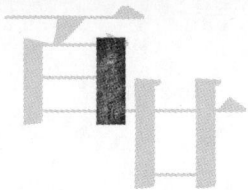

学　科	第一年每星期钟点	第二年每星期钟点	第三年每星期钟点
测　量	0	0	3
			平地测量　高低测量
			制图

又有志入格致科大学之动物学门、植物学门、地质学门，农科大学之兽医学门者，可加课随意科目之拉丁文。其授业时刻表如下：

学　科	第一年每星期钟点	第二年每星期钟点	第三年每星期钟点
拉丁语	0	0	2

第三类学科
第一年

学　科	程	度	每星期钟点
人伦道德	摘讲宋元明国朝诸儒学案		1
经学大义	讲《钦定诗义折中》《书经传说汇纂》《周易折中》		2
中国文学	练习各体文字		4
兵　学	外国军制学		2
体　操	普通体操　兵式体操		3
	以上通习		
英　语	讲读　文法　翻译　作文		13
德语或法语	讲读　文法　翻译　作文		3
算　学	代数　解析几何		4
动物及植物	动物学　实验		4
	以上主课		
合　计			36

第二年

学　　科	程	度	每星期钟点
人伦道德	同前学年		1
经学大义	讲《钦定春秋传说汇纂》		2
中国文学	同前学年		2
兵　　学	战术学大意		1
体　　操	普通体操　兵式体操		3
	以上通习		
英　　语	讲读　文法　翻译　作文		13
德语或法语	讲读　文法　翻译　作文		3
算　　学	解析几何　微分积分		2
物　　理	力学　物性学　声学　热学		3
化　　学	化学总论　无机化学		3
动物及植物	植物学　实验		3
	以上主课		
合　　计			36

第三年

学　　科	程	度	每星期钟点
人伦道德	同前学年		1
经学大义	讲《钦定周礼义疏》《仪礼义疏》《礼记义疏》		2
中国文学	同前学年　兼考究历代文章名家流派		2
兵　　学	各国战史大要		2
体　　操	普通体操　兵式体操		3
	以上通习		
德　　语	讲读　文法　翻译　作文		9

英语或法语	讲读 文法 翻译 作文			3
拉 丁 语				2
				讲义3
物 理	光学 电学 磁气学			6
				实验3
				讲义3
化 学	有机化学			实验3
以上主课				
合 计				36

以德语入学者，其外国语之授业时数表应变更如下：

学 科	第一年每星期钟点	第二年每星期钟点	第三年每星期钟点
德 语	9	9	7
英语或法语	7	7	5

外国高等学堂均有伦理一科，其讲授之书名伦理学，其书内亦有实践人伦道德字样，其宗旨亦是勉人为善，而其解说伦理与中国不尽相同。中国学堂讲此科者，必须指定一书，阐发此理，不能无所附丽，以致泛滥无归。查列朝学案等书，乃理学诸儒之言论行实，皆是宗法孔孟，纯粹谨严；讲人伦道德者自以此书为最善。惟止宜择其切于身心日用而其说理又明显简要、中正和平者为学生解说，兼讲本书中诸儒本传之躬行实事以资模楷。若其中精深微渺者，可从缓讲；俟入大学堂后，其愿习理学专门者自行研究。又或有议论过高，于古人动加訾议，以及各分门户互相攻驳者，可置不讲。讲授者尤当发明人伦道德为各种学科根本，须臾不可离之故。

经学大义有二：一、全经之纲领，二、全经之会通。讲说以简明为主，勿令学生苦其繁难。此堂所讲诸经大义，应即用钦定八经讲授；其说解皆正大精核，不流偏倚，讲授者务择其最要之大义谨遵阐发（每经大义不过数十事，不必每篇全讲），断不可好新务奇，致启驳杂支离之弊。惟经义奥博无涯，学堂晷刻有限，若欲博综精研，可俟入大学专门后为之。

第七节　各类预备学科之程度，总以学生毕业后足入分科大学领解各学科之理法为准。

第八节　各类学科之外国语，备将来进习专门学科之用，在各科中最为紧要，故教授时刻较各学科增多。但徒增多时刻尚不足收语学之实效，要在凡教各种科学，取合宜之西文参考书使之熟习，并责成语学教员考究最合用之教授法，使学生语言之学力易于增进。

第三章　考录入学

第一节　高等学堂应考选中学堂毕业生升入肄业，其有未得过中学堂毕业凭照而其学力实合中学堂程度者，如考验合格亦准入学。

第二节　高等学堂学生，虽例由中学堂毕业生及有同等之学力者考选入堂，但此时学堂初开，尚未有此等合格学生；可酌量变通，选品行端谨、中国经史文学确有根柢者，先补习历史、地理、算学、格致、图画、东语、英语、体操各种普通学一年，然后升入高等学堂正科学习。此例于学堂开办合法五年后即不行用。

第四章　屋场图书器具

第一节　高等学堂当择面积适合学堂规模，爽垲而宜于卫生之地设置之。

第二节　高等学堂当设各种堂室如下：

一、通用讲堂，二、物理化学博物图书等专用讲堂，三、各种实验室，四、图书室、器具室、药品室、标本室，五、礼堂，六、职员事务室及其余必需诸室。

第三节　学堂体操场，宜分屋内屋外二式。

第四节　除以上堂室外，必应于学堂内或学堂附近设学生斋舍；舍中分自习室寝室二式。其他监学堂、会食堂、盥所、浴所、养病所、厕所、应接所，均宜完备。

第五节　凡教授用及参考用图书器具机器标本模型，体操用器具，均宜全备。

第六节　斟酌地方情形，可设置监督监学及教员之住宅。

第五章　教员管理员

第一节　高等学堂应置各项教员管理员如下：

监督、教务长、正教员、副教员、掌书官、庶务长、文案官、会计官、杂务官、斋务官、监学官、检察官。

各员门类职守，须照此分任，则条理分明，不相淆紊，方于教授管理有益，尤以专任学堂事不兼外差为要。至各处情形不同，开办之初人才未必敷用，或暂兼不甚繁要之差，或多派一员协助，或一员兼任两事，或以董事司事代委员，均由各省酌办。

第二节　监督统辖各员，主持全学教育事务。

第三节　教务长以教员中有品望、明教科理法者兼充，专稽核各学科课程、各教员教法及各学生学业勤惰优劣。

第四节　正教员掌分教各种科学，副教员助教员教授，掌书官掌一切图书仪器等项，均听命于教务长。

第五节　庶务长当以通晓学务官员派充，专理堂中一切庶务。

第六节　文案官掌理一切文报公牍，会计官专司银钱出入，杂务官管理雇用人役堂室器物并各种杂务，均听命于庶务长。

第七节　斋务长以深通管理法人员派充，亦可用教员兼充，专考验学生品行及学生斋舍一切事务。

第八节　监学官以教员兼充，掌稽察学生出入、考察学生功课勤惰及学生一切起居动作等事；检察官掌照料食宿、检视被服、注意一切卫生等事，均听命于斋务长。

附条　凡一切施行法、管理法，均另详专章，开办之时应即查照办理。其有未备事宜，应随时体察考验，呈请本省学务处改订通行。

来源：《奏定学堂章程·高等学堂章程》，湖北学务处本

学部咨复浙抚转饬高等学堂添加专科应令各延长年限文

1908年2月5日

　　为咨复事。准咨开，据提学使支恒荣详称，准高等学堂监督吴咨开，案照敝堂于光绪二十七年十月就原有之求是书院建立浙江大学堂，二十九年十一月遵章改称浙江高等学堂，其时规制甫颁，科目未备。至三十一年春间，陆绅懋勋接办，如整齐学制，甄别旧生，添招新生，仿照京师大学堂办法分为高等预备、完全师范两科。高等预备系补习中学程度，完全师范系初级师范程度，均定为三年毕业。嗣后每年添招预备新生，概取其文学确有根底或在中学堂有一二年程度者补入。此敝堂办理历年之情形也。

　　现有师范科一班，预备科六班。内师范生一班三十九人，预备三年级生二班八十六人，均自光绪三十一年春间入堂，至三十四年夏间按照规定课程应予毕业。预科毕业后，自应接办正科。查学堂章程高等学科分三类，第一类为预备入经学科、政法科、文学科、商科等大学者治之，第二类为预备入格致科、工科、农科等大学者治之，第三类为预备入医科大学者治之。敝堂开办正科拟分设第一类第二类学科，听各生志愿分别隶入。惟高等学科原以教大学预备为宗旨，而京师大学现在尚未成立，学者既毕业于高等学堂，暂无分科大学供其研究。敝监督体察情势，以为应仿专门之制，量予变通，现拟予第一类学科中增加法政时间，于第二类学科中增加埋化、算学时间，冀使毕业者皆有专长，可以出而用世，即将来升入分科大学，亦可深造精微，而与学堂定章仍属不相违悖，此敝堂预定将来之计划也。呈请转详咨请学部核复，以便早为设备等因，由司详院据情咨请查照，核复施行等因前来。

　　查该学堂预科既经毕业，自应接办正科，惟现在京师分科大学尚未设立，该学堂监督虑将来高等学生毕业无大学可入，拟参仿高等专门学堂之制，量予变通，系为因时制宜起见，自可照准。惟所呈高等正科课程表中，其第一类普通学校少，而于第一学年即参加专科；至第二类则于第三学年始有专科，两类相较，办法未免参差，且第二类课程中之机械工学、采矿学及选矿学仅各占一学期，应

用化学仅占两学期，为时过短，所习无几，恐有添加专科之名而无学成致用之实，应饬令各再延长一年，于第一类之第一学年及第二学年专注重国文及外国文，第二类之第一学年及第二学年专注重各种高等普通学，至第三、四学年则注重专科。庶几学生于普通学既有根柢而于专门学亦确能致用。

来源:《学部官报》第五十四期

光绪三十三年高等预备科二年级甲班课程表　1907年

日／时	一时间	二时间	三时间	四时间	五时间	六时间
星期一	英文	算学	历史	经学	英文	博物
星期二	英文	算学	地理	理化	国文	体操
星期三	英文	算学	历史	经学	修身	图画
星期四	英文	算学	地理	理化	国文	体操
星期五	英文	算学	历史	经学	博物	图画
星期六	英文	算学	地理	理化	国文	体操

来源:《学部官报》第四十二期

浙江高等学堂致学部、外部、邮传部电　1907年

　　浙路奏准自办外部忽强借外款，人心惶惑。求达外部速奏，收回成命，以苏吾浙。生等非干预政治，但桑梓攸关，路亡浙亡，不忍坐视。祈鉴察。

浙江高等学堂全体学生公叩
（致外部邮传部电同）

来源:《申报》，1907年11月06日

浙江高等学堂致各府中学堂师范学堂电　1907年

　　路事急。拟联合力拒。请联贵府各校照办。

浙江高等学堂全体上

来源:《申报》，1907年11月06日

浙江各府复高等学堂电　1907年

　　（衢州）路事存亡所关，众情同愤。请贵校发总电力拒。

衢州学界全体上

（绍兴）电悉。路事，极表同情。请电示办法。

绍府校（密波）

（宁波）电悉。拒款会已成立。誓死力争，决不少辍。贵处办法请指示，以期彼此联络，求达目的而止。三校已集路股并闻密波。

法政师范中学堂

来源：《申报》，1907年11月06日

浙江高等学堂会议详志   1907年

　　廿五日下午三时，浙江高等学堂全体会议浙路借款事，先由吴雷川太史布告会旨，并宣布上学部电稿，请公决。张宗强君（地理教员）起言，路事甚急，宜径达外部、邮传部，不必由学部转达。众赞成。吴太史又云，张中堂现在管理学部，此电上去，彼必鼎力维持，故学部一电万不可少。众遂决议：学部、外部、邮传部三电同发。陈训恩君起言：借款一事，我辈之生命财产，即不去顾他，我祖宗在九泉之下，如何安心？今见某报插画有墓中升出人头，此不但指汪某之祖宗而言，实为我全浙人之祖宗而言。我辈稍有心肝，总须速图补救之法。遂大声疾呼，泣数行下，众益愤张。世录君起云，浙路借款非仅关涉国际问题，实关于吴浙人生命财产之一大问题。吾辈虽在学生时代，对于此事万不能不干涉。今既会议，此事总须筹议妥当方法。我意宜速联络全浙学界，协力死争。最要者有三事：一、吾浙人生也可，死也可，借款万万不可，速向政府声明（言至此众疾呼赞成）。二、凡是学生谅必痛知借款之害，应各人任招股之职，并自己量力任股，多寡不计。三、省会学生应将此事始末情形及其利害痛陈于故乡父老之前，使一般国民感知愤激，自然招股容易，拒款亦不难了。诸君以为何如？众赞成。沈士元君（国文教员）起言，张陈二君之言，大众既表同情，余意张君世录所谓集股一事，尤为要紧，请诸校友协力谋之，遂痛哭流涕，演说借款之害。众为泪下。王伟人君（教务长）起言，此事现经发起，务须达到目的。请诸君速举代表（由本校全体中选举，无论职员学生均可被举），以便刻日会同各校，开特别大会，研究此事。将来学界联络后，即可加入国民拒款会，并而为一，共争此事。众赞成，遂行投票法，公举张宗强、沈士元、陈训恩、张世录、程祥芝、汪德钧六人为代表。王君又云，北京三电宜赶紧译发，众赞成，遂派人至电局发电。此时已晚，遂散会。所有各府学校电于廿六日上午译发至。以后事宜，拟合各校开特别大会妥为研究云。

来源：《申报》，1907年11月06日

浙江高等学堂毕业典礼秩序单　　1910年

毕业给凭礼节：

六月初四日上午准十时鸣钟。

第一节　监督率毕业生至圣人位前及万岁牌前，行三跪九叩首礼。

第二节　监督请官长来宾至礼堂就坐，本堂教员、办事员以次坐，本堂各班学生齐集，皆肃立。

第三节　监督登台报告，监学引毕业生鱼贯而上，行鞠躬礼，分两行前后立。监学唱名，诸生以次至台前。监督授凭并给奖品，诸生鞠躬致谢，退原位立。

第四节　监督请官长施训勉语，请来宾施训勉语。监督施训勉语。教员施训勉语。学生肃立敬听。语毕，学生鞠躬致谢。

第五节　毕业各生行谢师长礼，三揖。谢官长来宾，左右各一揖。又北向同

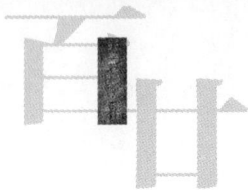

学，各一揖。同学致贺，又一揖。礼毕，各退。

来源：浙江大学校史编写组：《浙江大学简史》（第一、二卷），浙江大学出版社，1996年

学部奏浙江高等学堂预科学生第一、二两次毕业请奖折

1911年3月15日

　　窃于宣统二年二月准浙江巡抚增韫咨，据署提学司袁嘉谷详称，浙江高等学堂预科自光绪三十一年开办，连次招考各处中学堂学生转入堂内补习。课程按照转学新章，将各生前后在校肄业期限合并计算。至光绪三十四年五月第一次毕业，计学生祝文白等九名。宣统元年五月第二次毕业，计学生丁绍桓等十四名，均年限届满，经司会同考试，发给文凭，汇呈履历，分数表册，详请咨部，查照广东高等预科转学准奖成案，按等核奖。经臣部核阅，该堂表册既缺历期、历年各科分数，且该生等从前转学所历各校是否与章程相符，无凭稽核，当即咨复。饬司另造表册，逐款查明，详细声复去后，理准该抚咨。据署提学司郭则沄详称，案查各生转学情事，复核无误，并按部颁中学毕业表格，将历期、历年各科分数逐一填注，仍行详请咨奖等因，连同另造表册前来。查高等预科毕业准照中学请奖，最优等作为拔贡，优等作为优贡，中等作为岁贡，又臣部历届办理广东等省预科请奖成案，凡在新章未颁以前，曾入程度相当报司有案之他学堂，与本堂合计肄业，已满四年或五年，且与部定转学章程相符者，均准照章给奖各等语，此次浙江高等学堂预科第一、二两次毕业各生，既据提学司另造表册，将转学期限及历届分数，详细填注，臣部详加复核，其入堂在未奉新章以前肄业，又均满四、五年以上，年限、程度与定章尚属相符，应准按照成案给奖，以示鼓励。除第二次毕业优等之杨景桢、陶家骏二名，年限虽满，因由秀水县高等小学堂转入本科，与转学章程不合，只准升学，无庸议奖外，所有毕业最优等第一次

之祝文白、郑济，第二次之丁绍桓、何炳松等四名，拟请作为拔贡，毕业优等第一次之邵濂、郑钧、邱之铭、程凤鸣、管豹清、韩华，方谦，第二次之牟秉秀、孙璸、卢圣范、孙从元、黄维中、袁祖黄、沈公铎等十四名，拟请作为优贡，降列中等，第二次之尤希文、裘守慈，与毕业中等之郑思济等三名，拟请作为岁贡。如蒙俞允，即由臣部咨行该抚，转饬遵照。所有浙江高等学堂预科学生第一、二两次毕业请奖缘由，谨缮折具陈，伏乞皇上圣鉴。谨奏。

来源:《学部官报》第一五一期

浙江高等学堂缘起　　1911年5月　陆懋勋

光绪甲午，朝廷以朝鲜之役受东邻侮，士大夫撄心发愤，以求自强之道。知列雄之养其力，韬其锋，一试而不可御者，实惟其教育之周于国民，自普通以逮专门，精密而竺挚，万众一心，弗得弗措。

盖国民之精神成于社会之智识，基诸学校之教育，教育者，图强之嚆矢也。吾浙人民爱国之心向郁勃不可以遏，秀颖之士尝胆习苦，冥求西文西学，以蕲尺寸之效。其时风气闷窒，艰于师资。墨守旧习者，复诋诽之，摈击之，有志者皇皇无所托。

二十二年丙申，嘉定廖中丞抚浙，卓识远见，筹强国之策，曰先储才。知彼知此，通中西之邮，以求实学而济时用，庶乎其可也。乃以二十三年丁酉正月，就因事籍没之普慈寺，改建黉舍，名曰求是书院。延美国学士王令赓授英文、格致、化学，以中教员授算学及经史，暂定学额三十名，招举贡生监年二十以上、文理通畅者考充之。人给月饩五元，月试年试更奖以银。岁筹常费九千贯。二月开学，专折奏明。

时则朱侍郎智力赞成之。杭州府林太守启总办此事。中丞以懋勋粗有知识，饬膺监院之任。草昧权舆，流俗骇诟，表里荆棘，揩柱为难，而学风喁喁之进步綦迅。二十四年资送高才生陈榥等五人于日本肄习专门学，是为中国学生留学东洋之始。懋勋改任总理，陈上舍汉第为监院。添筑外院学舍，增额四十八名，为内院升补之预备，人输岁修银二十四元，膳资自给。二十五年改外院额为六十名，录多未冠者。

西学而外，兼课经史文学，以固根基。二十六年选送内院学生十人于京都大学堂，又资送蒋尊簋等高才生十八人于日本，分习科学。二十七年定学额为一百名，免外院生修金。是年懋勋以供职词馆，谢事入京，由监院代理，劳吏部乃宣接充总理。

时奉诏将省城书院改设大学堂，十月改求是书院为浙省求是大学堂，改总理为监督，任抚部道镕专折入告。二十八年去求是名称，为浙江大学堂，额定百二十名，时岁费达三万圆有奇。

二十九年遵奏定章程，凡省会所设学堂，定名曰高等学堂，即于是月改称浙江高等学堂，聂抚部缉椝陈奏更正。三十年陶部郎葆廉接任监督，部郎延唐广文咏裳为助，整饬学风，力趋纯正。广文办学湖州，部郎辞任，聂抚部复奏调懋勋承之。三十一年扩充学额为二百名，分高等预备科百四十名，师范完全科六十名。又于校东设师范传习所，定额一百四十名。

其时附设师范者，以教育基于小学，欲广兴小学，必多储教材，而一省尚无师范学校，高等内院生年长薪速化，因时因人，鼓之舞之，变而通之，不得已也。是年又设高等小学堂一所于田家园，额五十名，会城内外分设初等小学十所，额共二百名，累年经费已筹定年额银元三万有奇。

是时懋勋与项副理藻馨殚力精画，事求其备，用主乎节，凡为教育大局计，非仅仅为一校计。而岁费则以一校所夙有者，酌剂支给，无滥无匮，盖自此校内外学额已达五百九十名矣。三十二年吴庶常震春赓理其事，懋勋于是综计先后谬膺斯任六年于兹矣。

浙中山川秀灵，人才钟毓，而学术一新，翘材负异者，蹑屩而入扶桑之域，继且游学欧美，肩项相望。迄今成名发业，内而理财经武培拥国力，外而佐折冲于坛坫之间者，皆震烁人目，则咸溯源于求是教育之验。独懋勋以不才之木，浮沉仕路，渺无树立，学问之大，亦不克有尺寸之成就，能无恧然。纪其端委，如梦如寐，敢质诸曩时同学同事者。时宣统三年五月也。

来源：《杭州府志》卷十七，学校四

浙江高等学堂同学录　　1909年

浙江高等学堂同学录第一（现任本堂职员教员）

姓名	字		姓名	字
吴震春	雷川		沈毅	士远
王嘉榘	伟人		何春彬	文卿
王鸿度	景向		亨培克	
陈开第	虎生		梅立格	
张达钧	帖华		邵长光	培之
曹鼎	复堦		丁其奎	莲伯
杨际青	荫春		孙润瑾	仲瑜
唐振汉	雄飞		张凤逸	瑞山
李爽	松舟		章嶔	菊绅
范宗岱	焕文		张宗祥	闻声
张景星	子祥		胡濬济	沈东
陆永清	寰镜		郦寅道	敬斋
林惟忠	希伯		王世	匊昆
沈缵	淞生		吉加江宗二	
杨敏曾	逊斋		夏铸	勉旃
魏友枋	仲车		铃木珪寿	

姓名	字
沈慰宸	子良
陈树基	敏人

姓名	字
陈六如	彝德

浙江高等学堂同学录第二（现在本堂肄业学生）

姓名	字		姓名	字
何敬煌	酉生		戴熊	轩臣
孙士燮	理堂		叶正荣	欣木
汪润	伯城		冯度	威博
陈训恩	彦及		何寿荣	戢门
恩良	吉甫		蔡煜	仲昭
施仁荣	少明		郭衡	宰平
高克潜	幼菀		章炳文	蔚然
董世桢	贞柯		张行简	禅鹤
方谦	逊夫		范琳	秉琳
郑斌	允恭		王庆槐	盛栽
陆朝儁	仲雄		祝文白	莲仙
傅乃谦	激胜		丁绍桓	子申
郭宗礼	贻孙		程万里	远帆
盛敬明	亮夫		何炳松	柏臣
邵家驹	昂士		郑宗海	小沧
顾裕魁	补文		洪学范	印湖
龚文凯	汉章		冯寿梅	铁生
郑钧	勇知		朱起蛰	春洛
林宗强	志明		卢宗孚	伯容
傅典徽	敬五		周大昕	晓楼
王子让	志尚		尤希文	伯和
邱之铭	颂阁		潘徽寰	少馨
陈赞襄	克安		潘忠甲	莐臣

姓名	字
方钟	秀夫
沈允昌	斌父
寿景伟	毅成
孙从元	兰畦
袁祖黄	守了
毛宝鋆	诵先
卢宗谦	仲模
贾巘	啸梅
阮凯	伯康
裘守慈	允良
周觐颜	养初
唐溢声	子修
张受均	恺敷
邢澍南	锡川
顾振常	思九
梅昌祚	尤文
汤鼎成	锦城
莫善诚	存之
吕应惠	柱臣
朱鸿儒	巨卿
戴道瑠	中甫
嵇安	铁梅
钱应珤	雪涛
郑梦驯	次川
胡时铎	心猷
毛作孚	子信
管豹清	窥光
徐守桢	崇简

姓名	字
杨景桢	次廉
邵启	联声
应冶良	怀新
邹铨	亚云
孙瑛	叔轩
俞景钱	肖彭
陶家骏	毅生
丁宝华	仲箎
沈公铎	党夫
张乔	庆三
徐瞻淇	韵竹
郑恩补	衮甫
郑济	识卿
姚文治	寰清
沈养厚	正德
褚祖同	慎之
孙从周	雅臣
卓殿英	襄候
吴道隆	伯盛
徐元建	侠君
李贤熊	蓉卿
李延鑣	立山
水澄光	臻湄
黄维中	植民
严彭龄	子笺
姚源恩	釐成
楼钟泽	菊生
俞溥田	光润

姓名	字
黄柏林	悦斋
裕康	卓山
徐镇藩	秋盦
黄甫松	候青
顾鼎	仲平
黄庆慈	在兹
包鸿	庭宜
袁久壎	懋哉
李希纲	纪侪
杨槐生	子俊
陈慕琳	钧阳
崔陈鸿	电旋
叶宗寅	静初
潘澍	沛霖
黄国铭	鼎臣
聂登颐	理夫
李振夏	子翰
姚瑾	抱真
谷宗海	客泉
蔡继曾	定武
孔继才	德辅
徐步高	戟三
何知开	子凯
叶其菁	沐㵆
薛允濬	公徽
张鸿材	子芳
沈孝先	汉伯
孙振涛	石青

姓名	字
姜起渭	仲渔
楼仲连	雪轻
寿予九	书翰
陈谊	子训
王中復	颉高
吕献瀛	河洲
吴象乾	萃卿
邢钟翰	诵华
李长崧	敏轩
姚会升	正芳
朱映垣	志良
沈家璠	伯严
潘恒心	士毅
韩彦衢	仲特
袁华	文谦
陆春荣	华庭
何晋昌	韩卿
丁亦蘷	籥臣
王献	仲枚
杨景	仰山
曹谦	春皋
潘起莘	岳林
沈玉书	少麟
徐缙琛	执卿
沈怀璋	爱泉
郦昌	亚民
周有先	守之
王兆同	长青

姓名	字
钱福谦	志悬
周绍薰	肖南
朱宝衡	百川
孟树铭	望渠
沈光煦	仲穆
董礼宸	仲昌
潘嘉贤	稼咸
裘燮勋	兰堦
陈选恒	志彦
吴书勋	杭生
赵鼎新	汉造
唐冀方	子卿
郑纪文	郁周
蔡宗礼	立夫
叶锵	凤鸣
吴国溶	作舟
傅振绪	志教
王倬汉	云瓅
王允文	省三
陈贞	百司
汪圣源	溯臣
胡时拯	伟生
沈楷	遹臣
张熙	启孙
韩韶舞	子瑜
俞之愚	也直
程俊	季英
陈志群	同人

姓名	字
傅典文	蔚如
严庆龄	子寿
秦恩培	内明
应宗周	冲非
梅光祚	鄦文
裘燧	篆慧
金璠	宝荣
沈逊斋	敦谦
史久良	兆乾
张佩璇	佩璇
郭沈坚	小寅
吴燮	鼎臣
陶孙熙	剑帆
黄祖洛	轩裔
汪模	志范
洪涛	伯侠
冯贻箴	柳堂
熊璋	季襄
徐永祚	玉书
蔡经炜	春荣
潘剑雄	侠生
曾劭勋	伯猷
镜清	镒甫
盛秉伟	凤山
李濬	文轩
蔡振	幹臣
周启雄	延龄
马义璋	达生

浙江高等学堂同学录第三（本堂毕业生）

姓名	字
张公度	谨侯
黄学龙	峙斋
贾华	伯华
张忻	郁明
朱襄	赞孙
金鼎彝	铭新
邱望仑	槛玉
张永圭	秉斋
方炜	仲先
李学儁	敬孙
严赵璋	根仑
严济英	仲华
杨相时	则贤
李殿薇	薇臣
吴震瀛	球籁
傅箴	秀灵
董振民	企康
汪凤歧	吉孙
陈咏琴	诗斋
张家驹	瑯卿
洪名达	夒周
孙尧圆	亚杰
张再荣	燿哉
洪远谟	卓夫
谢翰藩	省三
金宗书	志成
来长泰	肖卿

姓名	字
林超	毓成
陈选珍	朵如
朱寿昌	宝祥
赵炳源	季青
张之谦	地山
蒋宗幹	溢如
戚启焘	诱循
郇忱	嘉祥
张鸿勋	冕卿
章高鹏	展程
周烈	健民
李毓琳	森若
黄梦吉	绍周
杨苑	芝庭
嵇惟怀	李橘
郭雄	公武
朱券	叔丹
倪步瞻	咏裳
杨坚	载赓
范崇勋	敦伯
徐经邦	练才
边士俊	甘棠
王璠	伯鲁
胡恒	琅孙
陈国衔	明斋
林正刚	肃平
林端	兰石

姓名	字
夏镜清	楚湘
余靖	祖寅
林即棠	化南
徐景谦	琅圃
陈道垣	屡玉
翁襄	佐卿
朱鄂基	鄂生
谢廷幹	伟声
王惟熊	子祥
陆兆麟	芝庵
徐楚善	浦芷
徐毅	俊生
吴嵘	芝宇
蔡祖培	厚裁
顾华钟	炼斋
葛敬常	礼三
陈咏涛	文洲
王必达	琢成
韩鸿逵	问津
应澄清	馨一
孟宗邹	译文
冯毓燊	达人
周棠	望陕
黄旰球	春珊
项宗	石如
楼启愚	谦安
何锡璋	汉光
秦蘅	缘髻

姓名	字
陈枭	宝时
胡锡侯	雄伯
周朝昌	琴伯
胡绍瑗	秀溪
张绍周	汉长
程致远	达道
傅葆荫	乔森
袁锵金	保仁
潘清	心泉
沈壬林	仲笙
应亮	慕犀
孙宗奭	宋卿
林同	竹卿
卢振雕	歧西
郑祖康	志汉
田嘉禾	颂庆
周仲钧	鸿飞
陈强	应如
陈瑛	训民
管之楫	子舟
谢绍封	云枝
王瑞骅	公道
王时迈	鼎斋
来之翰	云锄
夏廷荣	敬孙
沈启熙	缉庵
胡起歧	邑山
刘焕	策群

姓名	字
胡嘉镐	卓成
金玉章	式如
孔宪祖	渠孙
唐世荣	觐侯
周培均	季衡
李福年	蕃祉
何敬煌	酉生
陆左升	卿鹄
黄寿曾	念耘
裘嗣芬	宗华
蔡锡侯	剑帆
江步瀛	蓬仙
陶赞尧	祝衡
楼凤仪	虞延
王凝	冰肃
李钟鹏	酉斋
金学俨	墀仙
席鸿	夀生
程祥芝	寿椿
张德海	蓬仙
周冕	翌三
陈渡	金坡
堵福诜	申甫
金殿华	明卿
徐霖	雨亭
王会云	呤龙
周锡飞	惠之
刘沅	衡斋

姓名	字
孙鹏	擔青
王景韶	晋笙
孙献琛	岛夫
范宗成	霞轩
陈颉亮	秀章
李寿鹤	侍羽
吴光明	人镜
徐浩然	养吾
胡绪昌	绍文
朱凤祺	仪侯
徐伦选	卓之
许祖谦	行彬
徐桂森	继馨
史纶	彦文
胡立	卓人
朱其辉	内光
祝文白	莲仙
龚文凯	子逵
邵家驹	昂士
林宗强	智民
郑济	识卿
赵迺传	述庭
汪润	伯诚
邵濂	振青
傅典徽	敬五
郑钧	勇知
陈中	子俊
邱之铭	颂阁

姓名	字
张景豪	伯伟
汤鼎成	存伯
陈训恩	彦及
傅典祖	商臣
毛云鹄	志远
黄徽祥	孟和
莫善诚	存之
孙乃澍	梦蟾
郭衡	宰平
程凤鸣	歧青
连煦	春和
刘侽	希伯
郭宗礼	怡孙
张竹筒	穉鹤
张家福	图南
恩良	吉甫
陈赞襄	克安
陆朝儁	仲雄
王镇雄	俊生
王宝鎏	策轩
胡静润	养源
管豹清	窥光
胡应康	衡山
汪德光	达人
蔡煜	仲昭
郑斌	允恭
范琳	秉琳
孙增雯	青臣

姓名	字
王黼裳	善祥
陈表	覃敷
韩华	复儒
何寿榘	戟门
方谦	逊夫
楼钟泽	菊生
周承闳	季恕
胡继	公群
王庆槐	盛栽
叶正荣	欣木
许思重	式辉
王子让	志尚
朱国辅	赞卿
迎福	介百
施仁荣	少明
虞振韶	志成
蒋灏	景伯
俞馥	孝先
钟善继	述庵
傅迺谦	吉生
高克潜	幼苑
徐卓天	圃云
沈昌言	伯敷
徐藩	汉卿
朱鸿达	志瀛
孙士琦	蔚才
柯国璋	伯珪
姚文治	寰清

姓名	字
张渤	问潮
胡善偶	希禹
吕安良	瑞澜
侯文麟	鹤山
吴福保	公民
江汉声	蕉亭
张逢源	郁明
秦崇诚	厚田
叶良玺	梦松
朱鸿儒	巨卿
胡勤昌	子桢
沈鲁	仲愚
吕应惠	柱巨
程万里	远帆
丁绍桓	子申
邵庸舒	伯驯
杨景桢	次廉
邵启	联声
何炳松	柏臣
应冶良	怀新
胡时铎	心猷
牟秉秀	思补
郑宗海	小沧
严祖荣	伯华
徐守桢	仲坚
俞定	松笠
邹铨	亚云
洪学范	印湖

姓名	字
冯寿梅	铁生
朱起蛰	春洛
严翊宣	子篯
卢宗孚	伯容
孙瑛	叔轩
周大昕	晓楼
尤希文	伯和
胡岳	觉斋
符恺生	仲藻
枣懋修	春农
潘瀔寰	少馨
俞景钱	肖彭
唐世潍	小澜
满忠甲	芟臣
方钟	秀夫
卢圣范	劬叔
陶家骏	毅生
沈允昌	斌甫
黄国铭	鼎臣
丁宝华	仲箎
沈公铎	觉夫
俞溥田	雨苍
张乔	庆三
徐瞻淇	韵竹
蒋庚先	行成
周维磊	福田
潘澍	沛霖
裘守慈	正慈

姓名	字
寿景伟	毅成
杜志文	琴堂
张绅书	星垣
周觐颜	颐福
毛作孚	子信
熙耀	凯孙
马义新	鸿秋
孙从元	兰畦
黄维中	植民
袁祖黄	肇兰
邢寿民	楙育
王绍榖	诒孙
顾绍曾	兆臻
张世录	子钦
陆钟骏	稺畬
毛宝鋆	鸿昇
卢宗谦	仲模
楼永锦	制美
许森鑅	文彬
贾嶷	啸梅
来復泰	鑑山
章恒性	竹亭
孙焘	璧英

姓名	字
陆恢	光宇
贾凯	启凡
阮凯	伯康
叶宗寅	静初
查微辙	继伯
王时应	槐南
唐溢声	子修
郑思济	傅舟
张受均	恺旉
施树帜	文玉
毛麟	伯喃
富勋	达三
黄柏林	悦斋
凌昌炎	普孙
聂登颐	理夫
毛凤藻	鸿纪
邢澍南	锡川
赵萃铨	久之
顾振常	思久
裕康	卓山
范煜泰	雪士
梅昌祚	允文

浙江高等学堂同学录第四（曾任本堂职员教员者，自光绪三十年上学期始）

姓名	字
陶葆廉	拙存
萧文昭	叔衡

姓名	字
吴宝镕	廉湖
王抱一	瀛宰

姓名	字
寿锡恭	悔契
钟毓龙	郁云
支宝楠	雯甫
陆锐星	少颖
陶兆麟	介如
陆康华	叔英
朱紫贵	衮卿
马镒	寅生
顾麟如	
汪嵚	曼锋
林鹏	遂初
赵德馨	省吾
唐咏裳	健伯
王赓虞	云史
余奎	吉斋
温玉	柯甫
陆绍鸿	卣臣
朱均	衡甫
劳暗章	庆雯
张福镐	子京
陆懋勋	勉侪
庄殿华	诵先
华承训	琴舫
李正华	
辻安弥	
范耀雯	效文
褚傅诰	九云
袁汰	文白

姓名	字
陈训正	无邪
马湄清	蔚青
谢成麟	伯书
任尤	克任
杜显明	杏六
丁烔	沅圃
徐鼎	清甫
汤櫵	尔和
冯荫	蔚哉
周承德	翼舜
姚汉章	作霖
汪希	叔明
张相	献之
陈纯	伯原
陈福民	哲俟
周继善	敬斋
马叙伦	彝初
包敦善	迪先
蒋可宗	秋然
寿昌田	拜耕
韩永康	强士
项藻馨	兰生
徐令绪	冬生
韩传霈	炳章
施行泽	咸三
杨翼庚	赓笙
俞鸿梃	仲鲁
董康	哲苓

姓名	字
郑履徽	遗孙
陆清	敬臣
蒋麟振	再堂
陈赐第	穉鹤
陆钟麟	玉书
孙显惠	德卿
方鸿珍	云孙
周仲荫	
吴昌言	禹门
范震臣	齐欧
元桥义敦	
郑衔华	佩之
许正衡	重平
金致和	霭臣
朱裕祥	颂舒
李文蔚	少廉
周易训	秘亭
鲁宗泰	朴臣

姓名	字
朱溶	仲祥
陈棠	荫轩
富长德藏	
袁毓鲤	文庭
郭凤辉	啸吾
丁存中	仲贻
顾梓培	树声
陈锦堂	晋卿
张文庭	镜人
张晋	绚伯
阮永森	木三
徐梯青	勉斋
永濑久七	
张步瀛	蓬仙
余冠澄	景波
鲍孝儒	孝儒
范琦	允之

浙江高等学堂同学录第五（曾在本堂肄业者，自光绪三十年始）

姓名	字
王烈	霖之
谢尚豪	仲占
徐勉	勤夫
张振鑫	公缪
胡凤翔	幼仙
洪维熊	吉人
方信	书绅

姓名	字
王大为	绍培
马步青	小莲
袤春旸	清熙
陈典	徽五
何竹菁	竹卿
周昌寿	三江
张养神	孔修

姓名	字
刘彬	秉文
谢钟川	烜年
孙荣华	晓今
张之桢	云樵
孙瀚	俊和
蒋梦麟	兆贤
寿颂万	佐卿
童晏球	洲伯
俞致中	齐生
沈仰高	景山
徐陈冕	骥卿
徐鸿恩	逵卿
吴兆樨	芳五
黄秉镒	戒三
施震	听孙
吴杏	瀛樵
吴荣鈵	子鉽
倪绍雯	讱麾
吕铸	铁仲
胡树屏	建侯
褚铭泰	叔盘
沈昀	晓苍
郑延龄	宇壶
傅尚瑞	休徵
陈夏常	月槎
万维鼎	铸九
朱潞	景文
周玮文	季高

姓名	字
魏树春	颖笙
范耀章	秀卿
周翰	君壮
吴光裕	国华
陈汝杭	静安
周锡	和甫
田秋	味贤
周维翰	诚斋
王楫	容甫
顾仪雕	肃喈
兆栋	云浦
汪立方	正武
顾泽祺	祉维
马宗周	子耕
周子英	杰士
樊承武	志征
顾仪康	恺如
桂年	仲山
伍崇德	立仲
赵继昌	东侯
胡希	穆卿
鸿年	颐臣
毛承澜	安伯
洪百庚	镜西
凌霆肃	公威
锡圭	介侯
查人伟	仲环
林骋逵	啸秋

姓名	字		姓名	字
唐震	星垣		沈雄	之万
朱德风	梯青		赵振华	锡荣
蒋梦桃	霁庭		书镕	仲恭
朱曦	仲英		王云璈	仲平
冯维斌	仲彬		姜登钰	谷堂
刘潮	英伯		郑澜	溶甫
秦闻凯	筱涛		胡邦昌	霞轩
方于昕	伴叟		徐作羹	和卿
施桂馨	渊如		陈履泰	豫亭
吴乃璋	习元		李垕身	博莘
冯远翔	叔鸾		王锡镛	庚三
刘起敬	吉哉		朱澄	韵孙
汤兆丰	书年		杨乃荣	春时
陈祖增	桐荪		楼建新	子瀛
王斌	莳埅		唐乃康	伯耆
郑延祚	永言		俞珣	少伯
谢继连	子惠		王绍基	素谊
陆海望	水范		冯德辉	梦周
袁钟铨	叔衡		方嘉乐	宪之
杨传藻	克斋		叶良翰	树屏
吴葭	稼农		印锡臣	荣鼎
张宗元	芎荪		赵以琛	介臣
潘秉璋	鹏飞		胡振藩	和卿
金贤	子常		陶延林	成之
陈世勋	铭侯		李锦坤	锦滔
林志暄	子辉		昆明	雨亭
渭熊	梦飞		金其相	琢如
解佩铭	箴言		萧元庆	申如

姓名	字
傅文焕	炳然
绶章	海屏
黄寅	公达
唐善	仲元
沈联第	仲豪
徐肇杭	苇舫
唐炯	伯荪
王樾铭	企仁
陈澜	秀升
施德麟	圣兆
张烈	瀛莱
叶肇南	荪芹
李邦耀	宪章
毛建	振卿
洪应荣	炳光
吴允让	雪香
周尚志	雪涛
陈鹤年	仲龙
詹家嘉	鹿年
吴景星	云庆
黄达璋	特生
杜荣	鸿立
周干	协稷
程云	鹏飞
单谔	果臣
洪甘棠	甘宗
徐观澜	锡蕃
张焕然	紫星

姓名	字
叶绍棠	棣卿
黄维章	庆其
王珣	阆玉
魏骥	子谦
谭耀	子光
吕翼文	和甫
林佩熙	清丛
叶震	子善
徐淮	达江
徐和	和甫
樊安世	敦仁
赵邦诒	芸生
陈贤平	伯均
袁张骏	秀甫
黄秉钺	跻卿
蒋樊	彬侯
余汝麟	玉书
方书升	子秀
汪国钧	祥卿
施群	镕北
项枕流	漱清
陈禧	任夫
徐镛	声甫
叶远荫	邵伯
袁以櫶	朴材
朱璟	子珍
许大临	岂匏
阮炳森	琬垂

姓名	字
杨祖绳	叔度
方乐	季容
阮性諴	季侯
孔庆焯	炽昌
胡赓虞	惠南
柴德圣	麟瑞
林斌	继濂
阮性尊	石麟
张景欧	剑秋
陈礼文	谷宾
李钟祥	叔平
孙荫南	憩棠
杨知然	絜度
周志伊	吉孙
俞涛	滋圃
姚涞	志田
许应庚	少槎
金三品	步瀛
陈昂	勉斋
陈其绪	缵臣
朱德熙	叔懿
陶廷墀	翼臣
徐诵明	清来
陈赞尧	克明
陆乘辂	仁肭
马如飞	鞠卿
仇同	忍坚
项沈源	楚芝

姓名	字
应保歧	绍周
朱鸣銮	浙亨
叶有麟	仁卿
徐思瀛	步云
夏馨	日章
洪国才	琴士
龚继遂	德孚
郑国藩	佐周
朱一清	浪山
张永圭	秉斋
包江	涵秋
方治宽	秋孙
徐勋	元甫
杨自强	振青
严克念	兹臣
徐作宾	溥泉
楼岑	志在
徐国安	羁东
陈文鼎	香蘅
李式晟	味莼
赵铭彝	丹秋
姚伯谦	选青
沈一匡	哲明
何廷树	枫紫
李家瀚	辅臣
余廷耀	景哉
沈琳	伯英
汪以德	裴珊

姓名	字
王慎修	子邃
王在诚	小农
孙祖德	憻斋
戴洲	步瀛
黄之焱	梦羲
叶广樑	栋臣
谢成	仲庄
喻进修	春皋
傅相高	咀莼
长宝	守臣
俞曹沧	济安
陈绍先	震三
谢乃绩	印三
沈养之	雨亭
张泰昌	韶苏
陈元豫	又艮
沈沛恩	慰农
喻邦卿	惠文
沈尔昌	季宣
陈光汉	东皋
沈孟养	汉钦
牟震中	肖谦
罗向辰	蕖生
锡瓒	介眉
陶钧	受百
渭熊	梦飞
吕应鹏	瑞元
孙承诰	鼎臣

姓名	字
锡绍翰	志屏
张宗良	荣玉
江兆封	云亭
盛际唐	尧夫
王平章	会安
吴祥凤	鸣岐
金缄	
蔡景源	则特
朱镕昌	紫琳
江孝璋	竹圃
尹衡	
毛壮蜚	
徐伦轶	蜕群
林咨皋	恺贤
邵棠	孟南
陈邦彦	
施壬林	
徐致强	弢士
景麒	子香
吴福鸽	
严奎璋	达夫
景嵘	星岚
高振	趾祥
杰英	
贺寰清	镜秋
李润棜	秀峰
冯振纲	介三
顾鹤	松年

姓名	字
邱观沂	慕清
楼诗荫	儒清
周宝杓	相佐
周之藻	振新
周宝乾	卜臣
王访范	星白
钱颂殷	孝先
吴作周	成德
卢锡弓	震廷
姚慈屺	恭若
许耀焜	雄九
徐守谦	执庭
吕俊恺	仁甫
倪锡瑜	衡甫
马森年	墨珊
王寅	同甫
陈秉乾	健先
姚守经	祖恒
傅耀芳	深培
陆懿凝	徽旒
孙景镐	子俊
宗惟惠	政叔
岳昌烈	赓墀
冯步青	云生
陈济	汝舟
汪秋亭	霞轩
吕渭	志清

姓名	字
叶铮	铁生
蔡文彪	蓉僧
李尧栋	伯渊
王思敬	
冯家樵	问樵
黄韩庚	亚范
周宪忠	雅琴
居益均	衡甫
蒋清熙	寿庆
蔡士鉴	镐伯
谢朝恩	宗晋
张锡瑞	锡华
王士英	文安
范迪熙	子缉
王者师	仲吕
土者相	伯伊
吴国昌	伯蕃
卲挺豪	洛仍
王冠俊	季卿
邢启芳	心澄
吴猛	裕如
陈嵘	理儒
蔡筑	成素
洪锦绶	万孙
童肇蓉	芙卿
黄尚组	梦楼
郑鸿谟	启文

姓名	字
戴祖荫	叔培
王廷化	绶臣
何子杰	梁四
徐建增	修安
蔡起澜	聚文
张维	令行
万培基	载之
庚桂	乐清
陈耀曾	志闳

姓名	字
朱钟秀	振亚
吴六笙	汉超
金致仁	寿臣
毛云鹗	鸳卿
吴泽增	薇生
陶镕	介五
周国勋	懋臣
张浩	洛川
冯堪	仲眉

来源:《浙江高等学堂同学录》，1909年

大学令　教育部部令第十七号　1912年10月24日

兹订定大学令二十二条，特公布之，此令。

第一条　大学以教授高深学术，养成硕学闳材，应国家需要为宗旨。

第二条　大学分为文科、理科、法科、商科、医科、农科、工科。

第三条　大学以文、理二科为主，须合于下列各款之一，方得名为大学：

一、文、理二科并设者。

二、文科兼法、商二科者。

三、理科兼医、农、工三科或二科、一科者。

第四条　大学设预科，其学生入学资格，须在中学校毕业，或经试验有同等学力者。

第五条　大学各科学生入学资格，须在预科毕业，或经试验有同等学力者。

第六条　大学为研究学术之蕴奥，设大学院。

第七条　大学院生入院之资格，为各科毕业生，或经试验有同等学力者。

第八条　大学各科之修业年限，三年或四年。预科三年，大学院不设年限。

第九条　大学预科生修业期满，试验及格，授以毕业证书，升入本科。

第十条　大学各科学生修业期满，试验及格，授以毕业证书，得称学士。

第十一条　大学院生在院研究，有新发明之理，或重要之著述，经大学评议会及该生所属某科之教授会认为合格者，得遵照学位令授以学位。

第十二条　大学设校长一人，总辖大学全部事务。各科设学长一人，主持一科事务。

第十三条　大学设教授、助教授。

第十四条　大学遇必要时，得延聘讲师。

第十五条　大学生各科设讲座，由教授担任之。教授不足时，得使助教授或讲师担任讲座。

第十六条　大学设评议会，以各科学长及各科教授互选若干人为会员，大学校长可以随时齐集评议会，自为议长。

第十七条　评议会审议下列诸事项：

一、各学科之设置及废止。

二、讲座之种类。

三、大学内部规则。

四、审查大学院生成绩，及请授学位者之合格与否。

五、教育总长及大学校长咨询事件。

凡关于高等教育事项，评议会如有意见，得建议于教育总长。

第十八条　大学各科各设教授会，以教授为会员，学长可随时召集教授会，自为议长。

第十九条　教授会审议下列诸事项：

一、学科课程。

二、学生试验事项。

三、审查大学院生属于该科之成绩。

四、审查提出论文、请授学位者之合格与否。

五、教育总长、大学校长咨询事件。

第二十条　大学预科，须附设于大学，不得独立。

第二十一条　私人或私法人亦得设立大学，除本令第六条，第十一条，第十七条第四款，第十九条第三款、第四款外，均适用之。

第二十二条　本令自公布日施行。

来源：《教育杂志》第4卷第10号

陈请省议会设立浙江大学文　　1918年4月　经亨颐

窃维教育之进行，须适应时势之需要，尤宜斟酌地方之情形。浙省自光复以来，高等学校业经停办，所可称为高等教育者，仅有法政、医药两专门学校，然且皆别系而非正宗。近来中小学校日见增多，莘莘学子，欲求纯粹高深之学问，靡所适从。际此科学竞争时代，而浙中学务简陋如斯，揆之时势，既嫌未合，按诸地方，尤多缺望，谨举其弊，为贵会诸君子陈之。

一曰文化之衰落也。浙中学风，素称精粹。自晚近无大学之设，后生小子，局于浅近，限于小就，不复能极深研几，以求至当，间有询以婺学渊源、姚江学派而不甚明了者。余可概见，非教育之不良，教育程度限之也。长此以往，何堪设想，此大学之宜设者一。

一曰学生之虚耗也。全国大学现只北京一所，此外寂然无闻，中学毕业生欲赴京就学，既苦于川旅之为难，又困于名额之有限，虽有壮怀，徒叹望洋，计惟有辍学以嬉，或勉屈远去，改入他途而已。中学毕业生不乏优秀之才，乃因此中止，等于虚耗，戕贼青年，斫丧学子，暗中损失，殆未可以臆计，此大学之宜设者二。

一曰人才之消散也。浙中高等学校既如此缺乏，于是闳硕之儒、俊彦之师相率他往，不能安于故乡。试举浙中绩学大家，现留在浙者，能有几人，此何故欤？皆由无大学以容纳之也。夫人才者地方之精华也，人才日见其消散，地方又安怪退化，此大学之宜设者三。

一曰教育权之旁落也。吾浙无自办之大学，而外人所设学校，则固有大学在焉，外人尚如是热心，吾侪能无抱愧？教育灌输，无分畛域，而精神上之影响，亦未可忽视，潜移默化，端贵扩张、此大学之宜设者四。

查民国六年九月二十七日，教育部公布修正大学令，并无限制大学必须国立之明文，其第十七条，且有私人或私法人亦得设立大学之语。准是以观，则省立大学当然可以成立，至于大学学区，原须分划，但现尚未见公布，报载津、沪、粤、汉将分为大学学区，此系指国立而言，如果实行，吾浙仍然缺望。用特揣时度势，参酌地方情形，拟具浙江大学办法大纲数条，陈请贵会采择，提付大会议决施行，教育幸甚，浙江幸甚。

附办法大纲如下：

（一）浙江省会地方设立浙江大学一所，其经费由省款支出之。

（二）浙江大学遵照修正大学令先设文理两科，本年度应先办预科。

（三）浙江大学预科学生，遵照部令专收本省中学毕业生，但入学时应先经试验。

（四）此项预科应支教职员薪修及一切费用，以前高等学堂决算为准，俟明年逐渐推广，开办费另定之。

来源：《浙江省教育会要览》，又载《申报》，1918年5月9日

浙教育会请设大学 1918年

　　浙江省教育会陈请省议会提议设立浙江大学，兹将原陈请书录下，为陈请设立浙江大学事窃维教育之进行，须适应时势之需要，尤宜斟酌地方之情形。浙省自光复以来，高等学堂业经停办，所可称为高等教育者，仅有法政与医药两专门学校，然且皆别系而非正宗。近来中小学校日渐增多，莘莘学子欲求纯粹高深之学问，无所适从。际此科学竞争时代而浙中学务简陋如斯，揆之时势既嫌未合，按诸地方尤多绝望，仅举其弊为贵会诸君子陈之。一曰文化之衰落也。浙中学风素称精粹，自晚近无大学之设，后生小子局于浅近限于小就，不复能极深研几以求至当，间有询以婺学渊源姚江学派而不甚明了者余可概见，非教育之不良，教育程度限之也，长此以往何堪设想？此大学之宜设者一。一曰学生之虚耗也。全国大学现只北京一所，此外寂然无闻，中学毕业生欲赴京就学，既苦于川旅之为难，又困于名额之有限，虽有壮怀徒叹望洋计，惟有辍学以嬉或勉屈远志改入他途而已，中学毕业生不乏优秀之才，乃因此中止等于虚耗，戕贼青年斫丧学子，暗中损失，殆未可以臆计，此大学之宜设者二。一曰人才之消散也。浙中高等学校既如此缺乏，于是阂硕之儒俊彦之师相率他往，不能安于故乡试举，浙中绩学大家现留在浙者能有几人？此何故欤？皆由无大学以容纳之也。夫人才者地方之精华也。人才日见其消散，地方又安怪退化？此大学之宜设者三。一曰教育权之旁落也。吾浙无自办之大学，而外人所设学校则固有大学在，焉外人尚如是热心，吾侪能无抱愧？虽教育灌输无分畛域，而精神上之影响亦未可忽视，潜移默化，端贵扩张，此大学之宜设者四。查民国六年九月二十七日教育部公布修正大学令，并无限制大学必须国立之明文。其第十七条且有私人或私法人亦得设立大学之语，准是以观，则省立大学当然可以成立，至于大学学区，原须分割，但现尚未见公布，报载津沪粤汉将分为大学学区，此系指国立而言，如果实行，吾浙仍然绝望。用特揆时度势参酌地方情形，拟具浙江大学办法大纲数条，陈请贵会采择提付大会议决施行。教育幸甚！浙江幸甚！

来源:《申报》，1918年5月9日

设立浙江大学之建议　　1919年

　　浙江省教育会前曾两次提案设立大学，未经省议会通过。现届省议会开大会之期，爰复由省教育会具书请愿，兹录其陈请书如下：

　　为陈请设立浙江大学事，窃敝会前以浙江高等教养极形缺乏，穷其流弊，势必至文化衰落，学生虚耗，人才消散，教育权旁落，拟具设立大学办法大纲于去年五月、本年四月两次陈请贵议会，提议各在案。此项建议案业蒙大会交付审查，认为可行修正办法，提出报告，仰见贵会诸君热诚教育，慎重办法，无任钦企。只缘闭会期迫，均未及续议而散，两浙士民咸深盼望兹届贵会开会之期，愿维目前之时势，尤觉此议不容稍缓。谨举理由为诸君子陈之：国家根本，端在教育。欧战既停，学战尤重。此后吾国教育方针，一方须积极进行普及教育，以增进全体之程度；一方须积极提倡高等教育，以养成特异之人才。苟大学之缺少，将竞争其所恃，此浙江大学之亟宜设立者一也。世界思潮，日新月盛，急起直追，犹惧不及，苟无大学以容纳众流，无以应时势之需要，而导学生之进步。浙为东南大邦，尤宜应此潮流，振起复进。此浙江大学之亟宜设立者二也。救国事业，端赖青年，近事班班可为明证，虽常轨之，或逾实热心之可进。浙省近年中小学校日益增多，毕业生远道求学，殊觉困难，大好青年，宜加培护。此浙江大学之亟宜设立者三也。各国退回庚子赔款已有动机，吾国人所为请求而号召者，惟以兴学育材为标准，方能得各国之同情，吾浙秉此时机，允宜确定大学基础，以促此议之速成为事实，此浙江大学之亟宜设立者四也。近项各省如上海、四川咸有人拟议创设大学，福建亦有集美大学之组织，吾浙夙号大邦，岂宜甘居人后？此浙江大学之亟宜设立者五也。前浙江高等校舍虽经议决收回而实有手续似尚迟迟有待。大学苟确定成立，当不难克期归还，此浙江大学之亟宜成立者六也。敝会同人再四研究，佥认为目前急要之图用，再拟列办法大纲数端，备具陈请书陈请贵会采择，提付大会议决施行，教育幸甚！浙江幸甚！

　　谨陈浙江省议会。

　　附办法大纲如下：

（一）浙江大学设立于浙江省会，其校址以前高等学校校舍充用；

（二）浙江大学经费由省款支出之，但亦得受国款之补助；

（三）浙江大学先设文理两科，开办时应先办预科；

（四）浙江大学预科招生及课程，一切皆遵照部章，酌合本省情形定之；

（五）浙江大学预科应支教员薪修及一切费用，由省议会议决之。

来源：《晨报》，1919年11月1日

筹办杭州大学大纲　　1921年　　沈定一

第一章　定名

第一节　本大学定名杭州大学。（说明）本大学设在杭州，所以，名杭州大学。

第二章　校址

第二节　本大学设在杭州。

第三章　组织

第三节　本大学的组织，分为两部：（一）大学董事会；（二）大学。

第四节　本大学董事无定额，分下列两种：（一）常任董事；（二）非常任董事。

第五节　常任董事的资格如下：（一）省内外人民曾捐助本大学基金或建设费十万元以上者；（二）省内外人民曾捐助本大学图书、仪器、器具及各种财产价值十万元以上者。

第六节　非常任董事分下列两种：（一）例任董事。（甲）本大学校长、总务长、教务长。（乙）本省最高立法机关主席者；本省行政机关最高级官<员>；本省教育行政机关最高级官<员>；本省财务行政机关最高级官<员>；本省金库所在银行行长；存入本大学基金的银行行长。（丙）省内外人民认捐本大学常年费每年一万元以上者。（丁）省内外人民曾捐助本大学基金或建设费一万元以上、十万元以下，或曾捐本大学图书、仪器、器具及各种财产价值一万元以上、十万元以下者。（甲）（乙）两项的任期，各依其本职的任期。（丙）项任期，至停止捐款时止。（丁）项任期，得各依捐数的多寡，定为一年以上、十年以下，由董事会决定。但亦得由各捐户联合起来，至数满十万元以上，推举常任董事一人。省内外人民认捐本大学常年费每年一千元以上、一万元以下者，得由各捐户联合起来，至数满一万元以上，推举董事一人。任期依照（丙）项办法。

（二）选任董事。（甲）省内外研究或办理教育的名人，学识超卓，经验丰富，成绩昭著者。（乙）省内外名人，曾在国内外大学毕业，现在国内研究或办理教育者。这两项定额十名。本大学未成立以前，由本省教育行政机关最高级官<员>拟就依定额加倍的名单，并详叙各人学行，呈由本省行政最高级官<员>，咨交本省最高立法机关用连记法举行决选。以得票多数者当选董事，得票少数者为候补董事。但得票多数者，如不满定额的时候，应由原拟者另拟名单，补行决选。本大学成立以后，前项名单，应由本大学校长、总务长、教务长和本省教育行政机关最高级官<员>合拟。

这一种董事，任期三年，但得连举连任。

第七节　董事会议职权如下：（一）筹备开办；（二）聘任校长；（三）募捐款项；（四）保管基金；（五）保管及处理本大学财产；（六）编制本大学预算决算；（七）谋本大学基金的增加；（八）保障本大学经济的独立。

第八节　董事会不得干预本大学学校行政及教务。

第九节　董事无俸给，但选任董事，得酌支开会时川资旅费。

第十节　本大学本科生得以书面提出意见于董事会。

第十一节　董事会办事章则由董事会自定。

第十二节　本大学先设文、理两科，以后分期次第开办医、药、工等科。（说明）药学和医学有关系的，只是调制药剂的一门，而调制药剂，在药学里面，又不过是很小的一部分，这是药科和医科分立的理由一。药学除调制药剂外，其余各门，都很重要，确是一种独立的学科，没有附属在医科下面的理<由>，德意志和日本等先进国，都已经从医科里面把药科提出来独立了，我们不应该再因袭他们从前的错误，使将来再多一番由合而分的手续。这是药科和医科分立的理由二。

第十三节　本大学本科分设各学系，于本大学学制中规定。

第十四节　本大学职员设校长一人，教务长一人，总务长一人，庶务、会计、文牍、图书馆等各部主任各一人，办事员若干人。

第十五节　本大学校长，由董事会议决聘任，惟须择于选任董事有同等的资格者。

第十六节　本大学校长得由董事会议决辞退。但以有失职或违法行为的时候为限。

第十七节　本大学教务长由教务会议选举。

第十八节　本大学总务长以下各职员，都由校长聘任。

第十九节　本大学职教员俸给，用年功分级累进法支给，支给表由董事会制定。

第二十节　本大学章程、学制，未成立以前，暂由董事会草定，成立以后，由本大学修正审定。

第二十一节　本大学校长对本大学董事会负责。

第二十二节　本大学和本大学董事会完全与本省最高级行政机关和本省最高级立法机关处于对等地位。

第四章　经费

第二十三节　本大学经济独立起见，应筹集基金，基金的由来如下：一、按年从省税中提出百分之二，作本大学基金；二、由省内外人民自愿捐助，或由本大学董事会向省内外人民募集捐款，作为本大学基金。

第二十四节　本大学除筹集基金外，应分期筹集建设费。建设费的由来如下：一、由本大学董事会咨请本省立法机关议决，被<定>期促省税中提出若干万元，作为本大学建设费。二、由省内外人民自愿捐助，或由本大学董事会向省内外人民募集捐款，作为本大学建设费。三、如开办时需款急迫，而前两项不能立时筹集或不敷的时候，得由本大学董事会咨请本省立法机关，议决发行临时省债若干万元，以后由省税中分期发还。

第二十五节　本大学常年费依各科开办次序分期扩张，常年费的由来如下：

一、浙江省税；二、基金利息；三、省内外人民捐助；四、各种团体、机关底补助；五、其他收入。

第二十六节　本大学各期建设费及每年常年费的收入、支出，都由本大学董事会编成预算、决算，交由本省立法机关议决。（说明）各期建设费及每年常年费的预算，非积有学识、经验者，参酌时势因革，不能编制，所以把这责任，责于董事会。

第五章　筹备

第二十七节　各案议决公布后，即由本省教育行政机关最高级官<员>，于本次常年会期内，拟就候选选任董事名单，呈由省长咨交本会决选，选定后聘请到省，与例任董事组织董事会。董事会至迟应在民国十一年二月末日以前成立。

第二十八节　本大学董事会成立以后，应即择定地址。草定《建设杭州小学计划书》，及杭州大学第一期建设费预算。杭州大学民国十一年度常年费预算，于民国十一年上半年省议会临时会期内，提交议决。议决后即聘定杭州大学校长，于十一年秋季开办。以后分期开办各科，及按年扩张计划，都依此例办理。说明：地址应分临时地址和永久地址两种。为现在急行开办起见，应先择定可以移用或借用原有房舍的场所，作为临时地址。为将来确定和扩张起见，应择定适宜建筑的场所，作为永久地址。

第二十九节　本大纲自公布日施行。

来源：《民国日报》，1921年11月17至21日

筹办杭州大学之意见　　1923年3月　蔡元培、陈大齐、蒋梦麟、陶行知等

（一）杭州大学，不办预科，专办本科。先就自然学科酌设若干门，兼设哲学门，或附设若干哲学的功课。

（理由）本省现已筹设高级中学，而大学已无办预科之必要。杭州大学经费，一时恐不能十分充裕，与其全办各科，虚有其名，毫无实际，不如先设若干门，设备可较完善。自然科学为我国所最缺乏，亦最所需要，亟宜提倡，故大学以先设自然科学为宜。但自然科学门开办费较大，故只宜酌量经费之多寡，先就自然科学中酌设若干门。学自然科学者，倘毫无哲学上知识，其所见不免狭隘，其造就恐不易深邃。且研究科学，不可不知研究科学的方法，即不可不学论理学。学成毕业之后，不免有若干人出任教育上职务，故不可不略知教育上之原理。本此理由，宜兼设哲学门，或附设若干哲学功课，以便学生选修。

（二）大学开始授课，须在本省高级中学有毕业生之后。

（三）大学课程四年，前两年授各该门一般的功课，后二年入研究所，作较专门的研究。

（四）设讲座制，并在学制中规定讲座数及以后增设手续。

（理由）现在中国各大学未行此制，以致教员之添聘漫无限制，而校中设备又不与教员人数之增加按比率俱进；其结果，校中大部分之经费为薪水所占，设备简陋，而学问之道，限于口耳之间，欲研究之有心得，难矣。

（五）讲座分三种：正教授、教授、助教授。每门设某种讲座若干，须有定额。各门设研究所。最好各聘一外国专家为正教授，指导学生研究。各门之教授、助教授，以本国人充之，讲授各该门一般的功课，并在研究所指导。教授之外，得聘用讲师及助教。

（理由）我国科学人才尚不甚多，于教授一般的功课，虽绰有余裕，在研究所充当主任者，恐力有不足。外国专家虽亦仅专精一方面，不能精通各该门的各方面；但于所研究之方面，确有心得，足任研究之指导者。惟聘任外国专家时，宜不惜重资，聘任确有学问之外国大学正教授。

（六）学校设备及预算，以一个教室之需要为单位。

（理由）现在中国各大学预算，但分薪水、设备、杂费……诸项，故设备与所授之课目不相称。不知各个教室之需要，以臆度悬测而预算，或备其所不需，或缺其所需，此种办法最不经济。且学术所从出之单位，为一个一个之教室；各个教室之需要备，则全校之学术自能进步。

（七）学校图书、仪器等之设备费，至少须占全校经费百分之四十以上。薪水及行政费，不得超越全校经费百分之六十。

（理由）查德国大学，图书、仪器之设备费为百分之五十，其余各费亦百分之五十，故其大学富于发明学理之机会。我国专门以上学校，薪水一项有占全校经费百分之八十五者；以一般而论，大概占百分之九十以上，甚至有占百分之九十五以上者。吾国高等教育之不振，此其最大原因；本大学当切避之。

（八）教授服务满若干年，须派赴出洋，作专精之研究若干年。

（九）大学设校政会议，议决及执行一切重大校政。教授人数不多时，全体均为会员；人数多时，互选若干人为会员。

（十）校政会议，互推一人为主席，兼充大学校长。一年一任，不得直接连任。凡教授被选为校长时，得于校长任内不授功课。

（理由）英国大学校长为荣誉的，推一国中德望隆重之学者为校长，其校政由校中公举之副校长执行之，任期定若干年。美国大学校长为董事会所公举，任期无限。德国大学校长为教授所互选，任期一年。此条采德国制。我国现时采行此制，似甚适宜。我国学校，近来因校长问题而发生风潮者甚多；若以校政会议代行校长职权，则校长不至为众矢之的，亦不至为野心家争夺之目标。

来源：《教育杂志》第15卷第3号

（*1923年，浙江省拟创办杭州大学，请蔡元培、陈大齐、蒋梦麟等为董事。蔡元培与陈、蒋等联名，提出筹办这所大学的几项建议。原无标题。）

杭州大学意旨书（附《杭州大学章程》） 杭州大学董事会

梦麟这回赴杭，参与杭州大学董事会，和同事草就意旨书一通，章程九十三条，计划书一通。回京后，向我索取者颇不乏人。我所以把他们登载大学日刊，以便大家参考。

蒋梦麟 三月廿六日

　　同人等受本省立法最高机关之委托，本平素之经验，参酌学理，草定杭州大学章程十七章，计九十三条，计划书一通。凡有解释之必要者，均已逐条附以说明。兹汇集诸点，加以未尽之余义，谨述意旨，用告国人。

　　近年以来，国人知非有高级学术机关，以科学的方法，整理及研究思想界及自然界之事物，不足以发扬本国固有之学术，与夫吸收世界之文化。政治不良，非改革社会不为功；社会不良，非奖进学术，传播知识不为功。二三年来，各省倡立大学之议勃兴，而着手筹备者，已有数处，此不得不为吾国学术界前途贺也。

　　顾筹办大学，宁为易事，政局未定，库藏空虚，筹费不易，一难也。社会变动，潮流错杂，思潮初发，尚未结晶，定五十年或百年之方针求能适用于现时及数十年后之组织，其势不易，二难也。近世学术中心在欧美，国中学术界之人才，为数不多。学校初设，求师不易，三难也。处此三难之下，厥有三要。仪器不完，不可以言发明新理；图书不备，不可以言深求知识；故图书仪器之设备，须求丰富，一要也。师资不尊，不足以言重学术；待遇不丰，不足以言一心志；故崇视教授之座位，而厚其俸给，二要也。研究学术而有所顾忌，则真理不明；故保障学术自由，三要也。

　　同人等有鉴于斯，谨本此而陈述意旨。进行方法，有已规定于章程及计划书者；有未能规定由同人等于筹备期间，随时设施者；有希望本省最高立法机关，本首先倡议筹办大学之精神，而力为策划者；有希望本省机关，本其爱护本省之精神，而力予赞助者；有希望省内外贤者，本奖励学术之精神，予以知识上或物质上之助力者；有希望在开校后，经内部之试验而改进之者。

　　一、经费

　　本大学经济独立，为本省最高立法机关之所主张者；且已规定按年从省税中提百分之二为本校基金矣。然本省人民每年所担负之税，约计一千六百万，而列入省税项下者，不过三百万。按年所得之基金，不过六万金。若以此推算，则五十年后方得三百万金，一百年后方得六百万金。以年息六厘计，一百年后方得三十六万固定之常年经费。是远不济近，不可不另图方法者也。本省于各种事业上咸有人才缺乏之感，大学发展之期越延迟，则本省事业发展之机会亦越延迟。本省最高立法机关诸贤，素以谋本省利益为心，必有以谋补救之道。既倡立之于前，必有以助成之于后，此固无庸同人等之过于忧虑者也。

然同人等既受委托而任筹办，则一得之愚，不敢不竭诚贡献于人民代表之前。同人等再四研究，以现在省库之有限，何能骤增数十万大学经费之担负。大学之成立，又不容缓。迫不获已，唯有请本省人民，略增担负，酌加地丁附税，每两加征一角五分，每年可得三十六万元。以□元为大学建设费，□万元为本省扩充教育费。现在出诸民者甚微，而百年树人，将来之收效实大。况地丁附税，大部分出诸中产阶级，而将来大学大部分之学生，事实上亦为中产阶级之子弟。且以现在之税率平均计算，每两带征一角五分，再以银数按亩摊派，近年来谷价大增，十亩之家，每年多出一角五分之税，于担负之轻重，实不成问题。是加税无病于民，建学足以资治。谅为人民代表所乐为赞成者也。

此外吁恳贤者，慷慨捐助，同人等以力之所及，必尽心为之。两浙素多崇学之士，国内不乏好义之人，是同人等之所望于省内外诸贤者也。

二、经费之管理

大学经费之管理，一难问题也。同人等甚愿以每年预算所规定之经费管理权，付诸主持校政者；但因经费问题，学生与学校主持者冲突之事，已数闻于国中矣。同人等经数次之研究，以凡关于经费问题，由董事会直接负责为宜，且以大学校长出自教授之互选，管理经费，非学者之所长；而任期又只一年；学术上之事务已甚繁重，实不能再请其负管理经费之责任。故章程之规定会计长由董事会选派，掌理全校一切收支事务，直接对于董事会负责；而仍付校长以监督之权。凡预算所规定者，会计长自不能不遂校长之命，照数支付。于学校行政，绝无掣肘之弊。学术行政之全权，归诸校政会议，经费管理之全权，付诸董事会。划分职权，各司所事，殊途同归，共谋大学之发展。学术自由，经济公开两者，各得其道矣。

三、设备费与他项经费之比率及预算单位

我国专门以上学校，薪水及行政派费二项，以一般而论，大概占全校经费百分之九十以上，甚至有占百分之九十七以上者。本省中等学校，薪水及行政费，竟占百分之九十九，图书报纸之费，仅占百分之一，而仪器费则有竟无分文者。设备枯窘，教员既无增进学业之机会，而学生求学，又限于口耳之授受。中等教育如此，高等教育又如彼。知此，则中国学术衰落之理由，不言而喻矣。

有学校成立二十余年者，教员学生，旧者去而新者来；已屡来而屡去矣，学制度，章程改矣；而所谓成绩者，无他，几座空房而已。同人等有鉴于斯，故在章程中规定，本大学图书仪器之设备费，至少须占全校经费百分之四十；薪水及行政费，不得超越百分之六十。

向来学校预算但分项目，不定单位。故校中设备恒与所受科目不相称。或备其所不需，或缺其所需，比比然也。故同人等在章程中规定，以一个科目所需要之薪水及设备费，按一定之率制成预算，为预算之单位，所以实行上述目的之方法也。

四、校址

西湖秀美，之江雄伟，固闻名于国内外者也。故本校选择校址，第一必兼有两者之胜。第二必历数十年或数百年而有扩充余地。第三须与城市隔离。第四须有一大部分为公地。同人等以此为标准，择定凤凰山为校址。据志书所载，凤凰山旧为吴越王国治。嗣改为杭州府治，宋高宗南渡驻杭，因州治建行宫。万松岭者，凤凰山之一岭也。敷文书院旧址，不过万松岭之一隅耳。本校校址，以凤凰山为主体，旁及附近各山。面积可数千亩，且官地甚多，足资推广。其地带江襟湖。登山四望，鸟瞰四境。一日之间，旭日初升，夕阳西沉，均无障目之物。钱江怒潮，西湖游艇，万家烟火，隔岸云树，均历历在目。诚天然胜境，修养身心，研究学术之喜地也。

五、发展程序

学术机关之长成，为有机的生长。人才经济有限，揠苗助长，适足以害之。同人等之方针，以专精为主，故但求从纵的发展。不以铺张门面为事，故不求从横的发展。与其多设各科，孰着精专一科。不设科则已，苟设一科，必求达最高之标准。如此，则足以发展高深之学术。若不度经济人才之能力，而贸然扩张，其腐败可立而待。同人等纵不能造福于现时，决不敢造祸于后世也。同人等既主张从纵向发展，故于设科，不得不有先后之序。

择其最要者，先设之。自然科学，为我国所最缺乏，亦所最需要者。故主张先设自然科学。然自然科学范围亦甚大，设备费也较巨，故不得不先酌设自然科学院之若干系，旁及人生所必需之他项课程若干门。

六、教授治校

吾国办学，向来重视校长，而不重视教员。但一校之学术，出自教员而不出自校长。故同人等主张以学校行政兴学术之权，畀诸全体教授。校长由教授互选，所以选教授治校之目的也。设讲座制，所以厚待遇而崇学术也。畀以学术自由之权，所以求思想与学术自由之发展，不受外力之阻挠也。本大学既以发展学术之全权付诸全体教授，则教授之责任重矣。而第一次之教授，其责任尤为重大。盖创始不善，后将无及。基础不实，难建大厦。日后之为善为恶，恒于创始时卜之。

七、身心之指导与训练

近年来吾国专门以上学校，教员学生，自成风气。除在教室内讲演时，口耳相授受外，师生之间，不相问闻。无以言指导，更无以讲训练。故同人等希望本大学开校以后，师生间多有接触机会。授课以外，须加以身心上及学术上为友谊的指导与训练。

八、授课时间与研究时间

现在吾国专门以上学校，授课时间太多；而研究机会太少。教员苦于讲演，学生疲于上课。其结果则教员乏增进学术之时间，学生少自己求得之学业。故同人等主张本大学开学后授课与研究之时间，须有相当之分量。又一般课程与专门研究，亦须有相当之分配。同人等主张在大学四年之中，以前二年为一般课程，授予人生所必需之知识及情感的陶冶，与夫预备专门研究之基本知识。智育与美育并行。后二年为专门研究，以求专精一艺，备丰富之图书与仪器，为研究之工具。教员以平生所得之经验，躬自指导。

九、外国教授

我国学术人才，尚不甚多，于教授一般课程，虽绰有余裕；作专攻研究之指导者，恐力有不足。外国专家，虽亦仅专精一方面，不能精通各该门的各方面，但于所研精之方面，确有心得，足任研究之指导者。惟同人等主张聘任外国专家时，当不惜重资，聘任确有学问之外国大学教授为本大学教授。

同人等对于筹办杭州大学之所欲言者，已约略尽乎是矣。群策群力，共谋进行，是有赖乎内外省之热心高等教育者。

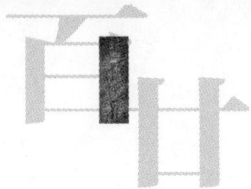

附：杭州大学章程

第一章　宗旨

第一条　本大学以（1）发展高深学术（2）养成对于国家及本省服务之人才（3）整理及研究本国固有之文化及自然界之事物（4）利用本省自然界之事物发展本省之利源为宗旨。

第二章　义务

第二条　本大学于大学当尽之职务外（1）对于本省有供献学术之义务（2）对于本省机关与人民有答复关于学术咨询之义务。

第三章　权利

第三条　本大学完全独立

（一）学术自由

（二）经济独立

（三）学校行政独立

第四章　学制

（甲）组织（附图表）

第四条　本大学为本省学术最高机关。

第五条　本大学先设四院

（一）自然科学院

（二）社会科学院

（三）文艺学院

（四）应用科学院

第六条　各学院分设学系如下：

（一）自然科学院

1. 数学系

2. 物理学系

3. 化学系

4. 天文学系

5. 地质学系

6. 生物学系

（二）社会科学院

1. 哲学系

2. 心理学系

3. 社会学系

4. 史学系

5. 政治学系

6. 法学系

7. 经济学系

8. 教育学系

9. 家政学系

（三）文艺学院

1. 国学系

2. 外国文学系

3. 美术学系

（四）应用科学院

1. 应用化学系

2. 应用生物学系

第七条　各学系得设若干学门。

第八条　各学院学系之增减由董事会决定之。

（乙）讲座

第九条　本大学设讲座若干，其名称如下：

（一）正教授讲座

（二）教授讲座

（三）辅教授讲座

第十条　讲座之席数由董事会决定之。

第十一条　每讲座须有一定之经费，其薪水与设备之分配按本章程第二十一章第八十五条规定之原理行之。

第十二条　讲座之外得设非讲座教员，其名称如下：

（一）特别讲师

（二）讲师

（三）助教

第十三条　各学系得酌设助理。

第十四条　讲师助教及助理人数于前一学年由董事会酌定之。

（丙）入学毕业及学位

第十五条　学生入学之资格为（1）省内外高级中学毕业生（2）旧制大学预科修业期满生（3）他大学肄业生具有前项资格之一者（4）有上三项同等学力并经校政会议审查特别许可者。

第十六条　有以上资格之学生须经本大学试验及格后方准入学。

第十七条　学生毕业之标准及期限由校政会议定之，但由他大学转学者，其在本大学修业期限至少不得在两年以下。

第十八条　本大学对于毕业学生授与相当学位。

第十九条　本大学得酌收选修生，但不得改入正科。

第二十条　本大学得授与名誉学位。

第五章　董事会

（甲）组织

第二十一条　董事会以全体董事组织之。设董事长一人，主持本会一切事务，常务董事三人，辅助董事长办理一切事务，董事长、常务董事均由本会董事用无记名单记法互选之，常务董事至少有一人不得兼任他职。

董事长、常务董事任期均一年，但连举得连任。

（乙）董事之解职辞职及逮捕

第二十二条　选任董事于董事会常会或临时会两次连续不到者，即认为解职，但经董事会特别许可者不在此限。

第二十三条 选任董事解职须得董事会认可。

第二十四条 选任董事有缺额时，由董事会函请本省行政机关最高级官聘请候补之，其先后以选举时得票之多寡为标准。

（丙）会议

第二十五条 董事会每年开常会二次，遇必要时经董事五人以上之提议得开临时会议。

（丁）大学经费预算之审定

第二十六条 关于大学各期建设费之预算，由董事会编定，函请本省行政机关最高级官咨请本省最高立法机关议决。

第二十七条 大学经常经费预算案，应由大学校长于会计年度开始六个月前提交董事会，经董事会审查编定后，函请本省行政机关最高级官咨请本省最高立法机关议决。

（戊）大学会计长之选任及辞退

第二十八条 大学会计长由董事会选举聘任之，但事不得兼任。

会计长有不尽职务或妨碍本大学名誉之行为时，由董事会或由校长提交董事会辞退之。

（己）大学基金之保管

第二十九条 董事会就董事中互选基金监二人，负保管大学基金之责，任期三年不得兼任常务董事。

（庚）捐款之审查

第三十条 捐款之收受与否由董事长及常务董事审查决定之。

（辛）董事会经费

第三十一条 本会经费在大学预算案内定之。

第三十二条 本会董事不在省会者开会期内每月给旅费国币十元，其来往舟车费照头等支给，董事长及常任董事不兼他职者，按照旅费标准支给公费。

（壬）董事会职员

第三十三条 本会设秘书一人，由董事会选举聘任之，事务员一人、书记二人由董事长任用之，均为有给职。

第六章　校政会议

第三十四条　校政会议会员由全体讲座教员互选十人充之，但全体讲座教员不足十人时，全体皆为会员。

第三十五条　校政会议会员任期两年，每年改选半数，但续选得连任。

第三十六条　校政会议得设各种委员会。

第三十七条　校政会议之职权如下：

（一）学科之编制

（二）预算之编制

（三）学位之授与

（四）提出变更章程意见书于董事会

（五）本大学行政及学术上方针之决定

（六）聘任外国教员时权利义务之规定

（七）学生之训练及惩戒

（八）其他关于全校行政上应办之事务

第三十八条　校政会议主席由本会会员互选之，任期一年，连举得连任，但不得继续之三年以上，其职权如下：

（一）交议本大学各种议案

（二）兼任本大学校长

第七章　校长

第三十九条　本大学校长以校政会议主席兼任，由董事会加以聘任，其职权如下：

（一）代表本大学

（二）聘任及辞退教职员

（三）监督学校全部行政

第四十条　校长每学年终须将关于本大学一切行政及学术上进行事件并下学年进行方针详细报告于董事会，并以大学名义宣布分送国内各高等学术机关及本省高级立法行政各机关。

第四十一条　讲座教员于兼任校长期内得不授课，并得于原薪外酌支公费，其数目由董事会定之。

第四十二条　会计处置会计长一人，任期三年，续聘得连任。

会议长对于董事会负责并受校长之监督，执行预算掌管全校一切收支事务，其细则另定之。

会议处得由会计长任用事务员及书记，其人数由董事会酌定之。

第四十三条　会计长每学年终须将全校经费状况详细报告于董事会及校长，并与校长报告合并宣布之。

第八章　秘书处

第四十四条　校长办公室设秘书处，置秘书长一人，秘书四人，由校长聘任之，掌理文牍注册庶务和介绍讯问等事务，其职务之分配由校长定之。秘书处得置事务员及书记。

秘书人数之增减由董事会酌定之。

第九章　图书馆

第四十五条　图书馆置馆长一人，由校长聘任之，掌理全校图书之保管及购置事务。

图书馆得于馆长外设置相当职员，其人数由董事会酌定之。

第十章　聘任委员会

第四十六条　聘任委员会掌审查待聘各种教员及图书馆长、秘书长、秘书之资格，其会员由校长在讲座教员中推举三人至七人，经校政会议之同意充任之，任期一年。

第十一章　教授会

第四十七条　本大学设教授会如下：

（一）学院教授会

（二）学系教授会

第四十八条　学院教授会由各学院之讲座教员按院组织之，其职权如下：

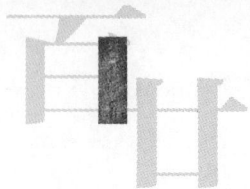

（一）编制本学院之课程

（二）制定本学院学生入学升学毕业之标准

（三）其他关于学院教授会应行之事务

第四十九条　各学院设主任一人，由各本学院教授会会员互选之，任期二年，但讲座教员之教员任期已不足二年者，不得被选。

第五十条　学系教授会由各学系全部教员按系组织之，其职权如下：

（一）草定各个科目之预算

（二）筹划各个科目之设备

（三）计划各科目之联络

（四）其他关于学系教授会应行之事务

第五十一条　各学系教授会主席由各该系正教授充之，如正教授有二人，则每年轮流充之，二人以上互选之，任期二年，如无正教授时得参照本条办法依次由教授、辅教授及讲师代理之。

第十二章　教职员

（甲）任期

第五十二条　正教授任期无限。

第五十三条　教授初任三年，续任无限期。

第五十四条　辅教授初任一年，续任三年，再续无限期。

第五十五条　特别讲师任期以所授科目时间之长短为标准。

第五十六条　讲师及助教初任一年，续任一年至三年，续聘得续任。

第五十七条　图书馆长、秘书长任期三年，续聘得续任。

第五十八条　外国教员之任期由校政会议定之。

（乙）聘任程序

第五十九条　讲座教员及图书馆长、秘书长由校长提交聘任委员会审查通过，并征得校政会议同意后，由校长聘任之。

第六十条　特别讲师由校长征得校政会议同意后，酌聘之。

第六十一条　讲师、助教及助理由本系教授会提请校长交聘任委员会审查通过后聘任之，但未有教授会时由校长提出之。

第六十二条　续任之聘书须于三个月前致送，但有特别情形时不在此限。

（丙）辞职

第六十三条　教员辞职须于学年临终前三个月通知校长，但因特别事故辞职不在此限。

第六十四条　教员之辞职须得校政会议之认可。

第六十五条　图书馆长、秘书长及秘书之辞职，须按照前两条规定行之，其他职员之辞职须于一个月前通知校长，但不必得校政会议同意。

第六十六条　凡职员辞职时，须将经手事件交代清楚，方得解除责任。

（丁）辞退

第六十七条　凡教员及图书馆长、秘书长有不尽职务或妨碍本大学名誉之行为时，得由校长征得校政会议同意后辞退之。

第六十八条　凡职员除前条图书馆长、秘书长外遇有不称职或妨碍本大学名誉之行为时，得由校长辞退之。

（戊）教职员之待遇

第六十九条　讲座教员及讲师继续任职满五年以上者，得请假半年支全薪，全年支半薪。

第七十条　讲座教员继续任职满五年以上者，得由本校或请本省派送留学作专门之研究，期限至多两年，在留学期内得支全薪。

第七十一条　教职员年龄至六十五岁，且在本校继续服务满十五年以上者，得自请退职，仍支半薪至终身止。

第七十二条　教职员曾在本大学继续服务满十年以上者，有子女在本大学肄业时，得免学费，但不得过二人。

第七十三条　教职员月薪过五十元者，本大学提出五分之若干代为保险，其办法由董事会定之。

第七十四条　外国教员之待遇由校政会议定之。

（己）教职员之俸给

第七十五条　教职员俸给之等级及标准由董事会定之。

第七十六条　教职员以年功加俸，其标准由董事会定之。

第十三章　学费及免费奖学学额

第七十七条　本大学学费之数目及增减，由董事会定之。

第七十八条　本大学设免费学额及奖学额，其额数及办法由董事会定之。

第十四章　经费及基金

第七十九条　本大学经费由本省省税担负之，并得承受国家补助并私人或团体之捐款。

第八十条　本大学基金按年从省税中提，有百分之二并得承受国家之补助并私人或团体之捐款。

第八十一条　本大学经费之分配与管理及基金之保管，其责任由董事会负之。

第八十二条　本大学基金经董事会议决后，得购置生息之不动产及市面流通之有价证券。

第十五章　预算编制之标准

第八十三条　本大学每年应提出校舍维持费若干，其数目由董事会定之。

第八十四条　本大学预算除校舍维持费外，图书、仪器及其他关于学术上应用之设备费，至少须占全校岁出经费百分之四十，薪水及行政费不得超越全部经费百分之六十。

第八十五条　本大学添聘教员时除薪水外，必须加入该教员所授各科目之图书、仪器等设备费，其比率依前条之原理行之。

第八十六条　本大学预算以各个科目必需之设备及担任该科目教员之薪水，依前项比率原理合计之总数为单位。

第八十七条　各科目之预算单位由担任本科目教员按其需要制定后，经由本门本系汇交本学院提出，校政会议审查后决定之。

其编送程序依本章程第二十七条之规定行之。

第十六章　附则

第八十八条　本大学教职员不得兼他校教课及校外职务。

第八十九条　教职员在校内兼他者不得兼薪。

第九十条　本大学教职员除校长及各院主任外，不得兼本大学董事。

第九十一条　本章程之修改须由本大学校政会议或董事会之提议，经董事会议决后，由董事会函请本省行政机关最高级官提交本省最高立法机关议决之。

第九十二条　本章程自本省最高立法机关议决后公布施行。

来源：《北京大学日刊》，第1189号，1923年3月27日

第三中山大学条例　1927年7月27日

二十七日浙江省政府委员会开第二次会议，国立第三中山大学校长蒋梦麟，提出国立第三中山大学综理浙江大学区教育行政事项条例案，当经照案通过，备文送呈政治会议浙江分会核示，兹将原条文，照录如下：

第一条　国立第三中山大学，承中华民国大学院之命，综理浙江大学区内一切教育行政事项，在中华民国大学院未成立时，承国民政府教育行政委员会之命。

第二条　浙江大学区之辖境，浙江省政府之辖境为范围。

第三条　国立第三中山大学校长，为浙江省政府委员之一。

第四条　国立第三中山大学，于必要时，得就浙江大学区内，酌划若干中学区，令各省立中学，承本大学之命，分理该区内教育行政事项。

第五条　国立第三中山大学，为处理或指示浙江大学区内教育行政事项，对于所属各省立市立县立私立之教育机关，得发布命令，及转行中华民国大学院或国民政府教育行政委员会之命令。

第六条　国立第三中山大学，为综理浙江大学区内一切学术及教育行政事项，得径呈中华民国大学院，或国民政府教育行政委员会，及径函各省各特别区大学区中山大学或教育厅。

第七条　国立第三中山大学，对于下列各事项，由校长提出于浙江省政府委

员会，经其议决后，以浙江省政府之命令发布之。一、各市政府教育局局长之任免。二、各省立专门学校校长、中学校长及省立第一中学第一第二两部主任之任免。三、各省立图书馆主任，公众运动场场长，及留日学生经理员之任免。五、省立各教育机关之设置变更及废止。六、省立各教育机关预算决算之核定。七、其他关于省立各教育机关，须经浙江省政府委员会议决之事项。

第八条　国立第三中山大学，对于下列各事项，由校长核准，经浙江省政府主席委员及常务委员之签字，以浙江省政府之命令发布之。一、各县政府教育科长之任免。二、各市立县立中学校长之任免。三、各市立县立私立教育机关立案之认可及撤销。四、各市政府县政府教育行政人员任免之备案。五、各市各县教育经费预算之核准。六、各市立县立私立教育机关主任人员任免之备案。七、各省立教育机关经费之收入及支付。八、各市立县立私立教育机关补助费之支付。九、国内外留学经费之支付。十、处理或指示各市政府县政府教育行政事项。十一、其他关于省立市立县立私立各教育机关，须经浙江省政府主席委员认可之事项，及与浙江省政府各厅有关之教育行政事项。

第九条　前两条之命令，均由国立第三中山大学校长副署之。

第十条　由浙江省政府各厅主稿之公文，有涉及教育行政事项者，须经国立第三中山大学校长之会核副署而发布之。

第十一条　国立第三中山大学本身，遇有与浙江省安宁有关之事项，须紧急处置者，得由校长或浙江省政府委员，提出于浙江省政府委员会，经其议决后以浙江省政府之名义行之，但事后，须由浙江省政府呈报国民政府，并函达中华民国大学院或国民政府教育行政委员会。

第十二条　浙江省政府与国立第三中山大学，遇有相互咨询再办或请办之事项，无须经省政府委员会议决者，彼此得以公函行之，前项浙江省政府之公函，仍须经国立第三中山大学校长之会核副署。

第十三条　国立第三中山大学，与浙江省政府各厅为处理教育行政事项，得以公函，互相往来。

第十四条　浙江省政府于国立第三中山大学政策，得经省政府委员会之议决，有所建议，其建议案，由浙江省政府分别函请中华民国大学院或国民政府教育行政委员会及国立第三中山大学酌量采择施行之。

第十五条 国立第三中山大学，关于大学财产及经费事项，与浙江省政府有关者，得由校长提出于省政府委员会议决，并由省政府呈请国民政府核准之。

第十六条 国立第三中山大学政策，与浙江省政府政策相左，或国立第三中山大学校长为处理浙江大学区教育行政事项，在浙江省政府委员会与其余各省政府委员意见相左时，得提出于国民政府及中华民国大学院或国民政府教育行政委员会解决之。

第十七条 国立第三中山大学，遇有教育行政事项，须由国民政府及浙江省政府所属各行政机关紧急处置者，得径以公函或命令行之，但事后，仍须分别呈报国民政府或函知浙江省政府。

第十八条 国立第三中山大学，遇有学术或教育行政事项，与浙江省行政无关者，对于国民政府及浙江省政府所属各行政机关，得径以公函或命令行之。

第十九条 前浙江省政府教育厅所管各卷宗及主管各案，均由国立第三中山大学接管之。

第二十条 本条例经浙江省政府委员会议决，函请中华民国大学院或国民政府教育行政委员会核准，于国立第三中山大学成立之日施行之。

第二十一条 本条例如有未尽事宜，得由国立第三中山大学校长，提出于浙江省政府委员会议决增删修改，呈由省政府函请中华民国大学院或国民政府教育行政委员会核准之。

来源:《申报》，1927年8月1日

大学院关于任命蒋梦麟为第三中山大学校长的训令 1927年6月28日

　　任命蒋梦麟为第三中山大学校长，张乃燕为第四中山大学校长，此令。

大学院院长　蔡元培

来源：浙江大学档案馆藏复制件

国民政府教育行政委员会关于第三中山大学冠名国立的令
1927年8月3日

令国立第三中山大学：

　　为令知事："案奉中央政治会议函内开：'国立广州中山大学请改名为国立中山大学'一案，经本会第一百十一次会议议决，该校定名为国立第一中山大学。"等因。查国民政府辖内各中山大学，前经议定就设立之先后，安排第一第二第三等数目，以资识别。惟各中山大学均为国立，广州中山大学既已核定改称"国立第一中山大学"，则其余各校自应于名称上冠以"国立"二字，如国立第三第四中山大学之类，以符体制。除分令外，为此，令仰该校长以便知照。此令。

来源：浙江大学档案馆藏复制件

国民政府关于同意改组浙江工专、浙江农专为国立第三中山大学工学院、劳农学院的令　1927年10月21日

令国立第三中山大学校长蒋梦麟：

　　呈一件。呈报自十六年八月一日起，前浙江公立工业专门学校改组为国立第三中山大学工学院，前浙江公立农业专门学校改组为国立第三中山大学劳农学院，并聘李熙谋为工学院院长、谭熙鸿为劳农学院院长，请备案由呈悉。准予备案。此令。

来源：浙江大学档案馆藏复制件

蒋梦麟致胡适谈筹备第三中山大学　1927年

适之兄：

　　函电均敬悉。研究院简章系蔡先生于十分匆促间起草（因为要通过预算），未经详细讨论的，你有意见，请你多多见教。我的意思，现在先办自然科学之关于实用者，如农、医等，社会科学之经济等项，以备省政府建设各种事业之需，其余如国学、文学等，暂行缓办。蔡先生对于此项意见亦表示赞同，未识兄之意思如何？寅初兄想时会面，子丈及同人等极愿其来浙担任经济一门，已函文伯兄

转咨，兄如晤时亦乞代为劝驾。事忙不及详述种切，诸俟面罄。

　　此请

撰安

　　　　　　　　　　　　　　　　　　　　　　　　　　麟

　　　　研究院筹备员已由省政府加聘为第三中山大学筹备员，

　　　　　　　　　　关于一切进行，望兄速来帮忙。

　　　　　　　　　　　　　　　　　　　　1927年6月22日

来源:《蒋梦麟教育论著选》，北京：人民教育出版社，1995年

蒋梦麟致胡适谈师资招聘事　　1927年

适之兄:

　　你到南京的时候，我刚刚到了上海。我同象贤、秀贞到你的寓白走了一次。你提及伯商现在家闲居，我已与裴子商妥准定聘他担任化学，请你托慰慈转告。裴子担任文理学院院长，他现在正在物色教员，如你有下列诸科的人才请再介绍一下子:（一）中国史（二）西洋史（三）英语学及语音学（English Language and phonetics）。你前介绍通伯，因为此间英语重mechanism（机构学）方面，尤其是一年生，故尚未需要，请介绍一位合于（三）项之资格者。鲁迅的需要，只须在一二年后，割鸡尚用不着牛刀也。请你早些复我。敬祝康健。

　　　　　　　　　　　　　　　　　　　　　　　梦麟　29日

来源:《蒋梦麟教育论著选》，北京：人民教育出版社，1995年

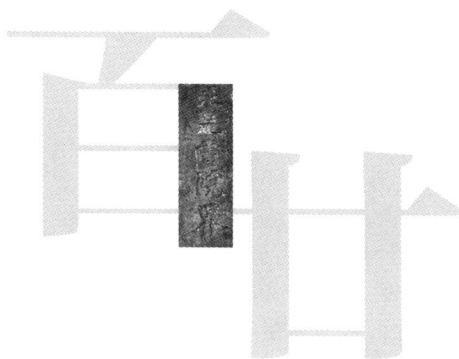

第二章

探索发展
（1928—1936）

大学院关于第三中山大学改称浙江大学的训令

中华民国大学院训令（第一六五号） 1928年2月28日

令国立第三中山大学校长蒋梦麟

为令遵事：现大学委员会议决"第三中山大学应改称浙江大学，又各大学区大学，不多加国立二字"各等由。嗣后该校名称应即照改为"浙江大学"。合行令仰该校长即便遵照。此令。

大学院院长　蔡元培

来源：浙江大学档案馆藏复制件

大学院关于浙江大学冠名国立的训令

中华民国大学院训令（第三八九号） 1928年

令浙江大学校长蒋梦麟

为令遵事：前据该校呈请仍于大学名称上加"国立"二字，提交大学委员会复议一案，当经议决：大学区大学，得加"国立"二字。合行令仰该校长即便遵照。此令。

大学院院长　蔡元培

来源：浙江大学档案馆藏复制件

浙江大学综理浙江大学区教育行政事宜权限规程（摘录）1928年

第一条　浙江大学承中华民国大学院之命，综理浙江大学区内一切教育行政事项。

第二条　浙江大学区之辖境，以浙江省政府之辖境为范围。

第三条　浙江大学于必要时候得就浙江大学区内酌划若干中学区，全省各省立中学承本大学之命，分理该区内教育行政事宜。

第四条　浙江大学为处理或指示浙江大学区内教育行政事项，对于本大学区内各县政府及所属各省立市立县立私立之教育机关得发布命令。

第五条　浙江大学对于下列各事项，由校长提出于浙江省政府委员会经其议决后，以浙江省政府之命令发布之：

1. 各市政府教育科长或教育局长任免；

2. 各省立专门学校校长、中学校长及省立第一中学第一、二两部主任之任免；

3. 省立图书馆主任、公众运动场场长及留日学生经理员之任免；

4. 省立教育机关之设置变更及废止；

5. 省立教育机关预决算之核定；

6. 其他关于省立教育机关须经浙江省政府委员会议决之事项。

第六条　浙江大学对于下列各事项由校长核准，经浙江省政府主席之签字，以浙江省政府之命令发布之：

1. 县教育局局长之任免；

2. 市立县立区立中学校长之任免；

3. 市立县立区立私立教育机关立案之认可及撤销；

4. 市县政府教育行政人员任免之核准备案；

5. 市县教育经费预算之核定；

6. 市立县立区立私立教育机关主任人员任免之核准备案；

7. 处理或指示各市县政府教育行政事项；

8. 其他关于省立、市立、县立、区立、私立各教育机关须经浙江省政府主席认

可之事项。

第七条　前两条之命令，均由浙江大学校长副署之，其与浙江省政府各厅有关者，并由关系厅长副署。

第八条　由浙江省政府各厅主稿之公文，有涉及教育行政事项者，须经浙江大学校长会核副署。

第九条　浙江大学及浙江省政府各厅有相互关系事项，应会衔行文者，须经大学校长及厅长之会核签字。

第十条　浙江大学本身遇有与浙江省安宁有关之事项，须紧急处置者，得由校长或浙江省政府委员会提出于浙江省政府委员会，经议决后以浙江省政府名义行之；但事后须由浙江省政府呈报国民政府并函达中华民国大学院。

第十一条　浙江省政府与浙江大学遇有相互咨询或请办之事项，无须经省政府委员会议决者，彼此得以公函行之。

前项浙江省政府之公函仍须经浙江大学校长之会核副署。

第十二条　浙江大学关于财产及经费事项与浙江省政府有关者，得由校长提出于省政府委员会会议并由省政府呈请国民政府核准之。

第十三条　浙江大学政策与浙江省政府政策相左，不能解决时，得呈请国民政府及函请中华民国大学院解决之。

第十四条　浙江大学遇有教育行政事项得由国民政府及浙江省政府所属各行政机关紧急处置者，得径以公函或命令行之；但事后须分别呈报国民政府或函知浙江省政府。

第十五条　浙江大学遇有学术或教育行政事项与浙江省行政无关者，对于国民政府及浙江省政府所属各行政机关得径以公函或命令行之。

来源：浙江大学校史编写组：《浙江大学简史》（第一、二卷），浙江大学出版社，1996年

大学组织法

1929年7月26日国民政府公布，1934年4月28日国民政府修正公布

第一条　大学应遵照十八年四月二十六日国民政府公布之中华民国教育宗旨及其实施方针，以研究高深学术，养成专门人才。

第二条　国立大学由教育部审察全国各地情形设立之。

第三条　由省政府设立者为省立大学；由市政府设立者为市立大学；由私人或私法人设立者为私立大学。

第四条　大学分文、理、法、农、工、商、医药、教育、艺术及其他各学院。

第五条　凡具备三学院以上者，始得称为大学。不合上项条件者，为独立学院，得分两科。

第六条　大学各学院或独立各科，得分若干学系。

第七条　大学各学院及独立学院，得附设专修科。

第八条　大学得设研究院。

第九条　大学设校长一人，综理校务。国立大学校长由国民政府任命之，省立、市立大学校长由省市政府分别呈请国民政府任命之，除国民政府特准外，均不得兼任其他官职。

第十条　独立学院设院长一人，综理院务，国立者由教育部聘任之，省立、市立者由省、市政府请教育部聘任之，不得兼任。

第十一条　大学各学院各设院长一人，综理院务，由校长聘任之。独立学院各科各设科主任一人，综理各科教务，由院长聘任之。

第十二条　大学各学系各设主任一人，办理各该系教务，由院长商请校长聘任之，独立学院各系主任，由院长聘任之。

第十三条　大学各学院教员分教授、副教授、讲师、助教四种，由院长商请校长聘任之。

第十四条　大学得聘兼任教员，但其总数不得超过全体教员三分之一。

第十五条　大学设校务会议，以全体教授、副教授所选出之代表若干人，及

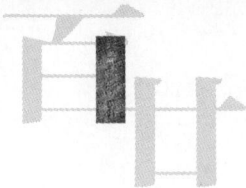

校长、各学院院长、各学系主任组织之，校长为主席。前项会议，校长得延聘专家列席，但其人数不得超过全体人数五分之一。

第十六条　校务会议审议下列事项：

一、大学预算；

二、大学学院学系之设立及废止；

三、大学课程；

四、大学内部各种规则；

五、关于学生试验事项；

六、关于学生训育事项；

七、校长交议事项。

第十七条　校务会议得设各种委员会。

第十八条　大学各学院设院务会议，以院长、系主任及事务主任组织之，院长为主席，计划本院学术设备事项，审议本院一切进行事宜。各学系设系教务会议，以系主任及本系教授、副教授、讲师组织之，系主任为主席，计划本系学术设备事项。

第十九条　大学职员及事务员，由校长任用之。

第二十条　大学入学资格，须曾在公立或已立案之私立高级中学或同等学校毕业，经入学试验及格者。

第二十一条　大学修业年限，医学院五年，余均四年。

第二十二条　大学学生修业期满考核成绩及格，由大学发给毕业证书。

第二十三条　本法第三条第二项及第十三条至第二十二条之规定，独立学院准用之。

第二十四条　私立大学或私立独立学院校董会之组织及职权，由教育部定之。

第二十五条　大学或独立学院之规程，由教育部遵照本法另定之。

第二十六条　本法自公布日施行。

注：大学组织法第九条，国民政府于二十三年四月二十八日修正为："大学校长一人，综理校务，国立、省立、市立大学校长兼任。校长除担任本校教课

外，不得兼任他职。"

来源：中国第二历史档案馆：《中华民国历史档案资料汇编第五辑第一编教育（一）》，

苏州：江苏古籍出版社，1994年版，

国立浙江大学校务会议章程
1929年9月18日第三次校务会议通过，10月10日修正

第一条　国立浙江大学依大学组织法之规定，设校务会议。

第二条　校务会议以下列各员组织之：

校长　副校长　大学秘书长　各学院院长　各学院教授、副教授代表各学院、各学系主任

校务会议：大学事务主任，各学院副院长，及教务、训育、事务各主任，均得列席，校长并得延聘专家列席。但延聘列席人数，不得超过全体人数五分之一。

第三条　各学院教授、副教授代表之名额，依下列之规定：

教授、副教授在五人以下者	代表一名
六人至十人者	代表二名
十一人至二十人者	代表三名

二十一人以上，每多十人，增加代表一名，但至多不得过十名。

第四条　各学院教授、副教授代表，由各学院全体教授、副教授于每学年开学后一星期内，就各本学院教授、副教授中选举之，以得票最多数者为当选。票数相同时，以抽签定之。

第五条　各学院教授、副教授代表之任期为一学年，连选得连任。

第六条　校务会议以校长为主席。

第七条　校务会议审议下列各事项：

一、大学预算

二、各学院学系之设立及废止

三、各学院课程

四、大学内部各种规则

五、关于学生试验事项

六、关于学生训育事项

七、校长交议事项

第八条　校务会议得设各种委员会。

第九条　校务会议每月开会一次，但因特别事务，得由校长临时召集之。

第十条　校务会议记录及文书事宜，由秘书处派员办理。

第十一条　校务会议议决事件，经校长核准后施行之。

第十二条　校务会议议事规则另定之。

第十三条　本章程由校务会议通过，经校长核准后施行。

来源：《国立浙江大学校刊》第1期，1930年2月22日

国立浙江大学校务会议议事规则

1929年9月18日第三次校务会议通过，10月10日修正

第一条　本规则依校务会议章程第十二条之规定订定之。

第二条　校务会议，以校长为主席，校长缺席时，由下列各员依次代理之。

一、副校长　二、大学秘书长　三、文理学院院长　四、工学院院长　五、农学院院长

第三条　常会，由校长于三日前以书面通告；召集临时会，由校长随时通告

召集之。

第四条 常会应先行编制议程，随开会通告分发，其议案排列之顺序，依校务会议章程第七条审议事项之顺序，同一事项之议案在两案以上者，其顺序如下：

一、校长交议 二、文理学院提议 三、工学院提议 四、农学院提议

临时会议案在两案以上者，其讨论之顺序亦同常会及临时会之临时提案，以提出之先后为讨论之顺序。

第五条 前条顺序开会时依议事手续得变更之。

第六条 提出本月常会之议案，应于前月终，将议题送交秘书处编入议程，其有说明文字者，并须同时送交秘书处缮印，随议程分发；但临时提案不在此限。

第七条 凡讨论议案，有认为须付审查者，得由主席指定或共同推举审查员审查后，再行付议。

第八条 校务会议以校务会议组织员数二分之一以上之出席，为法定开会人数；以出席人数二分之一以上之同意，为法定表决人数。

第九条 校务会议因事不能出席者，应先行以书面通知秘书处。

第十条 每次校务会议之记录，经主席核定后，由秘书处缮印分发。

第十一条 本规则由校务会议通过，经校长核准后施行。

来源：《国立浙江大学校刊》第1期，1930年2月22日

国立浙江大学旁听生规则 1929年11月27日第五次校务会议通过

第一条 国立浙江大学各学院，依本规则之规定得酌收旁听生。

第二条 旁听生以在本大学所在地之法定机关有常任职务，经本机关具函证明，而其程度能与旁听之功课相衔接者为限。

第三条 旁听生不得改为正式生，并不给予学分及其他证明文件。

第四条　旁听生旁听之功课，至多不得逾两学程。

第五条　旁听生除应用书籍概归自备外，应缴各费如下：

学费　每学期十二元

讲义费　每学程一元

实验费　每学程五元

前项讲义费及实验费，均于学期终了时照实在数目计算，盈还亏找；其旁听之学程，如不发讲义或无须实验者，分别免缴。本大学教职员旁听者免缴学费，但讲义实验各费，仍须照缴。

第六条　志愿旁听者，应填具旁听请求书连同最后学历之证明文件，服务机关之证函，及最近四寸半身照片，送交志愿旁听之各该学院教务处，经院长核准，并转商关系之教员许可后，由教务处通知缴费给证听讲。

第七条　志愿旁听者接到前条通知后，应即邀同居住杭州市有正当职业之保证人一人来院填具保证书，该旁听生入学以后，如发生经济或其他方面各种问题，均由保证人负责。

本大学教职员旁听者，不适用前项规定。

第八条　旁听生须遵守本大学及各本学院一切规则，如各本学院认为有妨碍时，得停止其旁听。

第九条　旁听生除旁听许可之学程随同实习及阅览图书外，不得享受本大学及各本学院为学生设备之一切便利。

第十条　旁听生不得以学生资格参加校院内外之一切活动。

第十一条　本规则由校务会议通过，经校长核准施行。

旁听请求书

兹志愿旁听

贵大学　　　学院　　　学程

愿遵守贵大学所订之旁听生规则

特将姓名等项开列如下：

姓　　名	别字		性别	
年　　龄	籍贯		通讯处	
学　　历				
现任职务				

（签名）

旁听请求人

（盖章）

国立浙江大学体育选手规则
1929年12月30日第六次校务会议通过

一、本大学为发扬及训练学生之良好社会行为起见，得令学生参加各种对外体育竞赛。

二、本大学正式学生，经体育教员认为体育成绩优良，征得本人同意后，得为选手，代表本大学参加校外各种竞赛。

三、本大学对于体育选手，无任何方式之特殊待遇。

四、本大学学生有下列情形之一者，不得充当选手。

甲、在本大学修业不满一学期者。

乙、最近学期或学年平均成绩在六十五分以下者。

丙、在校内比赛有违背运动道德之行为者。

丁、经校医检查认为不适于所参加之运动者。

戊、不按照规定之时间及方法练习者。

己、有不良嗜好者。

五、各种对外比赛之参加与否，由体育委员会决定之，学生不得干预。

六、各种选手队，均由队员中选举队长一人，干事一人，在体育教员之指导下办理各该队事务，其选举方法及日期，由体育教员规定之。

七、选手在比赛时如有违背运动道德之行为，得由各院院长予以相当之惩戒。

八、本大学对外竞赛时，本学院学生得前往欢呼助兴；但不得有违背竞赛规则及道德之行为。倘有越轨行为，得由该院院长予以相当之惩戒。

九、本学院运动衣服鞋袜之式样，由体育委员会规定之，此项衣服鞋袜，选手于竞赛时一律穿着，不得参差。竞赛完毕，仍行交还以便清洁。

十、遇竞赛地点较远时，参加之川旅费由本大学供给之。

十一、如有临时发生之事故，未经本规则明订办法者，由体育教员商同体育委员会处理之。

十二、本规则经校务会议通过，校长核准施行。

来源：《国立浙江大学校刊》第1期，1930年2月22日

国立浙江大学体育选手训练办法
1929年12月30日第六次校务会议通过

一、本大学为准备选手心身两方面之体育技能及行为，特设各项选手练习组。凡本大学对外比赛之队员即依照选手规则，由指导员于练习组选择之。

二、凡本大学正式学生得自行报名加入，或由体育教员认为成绩优良，征得本人同意者，令其加入；但均须由校医证明所加入之运动，确与本人身体无妨碍者方可。

三、一经加入练习组，则一切练习时间及方法均听指导员之指导，否则取消其组员资格。

四、在训练组之学生于必要时得免除他项体育课程。

五、各学院之选手练习组每星期会合练习一次，其练习之地点及时间另订之。

六、各选手队之指导员由体育委员会于各学院体育或其他教员中推聘之。

七、同一学生不得同时加入两项之练习组。

八、练习组所需要之个人用具，均由学生自备。

来源:《国立浙江大学校刊》第1期，1930年2月22日

国立浙江大学文理学院院务会议规则
1929年1月7日第四次校务会议通过

第一条　本学院依大学组织法第十八条之规定设院务会议。

第二条　院务会议以院长、各学系、学门主任、事务主任及副教授以上教员为会员。

凡未设有教授、副教授各学门之事项，由院长代表提出；但于必要时，得请该学门任教之教员列席说明。

第三条　院务会议以院长为主席，以院长秘书兼任常务秘书。

第四条　主席缺席时，由主席指定会员一人代理；如主席不及指定代理时，由会员临时推定一人代理主席。

第五条　院务会议由主席依下列方式召集之：

一、常会：每月一次，于每月校务会议开会前，由主席召集之。

二、临时会：于必要时，由主席或由会员五人以上连署声请主席召集之。

第六条　主席召集开会，应将讨论事项先期通知各会员。

第七条　开会时，以会员总数二分之一以上为法定出席人数，以出席会员二分之一以上为法定表决人数。

第八条　会员缺席时，得以书面提出意见，并得请其他会员或非会员之教员

一人代表陈述；但此项代表无表决权。

第九条　院务会议遇讨论某项事件有必要时，得请其他相关教职员列席，发表意见，并得于该项议决后请其退席。

第十条　院务会议之职权，为计划本学院学术设备各事项，及讨论一切进行事宜：

一、本学院预算。

二、学系之增设或变更。

三、各系课程之设立或停止。

四、本院重要设备。

五、本院重要规则。

六、关于学生试验事项。

七、关于学生训育事项。

八、院长交议事项。

第十一条　院务会议得设各种委员会。

第十二条　院务会议决议，以不与校务会议之决议相抵触为限。

第十三条　院务会议决定之事项，除应提请校务会议审议者外，由院长交各主管部分执行之。

第十四条　本规则于必要时，得由本会议修正，提请校务会议通过，转陈校长核准备案。

第十五条　本规则由校务会议通过，经校长核准后施行。

来源：《国立浙江大学校刊》第2期，1930年3月1日

国立浙江大学工学院院务会议规则

1929年12月30日第六次校务会议通过

第一条　本学院依大学组织法第十八条之规定，设院务会议。

第二条　院务会议由院长、教务主任、事务主任、训育主任、大学及高中各科主任、图书馆主任、体育主任、文牍主任、会计主任，及副教授、专任教员互选代表三人组织之。

副教授教员代表以一学年为任期，于秋季开学后更选之，连选得连任。

第三条　本会议以院长为主席，院长因事缺席，得指定一人代理之。如主席不及指定，由出席会员临时推定之。

第四条　本会议之秘书以院长秘书兼任之。

第五条　本会议之召集由主席依下列方式行之：

一、常会：每月一次，于每月校务会议开会前，由主席召集之。

二、临时会：于必要时由主席或会员五人以上之连署声请主席召集之。

第六条　主席召集开会时应将讨论事项先期通知各会员。

第七条　本会议讨论之职权依下列范围行之：

一、本学院之预算。

二、学科之增设或变更。

三、课程之设立或停止。

四、本学院之重要设备。

五、本学院之重要规则。

六、关于学生试验事项。

七、关于学生训育事项。

八、院长交议事项。

本学院附设之高级工科中学事件，亦由本会议决定之。

第八条　本会议以会员总数二分之一以上为法定出席人数，出席会员二分之一以上为法定表决人数。

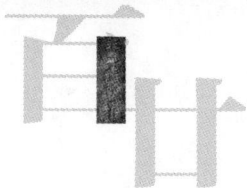

第九条　会员缺席时，得以书面提出意见，请其他会员或非会员之教职员一人代表出席陈述，但无表决权。

第十条　本会议讨论议案，遇必要时，得请与本案有关系之教职员列席说明，至本案议决后退席。

第十一条　本会议之决议以不与校务会议之决议相抵触为限。

第十二条　本会议之议决事项，除应提请校务会议审核者外，由院长交各主管人员执行之。

第十三条　本会议得设各种委员会，其规则另定之。

第十四条　本规程于必要时得由本会议议决修正，提请校务会议通过，转陈校长核准备案。

第十五条　本规程由校务会议通过，经校长核准后施行。

来源：《国立浙江大学校刊》第2期，1930年3月1日

国立浙江大学农学院院务会议规则
1929年11月27日第三次校务会议通过

第一条　本学院依大学组织法第十八条之规定，设院务会议。

第二条　院务会议以院长、副院长、秘书、部主任、场主任、系主任，及副教授、专任教员代表三人为会员（副教授、专任教员代表以一学年为任期，于秋季开学后更选之，连选得连任），凡在筹备而尚未成立之学系及部或场未设主任时，其学科及该部或场之提议事项，由院长或副院长代表提出之；但于必要时，得请与该事项有关系之人员列席说明。

第三条　院务会议以院长为主席，院长缺席，由院长指定一人代理之。未及指定时，得由出席会员临时推定之。

第四条　院务会议秘书，由院长秘书兼任之。

第五条　院务会议由主席依下列方式召集之：

一、常会：每月一次，于每月校务会议开会前，由主席召集之。

二、临时会：于必要时，由主席或由会员五人以上连署声请主席召集之。

第六条　主席召集开会前，应将讨论之事项通知各会员。

第七条　开会时，以会员总数二分之一以上为法定出席人数，以出席会员二分之一以上为法定表决人数。

第八条　会员缺席时，得以书面提出意见，并得请其他会员或非会员之有关系人员之一人代表列席陈述，列席代表无表决权。

第九条　院务会议讨论议案时，得请本案有关系人员列席说明，至本案议决后退席。

第十条　院务会议讨论下列事项：

一、本学院预算。

二、学系之增设变更或废止。

三、各级课程。

四、本学院重要设备。

五、本学院各种规则。

六、关于学生试验事项。

七、关于学生训育事项。

八、院长交议事项。

第十一条　院务会议得设各种委员会，其规则另订之。

第十二条　院务会议之决议，不得与校务会议之决议相抵触。

第十三条　院务会议决定之事项，除应提请校务会议审议者外，由院长交各主管人员执行之。

第十四条　本规程于必要时，得由本会议议决修正，提请校务会议通过，转陈校长核准备案。

第十五条　本规程由校务会议通过，经校长核准后施行。

来源：《国立浙江大学校刊》第2期，1930年3月1日

国立浙江大学工学院训育方针及实施方案 1929年

本院训育方针，系依据中国国民党党义，养成学生急公守法之精神，勤朴耐劳之习惯，及科学家之态度，建设家之热忱，劳动者之身手，使成为党治下一个健全之公民及工程师。

根据下列方针，本院训育实施概举于下：

（一）指导学生研究党义实行自治

1. 指导组织学生会；2. 在学生会内指导练习四权之使用；3. 指导学生假设会议练习民权初步；4. 指导学生研究党义；5. 领导学生参加省市党部召集之各项民众团体会议；6. 组织党童子军；7. 协助学生会开办平民学校及举办公益事业

（二）厉行早起及劳作。

1. 实行早操；2. 各寝室自修室清洁由学生自己负责；3. 组织消耗协作社；4. 校内及附近或家乡建设设计及实际工作（此节与教务处会同办理）

（三）提倡课外调查及研究

1. 设各科研究会；2. 组织参观团；3. 雄辩会；4. 学术讲演

（四）各项体育设施

1. 足球；2. 篮球；3. 排球；4. 网球；5. 棒球；6. 拳术；7. 督促参加运动比赛

（五）考核学生品行及注重团体生活

1. 考查学生平日之心性行为；2. 实施奖惩；3. 注重团体生活限制个人自由又尚有数端，恒为大学教育训育上所不甚注意者，本院认为重要，切实办理，概举于下：

（1）认真深造总理纪念周、国庆、国耻及革命纪念，有不出席者，予以警告；

（2）严厉执行各项规则及命令，违犯者分别惩戒；

（3）调和同学间之感情，使其亲爱，实行大团结，而劝止其某同乡或某学会之小结合。

（4）联络学生家属及保证人之感情，使注意学生之操行。

来源：《国立浙江大学工学院现行规则》（1930年编），原件现收藏于浙江省图书馆孤山古籍部

教育部关于任命邵裴子为国立浙江大学校长的训令

教育部训令（字第七四九号） 1930年7月25日

令国立浙江大学：

案奉行政院第二六八五号训令开："准国民政府文官处第四五六六号函开：'案奉国民政府令开："国立浙江大学校长蒋梦麟呈请辞职，蒋梦麟准免兼职，此令。"又奉令开："任命邵裴子为国立浙江大学校长，此令。"'各等因，奉此。除填发任状并公布外，相应并案录令函达查照，转饬遵照，等由，准此。合行令仰该部知照。"等因，奉此。合行令仰知照。此令。

教育部部长 蒋梦麟

来源：浙江大学档案馆藏复制件

国立浙江大学参加浙江全省运动会办法 1930年

浙江全省运动会定于三月十六日在本市梅东高桥举行，本大学已决定参加。经体育委员会第二次常会议决参加办法十条，兹将办法录下：

一、以本大学名义参加。

二、足球队以农学院选手为基本，篮球队以工学院选手为基本，排球队以文理学院选手为基本，加入其他各学院选手组织之。

三、各球队选手，由各学院体育主任，按照体育选手规则初次选定，将名单送交各队指导员，再由指导员决定最终参加之选手。

四、足球队推王福熙先生为指导员，篮球队推傅五乔先生为指导员，排球队推徐英超先生为指导员。

五、文理学院、工学院足球队初次选手，于三月二日上午八时在本大学门首集合，乘汽车赴农学院。农学院篮球队初次选手，即乘原车来文理学院、工学院，候指导员决定最终参加之选手。午膳由各学院供给，下午仍乘汽车各回本院。

六、网球、田径、全能三种选手，于三月九日上午八时起举行比赛决定之。

七、网球比赛地点，在文理学院、工学院网球场。田径、全能比赛地点假定公众运动场。

八、网球与赛人数，每学院至多以十二人为限，田径、全能，自由报名。

九、网球、田径、全能与赛人报名期，于三月三日截止。

十、关于网球比赛一切事项，推袁敦礼先生主持，关于田径、全能比赛一切事项，推张子常先生主持。

来源:《国立浙江大学校刊》第2期，1930年3月1日

国立浙江大学设置校警办法　　1930年

一、本大学设置校警办理全校公安、警卫、卫生、消防等事宜。

二、关于校警事务由秘书处主管之。

三、校警暂设两队：一队分驻本大学及理学院、工学院；一队分驻农学院及

临平凤凰山及湘湖各农林场。

四、每队设队长一人，由本大学聘请，负教练督察指挥管理之责。副队长一人，由杭州市公安局委派，秉承队长，处理队务。

五、各队组织支配及各种规则，均由秘书处事务部，会同各队正副队长拟定，经秘书长核定后实行之。

六、本办法经校长核准施行。

来源：《国立浙江大学校刊》第4期，1930年3月15日

国立浙江大学助教升级增薪办法
1930年5月24日教务会议第九次常会议决通过

第一条　助教薪额，最低为六十元，最高为一百六十元。初任助教者，不限以最低额薪给。

第二条　助教增薪，以十元为一级。

第三条　助教增薪，不以服务年限为标准。但服务每满二年，至少须增一级至一百六十元为限。

第四条　助教服务有特殊成绩者，每次加薪，不限于一级。

第五条　助教任讲授功课在一年以上而成绩优良者，得由科系主任推荐，经院长同意升为讲师。

来源：《国立浙江大学校刊》第15期，1930年5月31日

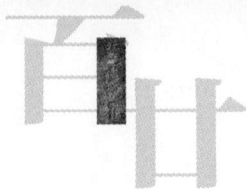

国立浙江大学职员住宅租赁规则　1930年

第一条　本大学为职教员居住便利计，将在浙江图书馆南隙地所建筑之楼房六幢，定为职员住宅，依照本规则租与职教员居住。

第二条　本大学职教员愿赁居是项住宅者，应先向秘书处商定租约，其手续一依杭州本市之通例。

第三条　赁居是项住宅者，应将每月月租，按月于月尾缴至秘书处。

第四条　赁居是项住宅者，应约束家人仆役，不得有吸食鸦片、赌博或其他违法之行为。

第五条　赁居是项住宅者，如脱离本大学职务时，应即迁让，不得过二个月。

第六条　住宅租定后，不得转租与他人，并不得另招附户。

来源：《国立浙江大学校刊》第10期，1930年4月26日

国立浙江大学毕业同学会简章　1930年

第一章　定名

第一条　本会定名为国立浙江大学毕业同学会。

第二章　宗旨

第二条　本会以联络感情，交换智识，共图发展社会事业为宗旨。

第三章　组织

第三条　本会由国立浙江大学各学院及前专门部之历届本科毕业生组织之。

第四条 各界名硕及本大学教职员有赞助本会宗旨者，得聘为名誉会员。

第四章 职员

第五条 本会采用代表制，由每级选出代表二人，组织代表大会，为全体大会闭幕后最高机关。

第六条 代表大会设正副主席各一人，秘书一人，由全体代表互选之。

第七条 执行委员会设执行委员五人，候补执行委员二人，由代表大会复选产生之。

第八条 执行委员会分事务、文书、会计、组织、出版五部，每部各设部长一人，由执行委员分任之。执行委员会各部得设部员若干人，由执行委员会酌量聘请之。

第九条 代表大会职员不得兼任执行委员。

第五章 职权

第十条 代表大会职权如下：

（一）正主席 常理本会一切重要事宜。

（二）副主席 辅助主席掌理本会一切重要事宜。

（三）秘 书 掌理本会一切文件及召集开会等事宜。

第十一条 执行委员会职权如下：

（一）事务部 办埋本会一切杂务及其余不属于他部之各种事项。

（二）文书部 掌理本会一切书函记录。

（三）会计部 掌理本会一切财政出纳。

（四）组织部 掌理本会一切选举调查及组织事宜。

（五）出版部 掌理本会一切出版事宜。

第六章 任期

第十二条 本会职员一年一任，连选得连任。

第七章 会期及法定人数

第十三条 本会每年于秋季中开会员全体大会一次，其日期由代表大会决定之。

第十四条 本会遇有特别事故，经代表大会之通过或会员三分之一以上之提议，得开临时大会。

第十五条　全体大会以全体会员四分之一为足法定人数。代表大会及执行委员会皆以半数为足法定人数，出席人数三分之二以上之赞成为表决法权。

第八章　经费

第十六条　本会会员应缴常年费二元，于开全体大会后一月内缴足之。

第九章　分会

第十七条　本会会员在一地有五人以上，得组织某地分会，有三人以上得组织通信处，但其组织法不得与本会简章抵触。

第十八条　分会或通信处费用应先造具预算，经全体大会或代表大会通过后，由总会发给之。

第十章　附则

第十九条　本会简章有不妥处，得于全体大会修改之。

来源：《国立浙江大学校刊》第29期，1930年10月25日

国立浙江大学校务会议议事规则
1929年9月18日第三次校务会议通过，1931年9月30日第十六次校务会议修正

第一条　本规则依校务会议章程第十二条之规定订定之。

第二条　校务会议以校长为主席，校长缺席时由校长于出席各员中指定一人代理之。

第三条　常会由校长于三日前以书面通告召集，临时会由校长随时通告召集之。

第四条　常会应先行编制议程随开会通告分发，其议案排列之顺序，依校务会议章程第七条审议事项之顺序，同一事项之议案在两案以上者其顺序如下：

一、校长交议

二、文理学院提议

三、工学院提议

四、农学院提议

临时会议案在两案以上者，其讨论之顺序亦同；常会及临时会之临时提案，以提出之先后为讨论之顺序。

第五条 前条顺序开会时，依议事手续得变更之。

第六条 凡提出常会之议案，应尽先将议题送交秘书处编入议程，其有说明文字者，并须同时送秘书处缮印随议程分发，其不及缮印者作为临时提案。

第七条 凡讨论议案经议决付审查者，得由主席指定或共同推举审查员审查后，再行付议。

第八条 校务会议以校务会议组委员数二分之一以上之出席为法定开会人数，以出席人数二分之一以上之同意为法定表决人数。

第九条 校务会议因事不能出席者，应先行以书面通知秘书处。

第十条 每次校务会议之记录经主席核定后，由秘书处缮印分发。

第十一条 本规则由校务会议通过，经校长准后施行。

来源：《国立浙江大学校刊》第66期，1931年10月3日

国立浙江大学订定本学期暂收临时借读生办法 1931年

自暴日入寇上海，沪淞等处各大学，颇多因军事关系，不能开学。本大学叠接各该处学生来函，商请准予借读。兹经本大学行政谈话会议定本学期暂收临时借读生办法如下：

一、各公立或已立案之私立大学学生，因军事关系，暂时不能在原肄业学校肄业者，本学期得在本大学借读，称为临时借读生，其借读之办法如下。留日各大学或专门学校学生，得比照前项学生办理。

二、临时借读生之名额，以本大学各学院各学系各年级所能容纳之额数为限。

三、临时借读生须有原肄业学校或原毕业之中等学校或教育部、教育厅、教育局正式文件证明其上学期在学之资格。

四、临时借读生须其原习之学科年级与本大学现有之学系年级相当，并须经过试验，不及格者不录，关于试验事宜，由各学院分别办理之。

五、临时借读生入学手续及缴费，均与正式生一律。

六、临时借读生受课受试均与正式生一律，其修习之学分，可由本大学给予成绩证明书。

七、临时借读生不得参加本大学学生自治会工作。

来源：《国立浙江大学校刊》第81期，1932年2月27日

教育部关于任命程天放为国立浙江大学校长的训令

1932年3月22日

令国立浙江大学：

案奉行政院秘书处第七〇八号函开："案查本院第十二次会议'据教育部部长朱家骅提议，国立浙江大学校长邵裴子恳请辞职，拟予照准，并请任命程天放为国立浙江大学校长'一案。经决议通过，记录在卷。除由院转请任命外，相应函达查照。"等因。合行令仰知照。此令。

教育部部长　朱家骅

来源：浙江大学档案馆藏复制件

国立浙江大学组织规程 1932年

第一章 总则

第一条 本大学定名为国立浙江大学。

第二条 本大学依据中华民国教育宗旨及其实施方针，以阐扬文化，研究学术，养成健全品格，培植专门人才为宗旨。

第二章 学制

第三条 本大学暂设下列各学院学系：

（一）文理学院 内设文学、政治、教育、数学、物理、化学、生物等学系。

（二）工学院 内设电机工程、机械工程、化学工程、土木工程等学系。

（三）农学院 内设农艺、森林、园艺、蚕桑、农业社会等学系。

第四条 本大学修业期限定为四年，学生毕业后得称某学士。

第五条 本大学受浙江省政府之委托，设代办高级工科中学、高级农科中学，附属于工农两学院，其规程另定之。

第三章 职制

第六条 本大学设校长一人，总辖校务，由国民政府任命之。

第七条 本大学设秘书长一人，由校长聘任，商承校长处理全校事务。

第八条 本大学各学院各设院长一人，由校长聘任，商承校长处理全院教务及学术设备事项。

各学院各得设副院长一人，襄助院长处理院务。

第九条 本大学各学系各设主任一人，教授、副教授、讲师助教若干人，由院长商承校长聘任之。

第十条 本大学工场、农林场等各设主任一人，技师若干人，由校长就教授、副教授、讲师中聘任，商承校长、院长处理工场、农场或林场事务。

第十一条 本大学工场、农林场及各系实验室得设技术员、管理员或助理

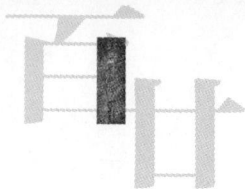

员，由院长商承校长聘任或任用。

第十二条　本大学设秘书一人或二人，秉承校长、秘书长襄理全校事务。

第十三条　本大学秘书处分设文书、注册、会计、事务、图书、出版六课，每课设主任一人，由校长聘任课员、助理员若干人，由校长任用，秉承校长、秘书长处理各该课事务。

秘书处及各课办事细则另定之。

第十四条　本大学设军事训练部，置主任一人，教官、助教若干人，由校长聘任，秉承校长办理全校军事训练事项。

第十五条　本大学设体育部，置主任一人，讲师、助教若干人，由校长聘任，秉承校长办理全校体育事项。

第十六条　本大学设学生生活指导员若干人，由校长聘任，秉承校长指导学生在校生活。

第十七条　本大学设校医若干人，由校长聘任医务员三人，由校长任用，办理卫生治疗事宜。

第十八条　本大学秘书处设缮写室，置书记若干人，由校长委任之，办理缮写事务。

第四章　会议

第十九条　本大学设校务会议，以校长、秘书长、各学院院长、各系主任及教授、副教授代表组织之。

第二十条　军事训练部主任、体育部主任及秘书处秘书、各课主任、各学生生活指导员得由校长邀请列席校务会议。

第二十一条　本大学各学院设院务会议，以各学院院长、副院长、各系场主任、教授、副教授组织之。

第二十二条　本大学秘书处设处务会议，以秘书长、秘书、各课主任组织之。

第二十三条　校务会议、院务会议、处务会议规程另定之。

第五章　委员会

第二十四条　本大学设下列各种委员会，其委员由校长于大学教职员中聘任之。

（一）招生委员会

（二）出版委员会

（三）审计委员会

（四）建筑委员会

（五）训育委员会

（六）卫生委员会

（七）讲演委员会

（八）学术设备委员会

第二十五条　本大学依据校务上之需要得增设其他委员会。

第二十六条　各委员会规程另定之。

第六章　附则

第二十七条　本规程由校长核定施行并呈报教育部备案。

第二十八条　本规程如有未尽事宜，得由校长随时修改并呈报教育部备案。

来源：《国立浙江大学校刊》第101期，1932年9月3日

国立浙江大学农学院组织大纲　1932年

第一章　总纲

第一条　本学院遵照中华民国教育宗旨，以研究农科高深学术、造成农业专门人才为目的。

第二条　本学院设院长一人，综理院务，由校长聘任之。

第三条　本学院教员分设教授、副教授、讲师、助教各若干人，由院长商

请校长聘任之。

第四条　本学院各系部场主任以外职员均由院长聘任或任用之。

第五条　本学院设院长办公室，置秘书一人，办理文书统计编辑及院长交办事件，由院长商请校长聘任之，并设办事员若干人佐理之。

第二章　学系

第六条　本学院现设农艺、森林、园艺暨蚕桑及农业社会五系，其他学系得视人才及经济情形增设之。

第七条　各学系及未成立之学系得设各学科研究室。

第八条　各学系各设主任一人，由院长商请校长于教授、副教授中聘任之，办理各该系教务上及学术上一切事宜，但未分系之一年级，得设级主任。

第九条　各学科研究室由该学科担任教员主持之。

第十条　各学系主任得兼任部场主任。

第三章　各部组织

第十一条　本学院设事务部办理全院共通事务，分文牍、庶务、会计、卫生及营缮五股，设主任一人，主持该部事务，由院长商请校长聘任之。设事务员若干人，分任其事，遇必要时得设股主任。

第十二条　本学院设注册部办理关于课务及注册一切事宜，分课务与注册两股，设主任一人，主持该部事务，由院长商请校长于教授、副教授、讲师中聘任之。设注册员若干人，分任其事。

第十三条　本学院设训育部办理关于学生训育事宜，设主任一人，主持该部事务，由院长商请校长聘任之，设训育员若干人佐理之。

第十四条　本学院设推广部办理关于农事示范、农业调查、农村教育、农村合作及其他农业推广事宜，设主任一人，主持该部事务，由院长商请校长于教授、副教授、讲师中聘任之。设推广员若干人，分任其事。

第十五条　本学院设图书馆办理关于图书一切事宜，分购置、管理二股，设主任一人，主持该馆事务，由院长商请校长聘任之。设管理员若干人，分任其事。

第四章　各场组织

第十六条　本学院设农场、林场、园艺场及蚕桑场，分别办理场务，各设主任一人，由院长商请校长于教授、副教授、讲师中聘任之，主持场务，技师、技术员及事务员若干人佐理之。

第十七条　农场办理关于农业试验、农业经营及学生实习等事务，暂分为试验农场与经济农场。

第十八条　林场办理关于林业试验、林业经营及学生实习等事务，暂分为试验林场与经济林场。

第十九条　园艺场办理关于园艺试验、园艺经营及学生实习等事务，暂分为果树区、蔬菜区及花卉区。

第二十条　蚕桑场办理关于蚕桑试验与经营及学生实习等事务，暂分为栽桑组、养蚕组、制种组及制丝组。

第五章　会议

第廿一条　本学院设院务会议，讨论关于全院重要事务，由院长、秘书、各系部场馆主任及教授、副教授组织之，院长为主席，院长缺席时由院长指定一人代理之。

第廿二条　本学院设教务会议，讨论关于全院教务上事项，由院长、教授、副教授及讲师（以专任者为限）组织之，院长为主席，院长缺席时由院长指定一人代理之。

第廿三条　本院得设下列各种会议

一、学系会议　由各学系主任召集本系教授、副教授、讲师讨论关于本系教务及其他重要事宜。

二、各部会议　由各部主任召集本部职员讨论关于本部一切进行事宜。

三、各场会议　由各场主任召集本场职员讨论关于本场一切进行事宜。

四、各种特务会议

1. 经济委员会　由院长就教职员中聘请若干人组织之，并指定一人为主席，规划及审查关于本院经济事宜。

2. 编辑委员会　由院长就教职员中聘请若干人组织之，并指定一人为主席，

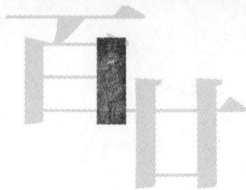

办理关于编辑事宜。

3. 其他各种特务会议　由院长聘请教职员若干人组织之，并指定一人为主席。

第廿四条　各项会议除院务会议及教务会议外，各系部场及各委员会开会应将日期议案及开会结果等报告院长办公室。

第六章　附则

第廿五条　各学系各部场办事细则及各会议规则另定之。

第廿六条　本大纲经院长呈请校长核准施行。

第廿七条　本大纲遇有应行修正之处，得由院长提交院务会议议决，呈请校长核准施行。

来源：《国立浙江大学校刊》第88期，1932年4月16日

国立浙江大学校务会议规程　1932年8月修正

第一条　本大学依国立浙江大学组织规程第十九条之规定，设校务会议。

第二条　校务会议以下列各员组织之：

校长

大学秘书长

各学院院长、副院长

各学院各学系主任

各学院教授、副教授代表

第三条　军事训练部主任、体育部主任、秘书处秘书，各课主任、各学生生活指导员，得由校长邀请列席校务会议。

第四条　各学院教授、副教授代表之名额，依下列之规定：

教授、正教授人数十人以下者，代表二名；

十一人至二十人者，代表三名；

二十一人以上，每多十人增加代表一名，但至多不得过十名。

第五条　各学院教授、正教授代表，由各学院全体教授、副教授于每学年开学后一星期内，就各本学院教授、副教授中选举之，以得票最多数者为当选，票数相同时以抽签定之。

第六条　各学院教授、副教授代表之任期为一学年，连选得连任，中途离职者以得票次多数之人递补。

第七条　校务会议以校长为主席。

第八条　校务会议审议下列各事项：

一、大学预算

二、各学院学系之设立及废止

三、各学院课程

四、大学内部各种规则

五、关于学生试验事项

六、关于学生训育事项

七、校长交议事项

第九条　校务会议每月开会一次，但因特别事务，得由校长临时召集之。

第十条　校务会议记录及文书事宜，由秘书处派员办理。

第十一条　校务会议议决事件，经校长核准后施行之。

第十二条　校务会议议事规则另定之。

第十三条　本规程由校长核准施行。

来源：《国立浙江大学校刊》第101期，1932年9月3日

国立浙江大学修正校务会议议事规则

1932年10月21日第十八次校务会议议决通过

第一条　本规则依校务会议规程第十二条之规定订定之。

第二条　校务会议以校长为主席，校长缺席时，由下列各员依次代理之：

一、大学秘书长

二、文理学院院长

三、工学院院长

四、农学院院长

第三条　常会由校长于三日前以书面通告召集，临时会由校长随时通告召集之。

第四条　常会应先行编造议程，随开会通告分发，其议案排列之顺序，依校务会议规程第八条审议事项之顺序，同一事项之议案在两案以上者，其顺序如下：

一、校长交议

二、文理学院提议

三、工学院提议

四、农学院提议

临时会议案在二案以上者，其讨论之顺序亦同。常会及临时会议之临时提案，以提出之先后为讨论之顺序。

第五条　前条顺序开会时依议事手续得变更之。

第六条　提出本月常会之议案，应于前月终将议题送交秘书处编入议程，其有说明文字者，并须同时送交秘书处缮印，随议程分发，但临时提案，不在此限。

第七条　凡讨论议案有认为须付审查者，得由主席指定或公同推举审查员审查后，再行付议。

第八条　校务会议以校务会议组织员数二分之一以上出席，为法定开会人数，以出席人数二分之一以上之同意，为法定表决人数。

第九条　校务会议因事不能出席者，应先行以书面通知秘书处。

第十条　每次校务会议之记录，经主席核定后，由秘书处缮印分发。

第十一条　本规则由校务会议通过，由校长核准施行。

来源：《国立浙江大学校刊》第109期，1932年10月29日

国立浙江大学各学院院务会议规程
1932年10月21日第十八次校务会议议决通过

第一条　本大学各学院依照本大学组织规程第十九条之规定设院务会议。

第二条　院务会议以各学院院长、副院长、各系主任、教授、副教授组织之。

第三条　院务会议以院长为主席，各学院教务员为记录，院长因事缺席由副院长为主席，未设副院长之学院，则由出席者公推一人为主席。

第四条　本会审议下列各事项：

一、建议于校务会议事项。

二、关丁校务会议交议事项。

三、计划关于教授方针及课程等事项。

四、关于学生试验及审核成绩事项。

五、关于转学、转系、升级、留级、补考及毕业等事项。

六、关于学术设备及出版事项。

七、院长交议事项。

第五条　本会议于每学期开学之始及学期之终，各开常会一次，必要时得开临时会，由院长召集之。

第六条　院务会议决定事项由院长执行之，其有关全校者，须经校长核准。

第七条　本规程于校务会议通过后，由校长核准公布施行，如有未尽事宜，由校务会议随时修正之。

来源：《国立浙江大学校刊》第109期，1932年10月29日

国立浙江大学各种委员会通则
1932年10月21日第十八次校务会议议决通过

第一条　本大学各种委员会，除另有规程规定者外，均适用本规则所规定。

第二条　委员会各设主席一人，由校长就委员中聘定。

第三条　委员会开会，由主席召集，或由校长函请主席召集之。

第四条　委员会委员于学年开始，由校长聘任之，其任期为一年。

第五条　委员会以各该会委员总数过半数为法定出席人数，以出席过半数之同意行使表决。

第六条　委员会记录，亦由委员推定，担任会场记录并保管之。

第七条　委员会通过议案，由主席转陈校长核定，分交主管职员办理。

第八条　本通则于校务会议通过后，由校长核准公布施行，如有未尽事宜，由校务会议随时修改之。

来源：《国立浙江大学校刊》第109期，1932年10月29日

国立浙江大学招生委员会规程
1932年10月21日第十八次校务会议议决通过

第一条　本委员会依照本大学组织规程第二十二条之规定组织之。

第二条　本委员会委员人数，定为九人至十三人，由校长于大学教职员中聘任，但秘书长、各学院院长、副院长、秘书处注册主任为当然委员。

第三条　本委员会开会时以秘书长为主席，注册课主任为记录。

第四条　本委员会负责主持招生一切事宜；惟每届招生简章，须经校务会议通过。

第五条　本委员会评判投考生之考试成绩，其拟定取录时应请校长出席为主席，并请各学系主任或其代表列席。

第六条　本规程于校务会议通过后，由校长核准公布施行，如有未尽事宜，由校务会议随时修改之。

来源：《国立浙江大学校刊》第109期，1932年10月29日

国立浙江大学出版委员会规程
1932年10月21日第十八次校务会议议决通过

第一条　本委员会依照本大学组织规程第二十二条之规定组织之。

第二条　本委员会委员人数定为七人至九人，由校长于大学教职员中聘任，但出版主任为当然委员。

第三条　本委员会之职务如下：

一、计划本大学丛书之编纂。

二、计划本大学定期学术专刊之印行。

三、审定本大学关于学术之刊物。

四、审定本大学学生用团体名义出版之刊物。

第四条　本委员会得陈请校长，聘请专家参加审定事宜。

第五条　本委员会关于各种刊物征稿之酬金，得商请校长另规定之。

第六条　本规程于校务会议通过后，由校长核准公布施行，如有未尽事宜，由校务会议随时修改之。

来源：《国立浙江大学校刊》第109期，1932年10月29日

国立浙江大学审计委员会规程
1932年10月21日第十八次校务会议议决通过

第一条　本委员会依照本大学组织规程第二十二条之规定组织之。

第二条　本委员会委员人数定为五人至七人，由校务会议于大学教职员中推请校长聘任之。

第三条　本委员会之职权如下：

一、稽核账据。

二、审查决算报销册。

三、审核发单上之数量价值及其用途。

四、稽核其他银钱事项。

第四条　本委员会每月开常会一次，由会计课主任将上月份收支账据，汇交稽核。

第五条　本委员会稽核账据或物品，遇有疑义时，得请经手人说明，如发现

有不实不符之处，应报告校长追究。

第六条 本委员会得推委员，列席校务会议，报告稽核情形。

第七条 本规程于校务会议通过后，由校长核准公布施行，如有未尽事宜，由校务会议随时修正之。

来源:《国立浙江大学校刊》第109期，1932年10月29日

国立浙江大学建筑委员会规程
1932年10月21日第十八次校务会议议决通过

第一条 本委员会依照本大学组织规程第二十二条之规定组织之。

第二条 本委员会委员人数，定为五人至七人，由校长于大学教职员中聘任之。

第三条 本委员会之职权如下：

一、勘定校舍建筑地位。

二、审定工程图样。

三、审定包工及施工细则。

四、决定投标手续及得标者。

五、视察及验收工程。

第四条 本大学一切建筑工程价值在五千元以上者，均应先由本委员会审核，始得招人投标。

第五条 本规程于校务会议通过后，由校长核准公布施行，如有未尽事宜，由校务会议随时修正之。

来源:《国立浙江大学校刊》第109期，1932年10月29日

国立浙江大学训育委员会规程
1932年10月21日第十八次校务会议议决通过

第一条　本委员会依照本大学组织规程第二十二条之规定组织之。

第二条　本委员会委员人数定为十三人至十七人，由校长于大学教职员中聘任之，但秘书长、各学院院长、各学生生活指导员为当然委员。

第三条　本委员会职务如下：

一、决定本大学训育方针。

二、拟订本大学训育方法。

三、核议本大学学生奖惩事宜。

四、核议校长提交关于训育事宜。

第四条　本委员会于学期开始及终了时，各开常会一次，遇必要时得开临时会。

第五条　本规程于校务会议通过后，由校长核准公布施行，如有未尽事宜，由校务会议随时修正之。

来源：《国立浙江大学校刊》第109期，1932年10月29日

国立浙江大学卫生委员会规程
1932年10月21日第十八次校务会议议决通过

第一条　本委员会依照本大学组织规程第二十二条之规定组织之。

第二条　本委员会委员人数定为十三至十七人，由校长于大学教职员中聘任

之，但事务主任、校医、学生生活指导员为当然委员。

第三条　本委员会就校医委员中推举一人为主席，另推委员一人为记录。

第四条　本委员会之职务如下：

一、监督全校清洁事项。

二、办理全校防治传染病事项。

三、办理全校健康检查事项。

四、改良全校卫生设备。

五、检查全校饮食。

第五条　本委员会每月开常会一次，如有特别事件，得由主席召集临时会议。

第六条　本规程于校务会议通过后，由校长核准公布施行，如有未尽事宜，由校务会议随时修改之。

来源：《国立浙江大学校刊》第109期，1932年10月29日

国立浙江大学讲演委员会规程
1932年10月21日第十八次校务会议议决通过

第一条　本委员会依照本大学组织规程第二十二条之规定组织之。

第二条　本委员会委员人数定为五人至七人，由校长于大学教职员中聘任之。

第三条　本委员会职务如下：

一、敦请名人演讲。

二、规定演讲时间。

三、规办学生演讲竞赛及辩论会等事项。

四、审查演讲记录。

第四条　本委员会延清讲演人选，须先商得校长同意。

第五条　演讲记录经审查后，由本委员会主席送交秘书处出版课转发各刊物登载。

第六条　本规程于校务会议通过后，由校长核准公布施行，如有未尽事宜，由校务会议随时修改之。

来源:《国立浙江大学校刊》第109期，1932年10月29日

国立浙江大学秘书处办事细则　　1932年

第一条　本处设秘书长一人，商承校长处理全校事务。

第二条　本处设秘书二人，秉承校长、秘书长襄理全校事务。

第三条　本处设文书课，掌理文件之收发、拟稿、缮印、校对、盖印、归档、会议记录及其他关于文书事项。

第四条　本处设注册课，掌理关于教职员学生之登记、调查、统计及其他关于注册事项。

第五条　本处设会计课，掌理稽核、出纳、记账、册报、预算、决算及其他关于会计事项。

第六条　本处设事务课，掌理校产、校舍、校具、消耗品、文具等购置、保管、修理、分配，校工之进退、支配、监督及其他关于事务方面之事项。

第七条　本处设图书课，掌理图书之购置、编目、出纳、整理及其他关于图书事项。

第八条　本处设出版课，掌理刊物及表册之编著、印刷、发行及其他关于出版或文字宣传事项。

第九条　各课设主任一人，课员、助理员若干人，秉承校长、秘书长处理各该课事务。

第十条　各课办事细则另定之。

第十一条　本处设缮写室，置书记若干人，办理缮写事务。

第十二条　本处设处务会议，由秘书长召集，其规程另定之。

第十三条　本处办文手续如下：

甲、文书课收文，录由，送秘书长核阅。

乙、秘书长批定办法，或分发各课签拟办法，并办理附件，送文书课拟稿。

丙、文书课主任及主管课主任签稿。

丁、秘书签稿。

戊、秘书长签稿。

己、校长划行。

庚、文书课发缮、校对、盖印、发文。

第十四条　自动文件由校长、秘书长或各课主任交文书课拟稿，以下手续同前条丙以下各项。

第十五条　本细则由校长公布施行，如有未尽事宜，由秘书长陈请校长修正之。

来源：《国立浙江大学校刊》第110期，1932年11月5日

国立浙江大学秘书处处务会议规程　1932年

第一条　本大学秘书处依照本大学组织规程第二十二条之规定，设处务会议。

第二条　处务会议以秘书长、秘书、各课主任组织之。

第三条　秘书处其他各职员得由秘书长指派列席处务会议。

第四条　处务会议以秘书长为主席，由主席指定一人为记录。

第五条　本会审议下列各事项：

一、建议校务会议事项。

二、商榷本大学事务进行方针。

三、审定各课工作计划。

四、秘书长交议事项。

第六条　本会议每月开会一次，必要时得开临时会议，由秘书长召集之。

第七条　处务会议决定议案，由秘书长呈请校长核准执行之。

第八条　本规程于校务会议通过后，由校长核准公布施行，如有未尽事宜，由校务会议修正之。

来源：《国立浙江大学校刊》第113期，1932年11月26日

国立浙江大学秘书处文书课办事细则　　1932年

第一条　本课设主任一人，秉承校长、秘书长综理全校文书事宜。课员、助理员若干人，分任本课一切事务，其工作由主任分配之。

第二条　本课之职务如下：

一、办理校长、秘书长交拟之文件。

二、办理各课送拟之文件。

三、办理关于学生贷金、津贴、免费等文稿及其他证明文件并填发旅行证、护照等项。

四、办理学生毕业证书、修业证书、休业证书、学籍证明书等项。

五、收发文件。

六、翻译往来文电。

七、校印各项文件。

八、各项会议记录。

九、管理各项文卷编号归档及装订整理。

十、其他关于文书事项。

第三条 本课每星期将已办未办各文件数目造表送呈校长、秘书长核阅。

第四条 各项案卷每日分类登记，每月整理一次。

第五条 调阅案卷须签条备查，俟归还时注销之。

第六条 本细则由校长公布施行，如有未尽事宜，得由秘书长陈请校长修正之。

来源:《国立浙江大学校刊》第110期，1932年11月5日

国立浙江大学秘书处注册课办事细则　1932年

第一条 本课设主任一人，秉承校长、秘书长综理本校注册事宜。课员、助理员若干人，分任本课一切事务，其工作由主任分配之。

第二条 本课之职务如下：

一、教职员、学生各项统计表格之编制。

二、教职员、学生履历、通讯，学生家长职业、通讯等项之调查。

三、学生入学、退学、休学、复学、转学、毕业等项之登记。

四、办理学生及外界讯问关于本课主管事项。

第三条 学生试验成绩分数、转学生编级及学生补考成绩分数，由各院院长于各该项试验举行后一星期内，通知本课登记结算之。

第四条 学生中途休学或退学，得准许后，须到本课登记。

第五条 教职员、学生请假或缺课，由各院院长每星期列表送本课登记。

第六条 本细则由校长公布施行，如有未尽事宜，由秘书长陈请校长修正之。

来源:《国立浙江大学校刊》第110期，1932年11月5日

国立浙江大学秘书处事务课办事细则　1932年

第一条　本课设主任一人，秉承校长、秘书长综理本课事务。课员、助理员若干人，分任本课一切事务。其工作由主任分配之。

第二条　本课之职务如下：

一、全校校舍之支配、布置、管理及修缮。

二、道路园场之整理。

三、各项集会会场之布置事项。

四、卫生、警卫及消防事项。

五、校具之置备、登记、保管、支配及修理。

六、采办定制各项学校用品。

七、学校用品之转运、邮递、报关、提货事项。

八、编制每月用品收付报告。

九、其他不属于各课事项。

第三条　本课除购买物件及其他工程一切付款手续另有规定者外，得向会计课预领洋二百元，以备垫付临时款项之用，每周过账一次。

第四条　关于一切工程及修理事项由本课招匠估计，经主任审核转陈校长、秘书长签字后，方准动工。

前列一切工程及修理事项之估价，至少须有二家以上，其估价单由承办者固封亲交主任拆阅，转陈秘书长决定之。

第五条　凡价目在一千元以上之工程及修理，应公告投标，其图样说明及施工细则，除有特约工程师拟定者外，得由本课拟办。

第六条　凡关于建筑修理工竣后由本课按照承揽验收。

第七条　校中所需各种校具，均应由本课定购，惟因使用上有特别情形者，应由各院课自定图样交本课办理。

第八条　各院课有须交本课制办特种器具或修缮事项，应开具详细工程单，经各该院课主管人员签字，交由本课转陈校长、秘书长批准办理。

第九条　凡关于工匠领款手续，应开具收据，经本课查核陈送校长、秘书长察阅签字后，由工匠向会计课直接领款。

第十条　凡各院课应行购置非办公普通日常物品，先由各院课主管人员填写购物通知单，经签字后，送交本课转陈校长、秘书长批准办理。

第十一条　凡各院课通知本课购办物品在本市可办者，约在接到通知后二日内办就；须在外埠购办者，约一星期至二星期内办就；须在国外购办者，日本约二十日，欧美约三个月至四个月为限。遇有特别情形不能如期办到者，应分别先向各处声明理由，如须预定者，其购到日期须临时视情形酌定。

第十二条　本课收到之购物通知单，应依照时期顺序装订成册，以备查考。

第十三条　凡关于办公日常用品由本课审察情形填具请购单，陈经秘书长批准再行购办。

第十四条　购入物品须由本课购置经手人将物品购置单、商店发票连同所购物品交由本课保管人验收无讹后，须在发票上签字，仍将原购置单、商店发票交还购置经手人，陈送主任核转秘书长签字，交会计课支付。

第十五条　各院课请领办公用品，应由领用人填写物品领用单，由本课转陈秘书长批准后，再行发给。领用人收到物品后，应于领用单第二联签字盖章，仍交还本课备查。其领用单第一联由领用人自行保存，其领用特殊物品者，并须陈经校长核准。

第十六条　本课购进一切物品时，均须将品名、数量、价目登入物品购入支给总簿，每日发出用品，亦须一并登入。

第十七条　每月终依据物品购入支给总簿，填造消耗月计表，并查明现存物品除支给外是否相符，报陈校长、秘书长察核。

第十八条　本课对于个人需用之物品，概不发给。

第十九条　全校校舍应由本课统筹支配，并于各室编订号数及牌帜，遇有变动，应随时更正。

第二十条　每学期开始一个月内，将各座房屋分别绘具校舍支配平面图。

第二十一条　每学期开始二个月内，由本课造送住宿学生名册，排印备用。

第二十二条　全校财产除仪器、器械、机器及图书等项别有主管人员外，所有一切校具应由本课分别名称，逐件编号，登入校具支配簿（非校具范围以内之杂件亦应附带登入）。

第二十三条　凡未经使用之各项校具杂物，应置储藏室保存，并登入校具存置簿。

第二十四条　每学期终，所有全校校具应按照校具支配簿检查一次，如有遗失或损坏者，即行分别注明登册。

第二十五条　凡私人移出物件，须由本课检查，并开具出门证，方准移出，如系校内财产，须由本课开具特种运物单，并经秘书长签字后方准放行。

第二十六条　全校电灯之启熄时期，应由本课严格执行，并防止及取缔一切私接电线行为。

第二十七条　全校校工之职务，由本课审察各方情形斟酌支配，并指导一切工作方法。

第二十八条　校工到校时，须填具保结，其保人须为本市开有殷实商店之商人。

第二十九条　全校校工之勤惰，由本课随时查察，分别奖惩。

第三十条　每月终由本课编造校工工食名册，送秘书长批准，向会计课支给。

第三十一条　校内自营工如厨工、理发工等，均由本课管理，并须取具保结。

第三十二条　每学年终应将全校各项财产价值依据各项簿册缮就统计表，报告校长、秘书长。

第三十三条　全校地亩由本课分别地点面积，造具详细地亩登记册并绘具略图。

第三十四条　本课如有临时发生特别事项需人襄办时，得由主任陈明校长或秘书长指定他课职员协助之。

第三十五条　各种例假日，本课应派课员或助理员一人轮流值务。

第三十六条　本细则由校长公布施行，如有未尽事宜，得由秘书长陈请校长修正之。

来源：《国立浙江大学校刊》第110期，1932年11月5日

国立浙江大学秘书处会计课办事细则　1932年

第一条　本课设主任一人，秉承校长、秘书长综理全校会计事宜。课员、助理员若干人，分任本课一切事务，其工作由主任分配之。

第二条　本课之职务如下：

一、校款之稽核。

二、校款之出纳。

三、校款之登记。

四、旬报月报之编造。

五、预算决算之编造。

六、其他关于会计事宜。

第三条　本课应分备各种账簿如下：

一、现金出纳日记簿。

二、支出分类簿。

三、收入分类簿。

四、各种辅助簿。

五、编制决算底册。

六、银行来往簿。

第四条　每年度预算书应于每会计年度开始前四个月，造就分别呈送。

第五条　每年度决算书，应于每会计年经过后三个月，分别造报。

第六条　决算及单据簿经编制后，送交本校审计委员会审核，再陈送校长鉴核。

第七条　凡现款收付及款项转账，须由出纳员检同该项收据证书并检发传票送请主任核定收付讫，再交记账员登记。

第八条　记账员应按旬将收支账目核算无误，制成收支对照表，送交主任查核后，分送校长、秘书长核阅。

第九条　记账员应将日记簿结算转过分类簿，以凭稽核。

第十条　每日登记之后，将收支凭证、单据及传票分别编号保存之。

第十一条　凡各课购置及工农场收支，须由各该主任签陈校长核准并检发传票检同发票、收据及关系证明单件，送交本课核算支付。

第十二条　本课每月收到教育部及浙江财政厅拨发之款项，即以"国立浙江大学"之户名存放银行。

第十三条　每学期学生缴费，由本课呈报校长指定银行代收，但为学生便利起见，得请银行派员来校代收。

第十四条　每月发放工饷应由事务课开列名册，送交本课放发。

第十五条　本校一切款项均存银行，本课所存现金以不过一千元为度，支付款项在五十元以上者由校长签定，五十元以下者由秘书长签定，零星用款以现金支付，支款在五十元以上者均发支票，但有特别情形时亦得用现款支付。

第十六条　本细则由校长公布施行，如有未尽事宜，得由秘书长陈请校长修正之。

来源：《国立浙江大学校刊》第110期，1932年11月5日

国立浙江大学秘书处图书课办事细则　1932年

第一条　本课设主任一人，秉承校长、秘书长综理全校图书事宜。课员、助理员若干人，分任本课一切事务，其工作由主任分配之。

第二条　本课之职务如下：

一、图书之购订。

二、图书之统计。

三、图书之征求。

四、图书之登记。

五、图书之分类。

六、图书之编目。

七、图书之撰拟提要。

八、杂志之登记。

九、图书之保管、陈列与出纳。

十、图书之装修。

十一、阅览之指导。

十二、目录片之排列。

十三、其他关于图书事项。

第三条　各学院学系需购图书或杂志时，须开单交由各系主任转送各学院院长审查，签字盖章送秘书处查核，如购书费用不超过原定购书预算，即陈请校长核准，再交事务课购置。

第四条　本细则由校长公布施行，如有未尽事宜，由秘书长呈请校长修正之。

来源：《国立浙江大学校刊》第110期，1932年11月5日

国立浙江大学秘书处出版课办事细则　1932年

第一条　本课设主任一人，秉承校长、秘书长综理全校出版事宜。课员、助理员若干人，分任本课一切事务，其工作由主任分配之。

第二条　本课之职务如下：

一、编印本校校刊。

二、编印本校行政概况。

三、汇印各学院概况稿件。

四、编印教职员录、学生录。

五、编纂本校大事记。

六、撰拟校闻，送登本外埠各报。

七、管理本校丛书之印刷及发行。

八、管理各学院季刊之印刷及发行。

九、管理本校教务、注册、图书、招生各种表册之印刷事宜。

十、与其他各学术机关交换刊物。

十一、选存各报之有关高等教育记录。

十二、其他关于出版事项。

第三条　本课出版各种刊物须将原稿呈校长或秘书长核准始得付印。

第四条　本细则由校长公布施行，如有未尽事宜，由秘书长陈请校长修正之。

来源:《国立浙江大学校刊》第110期，1932年11月5日

国立浙江大学诊疗室规则　1932年

一、凡本大学之教职员、学生及公役遇有疾病得至本室受诊，概免诊金。

二、本室诊疗时间除星期日及例假日外，规定每日下午二时至五时（农学院诊疗室下午二时至四时），但临时发生重病可立即通知本室以便随时诊治。

三、凡来本室求诊者须先就诊病签名簿上签名。

四、病人经校医诊察给方后得向本室附设之领药处领药。

五、诊疗室内之处方由校医签字负责，调剂给药由医务员签字负责。

六、诊疗室之诊疗器械由护士整理保管之，领药处内之药品由医务员保管之。

七、本室附设之领药处备有普通药品，每一方剂视其价值酌收大洋一角至四

角之药金，贵重药品须收原价。

八、药费收取手续由求诊者向校医领取处方后，先向驻院事务员缴费盖章，领药处凭已盖章之处方配给药料，其未经缴费盖章之处方概不给药。

九、本室内之器械及药料不得移动，以免污染。

十、本室附设之领药处除医务人员外不得入内，以免妨碍工作。

十一、凡学生因病不能上课向校医请发请假证明书者，须先经校医之诊察方得给证。

十二、学生如有重症经校医诊察后认系有传染性者或因诊疗室内设备上之关系不能妥为治疗者，得由校医通知生活指导员或其本人径向其他医院诊治。

十三、凡经诊察之病人，其疾病经过及治疗方法须由主治校医及医务员按日记载诊疗记录上，以备查考。

十四、每届月终校医须填写疾病统计表分送秘书处及生活指导员存查。

十五、领药处内所有药品每届月终由医务员填写出纳数量送秘书处查核。

十六、诊疗室内之诊疗记录及处方等由医务人员共同保管之。

十七、如有外来农民向本诊疗室求诊者亦适用上列各项之规则（本条仅用于农学院）。

十八、本规则如有未尽善处得随时提交卫生会议修改之。

十九、本规则由校长核准公布施行。

来源：《国立浙江大学校刊》第107期，1932年10月15日

国立浙江大学疗养室规则 1932年

一、本大学学生患病须住疗养室时，先经医务人员诊察，领得入室疗养证，再经生活指导员之许可方可移住，住居时间以一星期为限。

二、在室疗养时，其饮食起居及服用药品须受医务人员之监督，费用由病人负担。

三、在室疗养期间，如其病症发生变化时，由护士报告校医或医务员填写送院通知书，转知生活指导员，得请其速送其他医院疗治。

四、在室疗养时如有亲友访问须先通知医务人员，得其许可后方准入室，但谈话不得过十五分钟。

五、在本室疗养之病人恢复健康时，由医务人员填写出室通知书，通知生活指导员令其迁出疗养室。

六、在本室疗养之病人未得医务人员许可不得私服他药。

七、疗养室之病床用具每经病者用后，护士须指挥工役施行消毒。

八、病人违犯本室规则，校医得令其迁出。

九、本规则如有未尽善处得随时提交卫生会议修改之。

十、本规则由校长核准公布施行。

来源:《国立浙江大学校刊》第108期，1932年10月22日

国立浙江大学聘任教员规则
1932年5月25日校务会议第十七次常会通过

一、国立浙江大学各学院教员，由大学校长主聘，授课学院之院长副署。

二、各学院教员，由大学致送聘书。

三、应聘教员，应于接到聘书后两星期内，寄送应聘书。

教员聘约，自大学接到应聘书时始，即为确定。

四、国立浙江大学教员，以专任为原则，但各学院于必要或便利时，得聘任兼任教员。

五、国立浙江大学专任及兼任教员，在聘任期内，对于大学或各学院所委托之任务，均有担任之责任。

六、专任教员，不得兼任本大学以外各事务。但受中央及本省政府委任为某种调查研究或设计，由院长陈请校长特许者，不在此限。

七、兼任教员之薪俸，由致聘之学院依其资格及所任教程之性质时数定之。

八、各学院专任教员之薪俸，每年按十二个月致送。兼任教员，每年按十个月致送，一月七月各送半个月，八月不送，余月照送。

九、专任教员授课时间，以每周十二小时至十五小时为率。但因特别原因，学校得减少某一教员授课之时数。指导实验时数，视讲演时数折半计算。兼任教员授课时数，平常以每周不过十小时为限。

十、教员请假，依照本大学教员请假代课及补课办法办理。

十一、教员聘任期间，由各学院决定之。双方同意时，期满得续约，续约次数无限制。

十二、续约由授课学院之院长，于约满两个月前，通知关系之教员。其致送聘约之手续，与初聘时间。

十三、聘约未满以前，教员非因疾病不能任事，不得辞职。

十四、聘约未满以前，学校对于教员，非因下列原因，不得解约：

（一）因政治或法令上之关系，有不能任其继续在职之理由者，（二）因学校名誉上之关系，有不能任其继续在职之理由者，（三）教员对于学校有危险之行为者，（四）不照约担任职务者，（五）不能称职者。

学校因上列（一）（二）（三）（四）四种原因，得随时解除教员聘约。但因第五种原因之解约，须于学期终了时行之。

来源：《国立浙江大学校刊》第95期，1932年6月4日

国立浙江大学职员服务通则 1932年

第一条　本通则凡本大学秘书处及各院职员均应遵守。

第二条　每日办公时间，上午八时至十二时，下午二时至五时；但寒暑假期内，得由校长核定，酌量变更。

第三条　每星期一纪念周，职员均须出席。

第四条　秘书处及各院应各备考勤簿，职员到校办公应在簿上签名，上下午各一次。

第五条　每日上午九时，下午三时，处院主管者，在考勤簿上签阅字。逾此时间始签名者，应作为迟到，并须在备考栏中书明理由。

第六条　每月月初，应将考勤簿，汇送校长室复核。

第七条　职员因事或因病请假者，秘书长及各院长应向校长请假；其余处院职员向秘书长及院长请假并报告校长。但课员、助理员请假，并须经该管主任之许可。

第八条　职员请假，须填请假书请核准后，始得离校，续假时亦须以书面通知。

第九条　职员请假须托同人代理，或由该管主任派人代理，但自行托人代者，须得该管主任之同意。

第十条　职员事假，每年总时不得逾二周，病假不得逾一月，逾限应按日扣薪。但因特别事故经校长特许者不在此限。

第十一条　职员非经校长特许，不得在校外兼职。

第十二条　职员得因主管主任之陈请，调至他处院办公或兼任他职务。

第十三条　例假及放假日处院应派人轮值。

第十四条　本通则由校长核准施行，若有未尽事宜，得随时由秘书长陈请校长酌核修正之。

来源：《国立浙江大学校刊》第101期，1932年9月3日

国立浙江大学教员请假代课及补课办法
1932年5月25日校务会议第十七次常会通过

第一条 教员请假在一星期内者，除因临时发生事故外，须于请假前一日通知本院教务处或注册部。

请假在一星期内者，其缺授之课程于课内补授或另定时间补授，由教员自行酌定；但全学期缺授课程总时数逾所任课程总时数十分之一者，仍须另定时间补授。

第二条 请假在一星期以上者须先得本院院长同意，并商定补课办法。

第三条 请假在一月以上者，须请定代课人商得院长同意，但代课期不得逾两个月。

代课人之薪金不得在学校另行开支，但女教员产期得休息两个月，其代课人之薪金，由学校支付。

第四条 凡未照前列各条手续请假而缺课者，院长得为适当之处置。

第五条 本办法经校长核准施行。

来源：《国立浙江大学校刊》第98期，1932年6月25日

国立浙江大学事务课职员及斋务员轮流值夜细则 1932年

一、各院处事务课职员至少有一人住校。

二、除住校者外每日应有一人值夜。

三、值夜时间自下午六时起至十时止。

四、值夜时间内应注意于消防及各处视察。

五、值夜人员应将值夜情形登入日记簿。

六、值夜人员排定后不得变更，如有特别事故应请人代理，事前并须向事务主任声明。

来源:《国立浙江大学校刊》第112期，1932年11月19日

国立浙江大学学生宿舍斋务员服务规则 1932年

第一条　本大学设斋务员若干人，处理本大学学生宿舍斋务事宜。

第二条　斋务员之职务如下：

一、编制学生寝室名册

二、宿舍清洁及整理事项

三、饮食卫生事项

四、监视宿舍门户及电灯之启闭事宜

五、火盗等危险事态之防止

六、宿舍工役之督促管理

七、其他

第三条　寄宿学生对于宿舍庶务事宜如有所请求，应向斋务员陈述情由，斋务员转商秘书处事务课核办。

第四条　关于宿舍斋务事宜，斋务员受秘书处事务课之指挥。

第五条　关于生活指导事宜，斋务员受生活指导员之指挥。

第六条　斋务员应在宿舍内寄宿。

第七条　本规则由校长核定施行，如有未尽事宜随时修改之。

来源:《国立浙江大学校刊》第102期，1932年9月10日

国立浙江大学学则　1932年

第一章　应试资格

第一条　本大学于每年暑假时举行入学考试，招收新生，其日期地点另时公布。

第二条　凡具有下列资格之一者，得报名应试。

1. 公立（即国、省、市、县立）或已立案之私立高级中学普通科与农、工、商、家事职业科毕业，得有正式毕业证书者。

2. 公立或已立案之私立高中师范科毕业，得有正式之毕业证书，而在学时并未受有免费待遇（全部或一部）者，或受有免费待遇，而毕业后曾在小学或其他教育事业服务满足一年，得有服务证明书者。

3. 公立或已立案之私立大学二年期预科毕业，得有正式毕业证书者。

4. 尚未立案之私立高级中学或大学二年期预科毕业，经主管之教育行政机关甄别试验及格，得有升学证明书者。

第三条　具有前条1、2、3各款资格之一者，如系在应试之学期毕业，尚未领到毕业证书时，得持原毕业学校之证明书报名应试（但录取者于入学时，仍须呈缴正式毕业证书，否则不得入学。）

第四条　工业、农业专门学校本科修业一年以上，持有转学证书暨成绩单者，得分别投考工学院、农学院一年级。

第五条　凡不合于第二、第四两条规定之资格者，概不得报名。来函请求通融或明知故问者，均不置答。

第六条　各学院学生男女兼收。

第二章　入学考试科目

第七条　入学考试科目如下：

1. 体格检查。

2. 党义。

3. 国文。

4. 英文。

5. a. 高等代数，解析几何，三角（文理学院数学系、物理学系、化学系，工学院各学系，及农学院森林学系依此标准）。

b. 算术，普通代数，平面几何（文理学院外国文学系、政治学系、教育学系、生物学系，及农学院农义学系、园艺学系、农业社会学系、蚕桑学系依此标准）。

6. 物理。

7. 化学（6、7两门，文理学院外国文学系、政治学系、教育学系选考一门，余均全考）。

8. 生物学（投考文、农两学院者，须考此门）。

9. 历史（世界，中国）。

10. 地理（世界，中国）（9、10两门，文理学院外国文学系、政治学系、教育学系全考，其余各学系选考一门；工、农两学院不考）。

以上2至10各科试验，均以高中毕业程度为标准。

11. 口试。

第三章　入学手续

第八条　入学手续如下：

1. 录取各生，应于开学之三日内，偕同保证人（保证人二人，须有固定职业，其一并须寓在杭州市，对于所保学生，能负一切责任者）前来本大学填写入学愿书及保证书。

2. 将规定应缴各费一次缴清。

3. 凭缴费收据换领入学住宿各证。凭入学证赴考入之学院报到，领取听讲证。住宿生凭住宿证入住宿舍。

第四章　纳费

第九条　每学期应缴各费如下：

学费　十二元

杂费　五元（通学生二元）

体育费　一元

代管各费（除学生团体费外，均盈还亏补）

制服费　十一元（冬服八元，军衣三元，第二学期须缴夏服费五元）（文理学院另收运动服费十二元）

书籍费　文理学院五十五元，工学院由学生自设委员会经理。农学院三十三元

讲义费　四元

预备费　六元

学生团体费　文理、工两学院各一元，农学院由学生自理

第五章　转学

第十条　先声明志愿编入某院某科系之某年级，俟关系之学院查明该科系年级尚有缺额，始准报名。

第十一条　报名时应与新生一律办理，并须同时呈验合格之大学修业证书成绩单及转学证书（转学证书得在入学时补缴但无转学证书者虽经录取不得入学。）

第十二条　志愿编级者，均须一律参加新生入学试验，入学试验及格者，始准参加编级试验。

第十三条　编级试验以该生编入之年级所已经修过之全部学程为范围，例如欲编入二年级者，须考一年级全部学程。

第十四条　志愿编级者，从前修过之学程在本大学非为必修者，无庸考试，亦不给学分。

第十五条　编级试验及格之学分不及该年级规定应修学分之半数时，不得编级，但得入一年级修学。

第十六条　编级试验于开学后行之。

第六章　旁听

第十七条　本大学得酌量情形收容旁听生。

第十八条　旁听生不得改为正式生，所修学程，不给予学分及其他证明文件。

第十九条　旁听生听讲科目，至多不得逾三学程。

第二十条　旁听生应缴各费，以学程为单位，每一学程每学期学费三元，实验费五元，讲义费一元。但旁听之学程，如不发讲义或无实验者，实验费及讲义费分别免缴。

第二十一条　志愿旁听者，应填具旁听请求书，送往志愿旁听之院，经院长核准，并转商有关系之教员许可后，由注册课通知缴费，给予旁听证听讲。

第二十二条　旁听生得通知书后，应请在本市有正当职业者二人为保证人，来本大学填具保证书。

第二十三条　旁听生不得寄宿本大学宿舍。

第二十四条　旁听生不得以本大学学生资格参加校内外一切活动。

第二十五条　旁听生须遵守本大学一切规则，否则停止其旁听。

第七章　学分及成绩考查

第二十六条　本大学采用学分制，但学生修业期限至少四年。

第二十七条　本大学学科分为必修选修两种，均于各系学程中详细规定。除各系共同必修科外，学生当按照其本系规定之学程切实习完各科。

第二十八条　各学科以学分为单位，每学期每周上课一小时，并须二小时以上之自习者，或实习二小时至三小时者为一学分。

第二十九条　学生至少须修满学程一百三十二学分（党义、军训、体育除外）始得毕业。

第三十条　每学期学生所修功课，不得少于十五学分，亦不得超过二十一学分（党义、军训、体育除外）。

第三十一条　学生前学期成绩总平均不及七十分者，所修功课，除各院有特殊规定者外，不得超过十八学分。

第三十二条　每学程之成绩，以六十分为及格；在六十分以下，五十分以上者，得补考一次，补考分数最多以六十分计算，在五十分以下者不给学分，并不得补考；如系必修科，须重习之，但重习以一次为限。

第三十三条　学生全年所修学分，经补考后，尚有五分之二（党义、军训、体育除外）不及格者，即令退学。

第八章　试验

第三十四条　每学期试验次数，由担任各学程之教员酌定之；但至少须举行试验二次以上。

第三十五条　学生关于试验事项，不得有所请求。

第三十六条　除学期学年考试，由各院编定日程外，其临时试验时期，由担任学程教员决定之。

第三十七条　临时试验，学生因故缺席经院长准许者，得请求补考。每学期以一次为限。

第三十八条　学生参加试验时，如不遵守试场规则，其试卷无效。如有舞弊夹带等情，应令其退学。

第九章　请假及缺课

第三十九条　学生缺课及寄宿生因特别事故，须在外住宿时，均须请假。

第四十条　学生缺课应向本院院长请假；因故须在校外住宿者，应向生活指导员请假，均须声明理由填具请假书。

第四十一条　请假期间在二日以上者，事假有家长函件证明；病假须有医生证明书。

第四十二条　学生未经准假缺课者，以旷课论；未经准假在校外住宿者，酌量情形，分别予以儆戒。

第四十三条　学生旷课，一学期内至二十小时者，本学期不给学分。

第四十四条　学生缺课（包括请假及旷课）一学期内共满一百小时者，本学期不给学分。

第四十五条　学生请假准许者，应于销假时，将请假单缴还注销。否则自假满之时起，仍以未经准假论。

第十章　休学

第四十六条　学生如因重病经医生证明或重要事故经家长或保证人之证明，得暂请休学。

第四十七条　休学须经本大学许可。

第四十八条　休学期限，以一年为度，期满不来校复学者，以退学论。

第十一章　退学

第四十九条　有下列情形之一者，应予退学：

（1）成绩不及格，照章应予退学者。

（2）逾入学限期，不到校注册，又未请假者。

（3）身体欠健全，或得有危险症候，经校医证明，不能求学者。

（4）品行不良，违犯校规者。

（5）因不得已事故，自动声请退学者。

第五十条　除（4）项外，凡退学者，学校均给予转学证书，但退学后，不得复请入学。

第十二章　补考

第五十一条　凡学生在一学期内某学科平均成绩在六十分以下，五十分以上者，得准补考。

第五十二条　凡因不得已事故（如亲丧、疾病等），在准假期内，未参与学期试验者，得请补考。

第五十三条　准予补考之学科，在次学期开学后一星期内举行补考。

第五十四条　补考以一次为限，逾期不考，不得重请补考。

第五十五条　凡未经请假，擅自缺考者，不准补考。

来源：《二十一年度国立浙江大学法规与学则》，原件现收藏于浙江省图书馆孤山古籍部

国立浙江大学学生应修学分及成绩考查法　1932年9月修正

一、本大学采用学分制，但学生修业期限至少四年。

二、本大学学科分为必修选修两种，均于各系学程中详细规定。除各系共同必修科外，学生当按照其本系规定之学程切实习完各科。

三、各学科以学分为单位，每学期每周上课一小时，并须二小时以上之自习者，或实习二小时至三小时者为一学分。

四、学生至少须修满学程一百三十二学分（党义、军训、体育除外）始得毕业。

五、每学期学生所修功课，不得少于十五学分，亦不得超过二十一学分（党义、军训、体育除外）。

六、学生前学期成绩总平均不及七十分者，所修功课，除各院有特殊规定者外，不得超过十八学分。

七、每学程之成绩，以六十分为及格；在六十分以下，五十分以上者，得补考一次，补考分数最多以六十分计算，在五十分以下者不给学分，并不得补考；如系必修科，须重习之，但重习以一次为限。

八、学生全年所修学分，经补考后，尚有五分之二（党义、军训、体育除外）不及格者，即令退学。

来源：《国立浙江大学校刊》第104期，1932年9月24日

国立浙江大学学生试验规则　1932年

一、每学期试验次数，由担任各学程之教员酌定之；但至少须举行试验二次

以上。

　二、学生关于试验事项，不得有所请求。

　三、除学期常年考试，由各院编定日程外，其临时试验时期，由担任学程教员决定之。

　四、临时试验，学生因故缺席经院长准许者，得请求补考，每学期以一次为限。

　五、学生参加试验时，如不遵守试场规则，其试卷无效。如有舞弊夹带等情，应令其退学。

来源:《国立浙江大学校刊》第102期，1932年9月10日

国立浙江大学学生退学规则　　1932年

　一、有下列情形之一者，应予退学：

（1）成绩不及格，照章应予退学者；

（2）逾入学限期，不到校注册，又未请假者；

（3）身体欠健全，或得有危险症候，经校医证明，不能求学者；

（4）品行不良，违犯校规者；

（5）因不得已事故，自动声请退学者。

　二、除（4）项外，凡退学者，学校均给予转学证书；但退学后，不得复请入学。

来源:《国立浙江大学校刊》第102期，1932年9月10日

国立浙江大学学生休学规则 1932年

一、学生如因重病经医生证明或重要事故经家长或保证人之证明，得暂请休学。

二、休学须经大学许可。

三、休学期限，以一年为度，期满不来校复学者，以退学论。

来源:《国立浙江大学校刊》第102期，1932年9月10日

国立浙江大学学生请假及缺课规则 1932年

一、学生缺课及寄宿生因特别事故，须在外住宿时，均须请假。

二、学生缺课应向本院院长请假；因故须在校外住宿者，应向生活指导员请假，均须声明理由填具请假书。

三、请假期间在二日以上者，事假须有家属函件证明；病假须有医生证明书。

四、学生未经准假缺课者，以旷课论；未经准假在校外住宿者，酌量情形，分别予以惩戒。

五、学生旷课，一学期内至二十小时者，本学期不给学分。

六、学生缺课（包括请假及旷课）一学期内共满一百小时者，本学期不给学分。

七、学生请假准许者，应于销假时，将请假单缴还注销。否则仍以未经准假论。

来源:《国立浙江大学校刊》第101期，1932年9月3日

国立浙江大学旁听规则　1932年

一、本大学得酌量情形，收容旁听生。

二、旁听生不得改为正式生，所修学程，不给予学分及其他证明文件。

三、旁听生听讲科目至多不得逾三学程。

四、旁听生应缴各费，以学程为单位，每一学程每学期学费三元，实验费五元，讲义费一元。但旁听之学程，如不发讲义或无实验者，实验费及讲义费分别免缴。

五、志愿旁听者，应填具旁听请求书，送往志愿旁听之院，经院长核准，并转商有关系之教员许可后，由注册课通知缴费，给予旁听证听讲。

六、旁听生得通知书后，应请在本市有正当职业者二人为保证人，来本大学填具保证书。

七、旁听生，不得寄宿本大学宿舍。

八、旁听生不得以本大学学生资格参加校内外一切活动。

九、旁听生须遵守本大学一切规则，否则停止其旁听。

来源：《国立浙江大学校刊》第107期，1932年10月15日

国立浙江大学补考规则　1932年

一、凡学生在一学期内某学科平均成绩在六十分以下，五十分以上者，得准补考。

二、凡因不得已事故（如亲丧、疾病等），在准假期内，未参与学期试验者，

得请补考。

三、准予补考之学科，在次学期开学后一星期内举行补考。

四、补考以一次为限，逾期不考，不得重请补考。

五、凡未经请假，擅自缺考者，不准补考。

来源:《国立浙江大学校刊》第107期，1932年10月15日

国立浙江大学运动选手规则　1932年

一、凡本校学生经体育部主任及各体育教员认为体育成绩优良、品行端正者，征得本人同意后得为本校运动选手。

二、本校各种选手队分正式队及预备队两种（田径赛无预备队），正式队在参加对外比赛前临时由预备队中选择组织之，预备队对外只能作友谊比赛，不能代表本校参加任何正式比赛。

三、本校各种选手队虽为运动兴趣而组织，对于选手并无任何特殊待遇。

四、本校学生有下列情事之一者不得充当选手：

甲、最近学期学业成绩不满六十五分者

乙、经校医检查认为不适于所参加之运动者

丙、违反选手规则及不服从指导员者

丁、技术虽佳而精神不良者（本校对于选手首重精神优劣技术次之）

五、凡在本校修学不满一学期者不得参加对外比赛。

六、正式队对外比赛之参加与否由体育部主任商承校长决定之，预备队对外友谊比赛由该队指导员决定之。

七、各选手队每队应选举队长一人、干事一人，在体育教员指导之下办理各该队事务。

八、选手在比赛时如有违背运动道德之行为，由体育部主任或指导员警告之，仍有越规举动当照校章予以严格之惩戒。

九、各队选手运动服暂由学校预备编定号数，归体育部保管，遇比赛时选手得按规定号数临时取用，用毕立即交还，平时不得穿着。

十、篮球排球网球正式选手队所用之鞋暂由学校预备编定号数，归体育部保存，遇比赛时各选手亦按规定号数临时取用，用毕即刻交还，平时不得穿着。

十一、足球棒球及田径赛选手用鞋暂由学校预备，但必须照原价半数纳费，每年一次，归选手个人保存，以便随时练习应用。

十二、正式选手队参加校外比赛遇地点较远时，其旅费由本校供给之，预备队对外友谊比赛遇特殊情形时可酌备车资。

十三、本校各项选手队每学期改组一次，在每学期之终各项选手队即告结束。

十四、各队选手得以练习时间代替体育正课，但必须按时出席，否则以旷课论。

十五、凡充当本校正式选手，曾代表本校参加对外比赛二年以上，且精神纯良、严守选手规则者，于毕业时得由本校给与纪念奖品以资奖励。

十六、如有临时发生事故未经本规则订明者，由体育部主任商承校长处理之。

十七、本规则遇必要时得由体育部主任商承校长修正之。

来源：《国立浙江大学校刊》第108期，1932年10月22日

国立浙江大学体育学程及实施办法　1932年

第一条　目标

一、供给全校学生身体活动之机会，施行适合教育原则之体育学科，培养侠

义勇敢团结合作之精神，练成健全之体格及适应环境之能力。

二、使学生明了体育之意义及价值，增进其技能及兴趣，俾养成以运动为娱乐之习惯。

第二条　学科

一、竞赛运动

此科为体育学科之最主要者，注重各种竞赛运动技能及精神之养成，其中包括各种球类游戏及田径赛运动。

二、个人体操

凡身体姿势不良需特别矫正者，或因病不能作激烈运动、经体育教员与校医商同检查并得体育部主任之许可者，得选修之。

三、重器械操

此科专授单杠、双杠、木马及其他器械上之活动。

四、垫上运动

此科包括简易之摔角、翻斛斗、叠罗汉及其他个人或团体之技巧活动。

五、游泳

六、国术

七、舞蹈及团体游戏

八、于必要时得增设其他体育学科

第三条　实施办法

本校体育实施办法分体育正课及课外活动两种：

甲　体育正课

一、大学体育正课定为必修三年，每周两小时，每学期一学分（本学年农工两院暂由一年级起始必修，其余各年级得自由选修，照给学分），第三学年不能达到毕业标准者必须续修，第四学年仍不及格者不得毕业。

二、高中体育自本年起各年级一律定为必修科，每周两小时，每学期一学分，第三学年必须达到毕业标准，否则不得毕业。

三、本校体育原拟分科选修，但在设备未足用以前暂时按季教练各种球类游戏及田径赛运动。

四、本校体育以分组上课为原则，按照学生身体强弱、技术优劣分为若干组，以便上课时各得其适当之活动机会而易于发生兴趣。

五、上课时必须一律穿着运动服及软底鞋。

六、必要时在教室上课讲授各种运动规则方法及体育常识。

七、学生体育成绩分平时考查及学期试验两种，平时考查注重上课之精神及技术之进步，学期试验用技术测验（其标准另定之），二者平均作为学期成绩。

【附则】

一、每学年全校学生各举行体力试验一次，以便考查学生之体力。

二、每学年之始举行健康检查一次，考查学生身体之情形，以便指导其对于体育方面及日常生活上应注意之点。

乙　课外活动

课外活动亦为体育学程中之重要部分，因学生每日皆须运动，而体育正课每周两小时仅能指导各种运动方法，故在体育正课之外应有各种课外活动，使全校学生皆参加运动比赛，各年级、各学系皆有互相接触之机会，如此则全校学生有一种普遍而继续不断之活动，其办法分校内及对外两种，分述如下：

一、校内体育课外活动

（一）本校学生得自由组织各种球队或其他运动团体，在课外时间内练习或比赛。

（二）本校于每学年之中按季举行各种校内运动比赛。

（三）各种校内比赛分期举行如下：

九月至十月	网球
十一月至一月	足球　越野赛跑
三月	篮球　竞走
四月	田径赛运动会
五月	排球　垒球
六月	游泳

（四）本校于每学年中举行运动会一次，其主要项目为田径运动，并其他体

育之表演及游艺。

（五）校内运动会及各种比赛皆不分院际。

（六）凡本校学生每学年至少须参加一种校内运动比赛。

（七）各种比赛单位视比赛之性质而定。

（八）各种比赛之评判、检查、宣传等事务均由体育教员领导学生办理之。

（九）各种比赛之优胜者得由本校给与纪念奖品，其办法由体育部主任商承校长订定之。

（十）各种比赛均照最近全国通用规则，遇有特殊情形必须变更时，由体育部规定之。

二、对外体育活动

（一）本校为训练学生良好社会行为及增进运动兴趣起见，得令学生于相当训练后用本校名义参加各种对外运动比赛及其他体育表演。

（二）凡由各年级学系或私人组织之球队未经相当训练或未得体育部之许可者，不得作对外比赛。

（三）遇有对外比赛时，本校学生得前往欢呼助兴，但不得有违背运动道德之行为，如有越举行动，即照校章予以严格之惩戒。

（四）对外比赛除增进体育效能外，尚有教育及社会之价值，但在一般社会所提倡者，往往目的错误、办法不良，以至流弊甚多，本校对此自当慎重从事，兹将本校参加对外比赛之宗旨列下并选手规则附述于后：

本校参加对外比赛之宗旨：

1.借对外比赛以训练学生之良好社会行为，并增进其运动技术及兴趣。

2.以高尚之精神影响社会一般之体育。

（五）本办法经校长核准后施行。

（六）本办法遇必要时得由校长及体育部主任商酌修正之。

来源：《国立浙江大学校刊》第112期，1932年11月19日

国立浙江大学指导学生生活纲领　　1932年

第一条　关于大学者

一、养成优美朴实勤劳刻苦之学风。

二、养成各学院学生合作互助之习惯。

第二条　关于学生个人生活者

一、养成学生自动遵守学校各种规则之习惯。

二、养成学生对于教职员敬爱互助之观念。

三、养成学生有秩序、有条理、整齐清洁之日常生活。

四、养成学生自动研究学问之兴趣。

五、养成学生喜勤劳爱运动之习惯。

六、养成学生读杂志报章、注意时事之习惯。

七、养成学生爱护公物之习惯。

八、养成学生服务社会勇敢牺牲之精神。

九、养成学生独立自尊、爱学校、爱国家、爱民族之观念。

十、矫正学生放肆、浪漫、卑劣之行为，不良之嗜好与习惯，偏激之思想，谬误之言论行动。

十一、在可能范围内尽量帮助学生解决各种困难问题。

第三条　关于学生团体生活者

一、应用民权初步切实提倡学生自治事业，并养成学生遵守公约及服从公意之习惯。

二、矫正学生孤僻不合群之习惯，使人人尽量参加团体活动。

三、鼓励学生在法律范围内参加一切爱国运动。

四、辅助学生组织各种学术研究会。

五、辅助学生出版各种刊物。

六、辅助学生组织讲演会、辩论会以练习言语技能。

七、鼓励学生参加运动会、军事训练、会操、远足队、野外宿营等以锻炼身体。

八、辅助学生设立正当娱乐团体，举行各种游艺会、音乐会等，使闲暇时身心有所寄托。

九、利用各种集体结社，养成学生办事能力。

十、利用假期组织旅行团、参观团，以明了社会情形、人民疾苦。

来源：《国立浙江大学校刊》第102期，1932年9月10日

国立浙江大学学生团体组织通则　1932年

第一条　本大学各种学生团体之组织除另有规定者外，概依本通则办理。

第二条　本大学学生团体分为学生自治会、级会、各系学会及其他各种会社等。

第三条　本大学各种学生团体概须先向生活指导员声请登记，经生活指导员转陈校长核准后始得组织。

第四条　各种学生团体之活动均应请生活指导员参加。

第五条　各种学生团体之活动，生活指导员认为有疑难时得转陈校长作最后之决定。

第六条　各系学会及其他学术团体组织时应先得本系主任或院长之同意，开会时应请院长、系主任或其他教授参加指导一切。

第七条　各种学生团体之组织规章须报由生活指导员核转校长各案。

第八条　本通则由校长公布施行，如有未尽事宜得临时修改之。

来源：《国立浙江大学校刊》第104期，1932年9月24日

国立浙江大学学生宿舍规则 1932年

（一）每一宿舍舍长、副舍长各于每学期开学时由学生自行推举。

（二）舍长、副舍长有辅助大学施行各项规章命令及向大学陈述学生共同意见之义务。

（三）学生在宿舍内不得喧哗歌唱及玩弄乐器。

（四）宿舍电灯启闭均有定时，学生不得私接电线及燃油烛。

（五）宿舍内概不得留外人住宿，并不得在室内会客。

（六）宿舍内不得存放危险物。

（七）服装用具须随时整理，对于公共物件如有损坏须照价赔偿。

（八）学生患病应即报告生活指导员，同时请校医诊视，病势重者须送疗养室或医院居住。

（九）男女学生须在会客室会见，男生不得入女生寝室，女生亦不得入男生寝室。

（十）寒暑假内学生不得留校住宿，但因特别原因得校长准许者不在此限。

（十一）生活指导员应随时视察宿舍，有违背本规则者予以纠正。

来源:《国立浙江大学校刊》第101期，1932年9月3日

国立浙江大学各院图书馆通则 1932年

第一条　本大学各院图书馆之藏书室除本大学教职员外，任何人不得擅入，如有必须入室参考者，须先得各该馆管理员之许可，并由其引导。

　　第二条　本大学各院图书馆书籍分通常与特殊二种，通常书籍可随时出借，特殊书籍仅限于各该馆内阅览，概不出借。

　　特殊书籍之种类如下：（1）珍本及稿本（2）通用参考书（3）教员指定之参考书（4）捐赠图书（经捐赠人声明不出借者）（5）寄存图书（6）新闻纸及杂志。

　　第三条　借阅图书如借阅者有圈点、批改、涂抹、割裂、污损或遗失等项情形之一，应照全书之原价赔偿，原书除系遗失者外仍须缴还。

　　第四条　阅览人在各院图书馆中均不得朗诵、谈话、吸烟、饮食、随地涕唾及做其他一切妨害他人之举动，否则各该馆管理员得制止之或报告本大学图书课停止其应用本大学所有各院图书馆之权利。

　　第五条　本大学各院图书馆所设各室之开放时间另订之。

　　第六条　本通则由校长核定施行，如有未尽事宜得随时修改之。

来源：《国立浙江大学校刊》第106期，1932年10月8日

国立浙江大学各院图书馆阅览室规则　1932年

　　第一条　各院图书馆阅览人取阅书报杂志时须用各该馆印制之索书卷按条填明交存阅览室职员，阅毕缴还时须将索书券取回。

　　第二条　参考书应就专设之书台检阅，如有长篇须归坐摘录者，录毕即须归还原处以免凌乱。

　　第三条　新到陈列架上之杂志均可自由取阅，但阅毕仍须归还原处。

　　第四条　取阅之书报、杂志、参考书均不得携出室外。

　　第五条　阅览人所阅书籍如未阅毕而因事离室时应先缴还。

　　第六条　各院图书馆阅览室职员得随时索验阅览人之借书证。

　　第七条　各院图书馆阅览室开放时间如下：

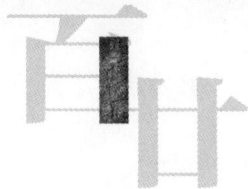

每日　上午八时至十二时　下午一时至五时　晚间七时至九时

星期日上午九时至十一时　晚间七时至九时

第八条　寒暑假期中各院图书馆阅览室开放时期：

每日上午八时至十二时

星期日停止阅览

国立浙江大学教职员借书规则　　1932年

第一条　教职员借书证由本大学秘书处图书课制发，以后每次向各院图书馆借还书籍时须将此证缴验，此项借书证借书人须留意保存，倘有遗失应立即通知图书课转告各院图书馆作废，否则他人拾得冒借之书仍归原领借书证人负责。

第二条　教职员借阅图书，西文书以十册为限，中文书以三十册为限，在前书未还之先不得再借他书（图书之装成幅帙者以一幅一帙为一册）。

第三条　教职员借阅图书以一个月为限，惟因编述讲义而须常用参考者借用期限得与各该馆管理员另行商定之，但仍受本规则第四条及第五条之限制。

第四条　每届寒暑假时借出图书必须缴还以备清理。

第五条　教职员所借各书因特别原因各院图书馆得随时通知取还。

第六条　教职员借阅图书须遵守本大学各院所订之通则。

第七条　图书借出以每日上午九时至十二时，下午二时至五时为限，星期日及休假日均停止出借。

国立浙江大学学生借书规则　1932年

第一条　各学院学生于每学期开始时须将注册证送至图书课领取借书证，然后方可向各院图书馆借阅图书，此后每次借阅图书均须缴验此项借书证，借书人须留意保存倘有遗失应立即报告图书课转知各院图书馆作废，否则他人拾得所借之书，仍归原领借书证人负责。

第二条　借阅图书以四册为限，在前书未还之先不得再借他书（图书之装成幅帙者以一幅一帙为一册）。

第三条　借阅图书以二星期为限，倘届期而仍未阅完时可续借一次，续借期限与第一次同。

第四条　无论何人，借书期内不缴还者概不得另借他书，经该馆管理员催索后仍不缴还得没收其保证金全部或一部。

第五条　借出图书至寒暑假假期前三日或接各该馆索书通知时，无论已未满期，均须缴还。

第六条　图书借出时借书人须仔细检查，如有污损、脱落或已有涂改之处可向各该馆办事人员声明，以免借出后负责。

第七条　图书借出以每日上午九时至十二时，下午二时至五时为限，星期日及休假日停止出借。

来源：《国立浙江大学校刊》第106期，1932年10月8日

国立浙江大学冬季燃烧火炉火盆办法　1932年

（一）冬季燃火时间暂定八星期。

（二）室内温度在华氏四十度以下方得燃火，中午如在四十四度以上，下午即停止燃火。

（三）星期例假及寒假日停止燃火。

（四）燃火钟点每日自上午八时至下午五时，夜间办公者至规定之办公时间为止。

（五）煤炭每星期发给一次，每一炭盆每星期发炭两篓，每一火炉每星期发煤二百斤。

（六）除办公室、实验室、系主任办公室外，凡私人燃火概归各人自理。

（七）事务课庶务员每日上午八时、中午十二时、下午五时应登记度数以便作将来发给煤炭时之标准。

来源：《国立浙江大学校刊》第115期，1932年12月10日

国立浙江大学图书委员会规程
1933年1月12日校务会议第十九次常会通过

第一条　本委员会依照本大学组织规程第二十二条之规定组织之。

第二条　本委员会委员人数，定为七人至九人，由校长于教职员中聘任之，但图书课主任为当然委员。

第三条　本委员会之职务如下：

一、拟订关于图书之计划，供校务会议之采纳。

二、议决关于图书之重要事项。

第四条 本规程于校务会议通过后，由校长核准公布施行，如有未尽事宜，由校务会议随时修改之。

来源：《国立浙江大学校刊》第120期，1933年1月14日

教育部关于任命郭任远为国立浙江大学校长的训令
教育部训令（第二四二七号） 1933年3月22日

令国立浙江大学：

行政院第一一八四号训令开："案准国民政府文官处第一〇四四号公函开：'奉国民政府令开："国立浙江大学校长程天放另有任用，程天放应免本职，此令。"又奉令开："任命郭任远为国立浙江大学校长，此令。"各等因，奉此。除填发任状并公布外，相应录案，函达查照，转饬教育部遵照并查取该校长履历赍呈备查等由。'准此。合行令仰该部知照。"等因；合行令仰该大学知照，并即缮送该校长履历，以凭转呈。此令。

教育部部长 朱家骅

来源：浙江大学档案馆藏复制件

国立浙江大学学生操行考查规则　1933年

一、操行记分分甲、乙、丙、丁四等，甲为最优等，乙为优等，丙为平常，丁为劣等。

二、院长、系主任、系专任教授、生活指导员均负有考查学生操行之责任。

三、学生操行成绩，每学期由负责考查者报告一次（报告表式另附），交由生活指导员汇集综计之，即为各生学期操行成绩。送交注册课。

<table>
<tr><td colspan="2" align="center">学生操行考查表</td></tr>
<tr><td colspan="2" align="center">月　　份</td></tr>
<tr><td colspan="2">考查者</td></tr>
<tr><td align="center">学生姓名</td><td align="center">操行等级</td></tr>
<tr><td></td><td></td></tr>
<tr><td></td><td></td></tr>
<tr><td></td><td></td></tr>
<tr><td></td><td></td></tr>
<tr><td></td><td></td></tr>
</table>

来源:《国立浙江大学校刊》第120期，1933年1月14日

国立浙江大学学生自治会会章　1933年

第一章　总纲

第一条　本会定名为国立浙江大学学生自治会。

第二条 本会本三民主义之精神，作成同学在本大学内之自治生活，并促进其智育、体育、群育之发展为目的。

第三条 本会会址设于本大学内。

第二章 组织

第四条 本会以本大学全体同学组织之。

第五条 本会组织系统如下表：

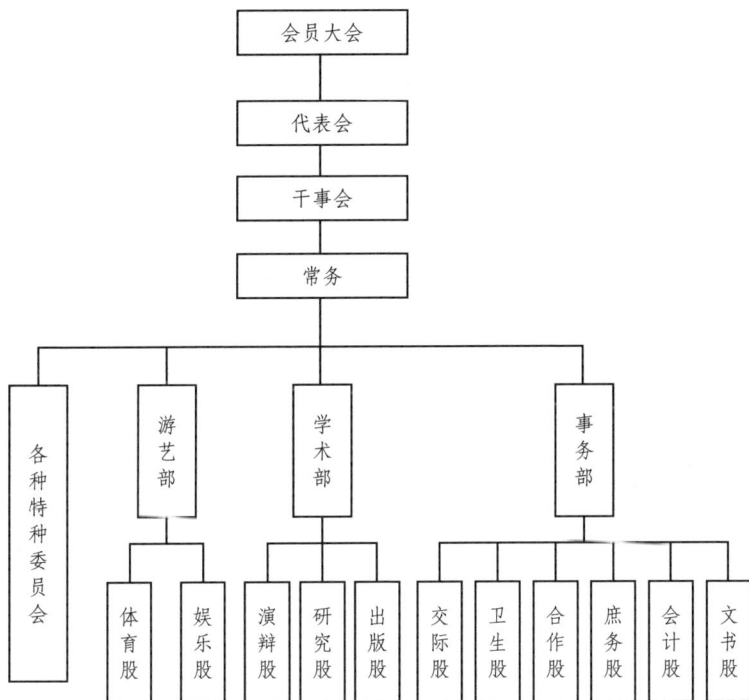

```
                    会员大会
                       |
                     代表会
                       |
                     干事会
                       |
                      常务
        ┌──────┬──────┼──────────────┐
      各种    游艺部   学术部          事务部
      特种          ┌──┬──┐   ┌──┬──┬──┬──┬──┐
      委员会  ┌─┐  演 研 出   交 卫 合 庶 会 文
             体 娱  辩 究 版   际 生 作 务 计 书
             育 乐  股 股 股   股 股 股 股 股 股
             股 股
```

第六条 本会之最高权力机关为会员大会，在会员大会闭会期间为代表会，在代表会闭会期间为干事会。

第七条 代表会由各院代表组织之，每院人数在二百人以下者产生十五人，二百人以上者，每二十人增加一人。

第八条 代表会设主席一人，秘书二人，由各代表互选之。

第九条　代表会之代表每学期改选一次，于第一次集会时提出，干事会候选干事三十人（其中每院至少须八人），再由全体会员总投票产生干事十五人，组织干事会，但每院至少须有干事四人；候补每院各二人。

第十条　干事会设常务干事一人，各部设部长一人，各股设股长一人，其职务由干事互选分掌之。

第十一条　干事会各股遇必要时，得聘股员若干人，由各股股长提出人选，经干事会通过聘请之。

第十二条　本会于必要时，由会员大会或代表会之议决均得设立特种委员会，隶属于干事会下。

第三章　职权

第十三条　代表会有议决本会进行工作大纲及审查预算之权。

第十四条　代表会主席有召集代表会及会员大会之权。

第十五条　代表会秘书司记录及保管印信等事项。

第十六条　干事会有执行会员大会及代表会之议决案之责。

第十七条　干事会常务干事有处理日常事务及召集干事会之权。

第十八条　干事会各股之职权如下：

文书股掌理会议记录，起草文电，及保管印信等事项。

庶务股掌理购办布置等事项。

会计股掌理收费、保款、收支、记账等事项。

卫生股掌理膳食清洁及一切关于卫生等事项。

合作股掌理一切合作事项。

交际股掌理一切对外交际等事项。

出版股掌理出版刊物事项。

研究股掌理学术研究等事项。

演辩股掌理演说辩论等事项。

娱乐股掌理娱乐游艺等事项。

体育股掌理各种运动及球类比赛等事项。

第十九条　本会职员除规定外，不得兼职，但特种委员会职员，不在此例。

第四章　会议

第二十条　会员大会学期始末，各开一次，在开学后二周内及放假前二周内举行之。

第二十一条　会员大会主席及记录，由代表会主席及秘书兼任之。

第二十二条　会员大会须有会员二分之一以上出席为法定人数。

第二十三条　临时会员大会遇必要时，得由会员五分之一以上连名之要求经代表会之议决，由代表会主席召集之。

第二十四条　代表会每月开会一次，遇必要时经干事会之请求，或代表会代表三分之一，或会员五分之一以上之建议，由主席召集临时会议。

第二十五条　干事会每二星期开会一次，遇必要时得开临时会，由常务干事召集之。

第五章　任期

第二十六条　本会职员任期以一学期为限，连选得连任之。

第六章　经费

第二十七条　本会经常费每学期每会员缴会费银一元，遇必要时，得由会员大会议决，向会员另征临时费，或请求学校补助之。

第二十八条　附则

1. 本会章程遇有不妥处，得于学期开始时，在会员大会中修改之。

2. 本会章程经会员大会通过后施行。

来源：《国立浙江大学校刊》第151期，1933年11月11日

国立浙江大学演讲委员会规则 1934年

第一条　本委员会依照本大学组织规程第二十二条之规定组织之。

第二条　本委员会委员人数定为五人至七人，由校长于大学教职员中聘任之。

第三条　本委员会职务如下：

（一）敦请名人演讲；

（二）规定演讲日时；

（三）举办学生演讲竞赛及辩论会等事；

（四）审查演讲记录。

第四条　本委员会延请演讲人选，须先商得校长同意。

第五条　学生演讲竞赛及辩论，均各分国语英语两组；每学期各举行一次。（惟本学期因时间关系，暂先举行国语演讲竞赛，其详细规则另订之。）

第六条　演讲记录经审查后，由本委员会主席送交秘书，转发各刊物登载。

第七条　本规则由校长核准后公布施行。

来源:《国立浙江大学校刊》第186期，1934年10月30日

国立浙江大学学则第九章缺席修正条文 1934年

第九章　缺席

第四十一条　缺席分缺课与旷课两种，准假缺席为缺课，未经告假或告假未准之缺席为旷课。

第四十二条　开学时学生不能如期到校注册，来函告假逾一学期授课时间

（作二十周计算）之五分之一者，不得入学，惟可改请休学，否则以退学论。

第四十三条　凡学程讲授一小时者，缺课一小时即一次，实习每次或二时三时不等，作一次算。学生非因亲丧、疾病不得告一日以上之假。告假不满一日者，应于事前至注册课填具请假事由，及缺席学程单。告假在一日以上者，应于事前向所属院长呈验确实证据（如校医发给之患病证明单，或家长签字盖章之来书等），填具请假事由及缺席学程单，待经核准，转知注册课登记，始准缺课，不照上项手续请假及事后补请者，均无效（如因病本人不能办理，可请人照此手续代为请假）。

第四十四条　上课时学生在点名后到堂者，概为迟到，迟到三次，以缺课一次论。

教员迟到时，学生须在教室内静候十分钟，过时教员不到，始可下课，凡未满十分钟即行退席者，以旷课论。

第四十五条　旷课一次等于缺课二次。

第四十六条　全校、全院、全系、全级、全班等团体请假，一概不准。

第四十七条　学生缺席（兼指缺课旷课）达下列期限者，照下列规定分别惩处：

（一）凡在一学期内，在各学程之缺席总数，达全学期授课时间之五分之一者（即四星期，等于其每周所修学分数之四倍），所修学程概无学分；

（二）凡在一学程内，缺席次数满该学程授课时间之五分之一者，该学程不给学分。

来源：《国立浙江大学校刊》第161期，1934年2月24日

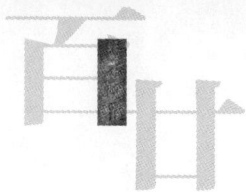

修订国立浙江大学学则　　1934年2月27日

国立浙江大学布告　第二号

查本大学学则第三十二条载：

"学生全年所修学分，经补考后，尚有五分之二（党义、军训、体育除外）不及格者，即令退学。"等语，兹修正为

"学生每学期所修学分经补考后，尚有五分之二（党义、军训、体育除外）不及格者，即令退学。"等语。

自本学期起实行。合行布告通知。

此布。

校长　郭任远

来源：《国立浙江大学校刊》第162期，1934年3月3日

修正国立浙江大学奖学金及免费学额规则　　1934年3月22日

国立浙江大学布告　第十号

兹修正本大学奖学金及免费学额规则，公布之。此布。

校长　郭任远

第一条　本大学为奖进学生学业，及操行起见，设奖学金及免费学额。

第二条　每系人数在五十人以下者，设置一名；五十人以上者，设置二名。奖金每名五十元。

第三条 凡受前条奖学金者，并由本大学给予奖学金证书。

第四条 凡本大学正式生，合于下列各标准者，得受奖学金：

1. 操行优良，从未旷课，而一学期内请假时间，在十小时以内者。（纪念周未请假而缺席，亦作旷课。）

2. 在所属学系中，学期总成绩最高，平均分数在八十五分以上，各科在七十五分以上者。

3. 党义、军事训练及体育成绩，在七十分以上者。

第五条 奖学金之授予，于每学期终了时，由注册课按照标准，提出人选，由奖学金委员会审定，呈由校长核准之。

第六条 成绩次优之学生，受名额及规定之限制，得由奖学金委员会，呈准校长，酌免次学期学费。

第七条 奖学金委员会之组织另定之。

第八条 本规则由校长核准施行。

来源：《国立浙江大学校刊》第166期，1934年3月31日

大学研究院暂行组织规程

教育部第五六一九号训令，1934年5月19日公布

第一条 大学为招收大学本科毕业生研究高深学术，并供给教员研究便利起见，得依大学组织法第八条之规定，设研究院。

第二条 研究院分文、理、法、教育、农、工、商、医各研究所，称文科研究所、理科研究所、法科研究所、教育研究所、农科研究所、工科研究所、商科研究所、医科研究所。凡具备三研究所以上者，始得称研究院，在未成立三研究所以前，各大学所设各科研究所，不冠用研究院名称。

第三条　各研究所依其本科所设各系分若干部，称其研究所某部（例如理科研究所物理部）。各研究所依各大学经费、师资与设备情形得陆续设立各部，或仅设置一部或数部。

第四条　研究院研究所暨研究所属各部之设置，须经教育部之核准。

第五条　设置研究院所之大学，须具备下列各条件：一、除大学本科经费外，有确定充足之经费，专供研究之用。二、图书仪器建筑等设备，堪供研究工作之需。三、师资优越。

第六条　大学研究院设院长一人，得由校长兼任。各研究所及所属各部各设主任一人。

第七条　招收研究生时，以国立、省立及立案之私立大学与独立学院毕业生经公开考试及格者为限，并不得限于本校毕业生。在外国大学本科毕业者亦得应前项考试。研究院各研究所或部于必要时得停止招收研究生。各大学依本规程所招收之研究生，应于取录后一个月内连同资格证件报部审核备案。

第八条　在学位法未颁布以前，各研究生研究期限暂定为至少二年，期满考核成绩及格，由大学发给研究期满考试及格之证件。前项考试机关应有经部核准之校外人员参加，其详细规则另定之。

第九条　研究生应习之课程及论文工作，由各校详细拟订，呈经教育部核定。

第十条　研究生不得兼任校内职务。

第十一条　研究生成绩优异者得给予奖学金，其名额及金额由各校自定之。

第十二条　独立学院得准照本规程各条之规定设置研究所。

第十三条　各大学或独立学院在本规程公布前，已设置研究所者，应依照本规程第四条、第五条之规定，呈请审核，经审核认可者方得继续设立。

第十四条　本规程自公布之日施行。

附抄修正大学研究院暂行组织规程第十条条文（教育部第一四〇九号训令颁发，民国二十八年六月二十三日）

第十条　研究生不得兼任校内职务，但助教不在此限。

修正国立浙江大学组织规程　　1935年2月

第一章　总则

第一条　本大学定名为国立浙江大学。

第二条　本大学依据中华民国教育宗旨及实施方针，以阐扬文化，研究学术，养成健全品格，培植专门人才为宗旨。

第二章　学制

第三条　本大学暂设下列各学院学系：

一、文理学院　内设外国文学（英文组）、教育、数学、物理、化学、生物等六学系；

二、工学院　内设电机工程、化学工程、土木工程、机械工程等四学系；

三、农学院　内设农业植物、农业动物、农业社会等三学系。

第四条　本大学修业期限，定为四年。学生毕业后，得分别称文理工或农学士。

第五条　本大学受浙江省政府之委托，设代办高级工业职业学校及高级农业职业学校，分别附隶于工农两学院。其规程另定之。

第六条　本大学设校长一人，总辖校务，由国民政府任命之。

第七条　本大学设秘书长一人，由校长聘任，秉承校长，处理校务。

第八条　本大学设教务长一人，由校长聘任，秉承校长、秘书长，办理教务处事务。

第九条　本大学设总务长一人，由校长聘任，秉承校长、秘书长，办理总务处事务。

第十条　本大学各学院，各设院长一人，由校长聘任，商承校长，处理院务。

第十一条　本大学设一年级主任一人，由校长聘任，商承校长，处理一年级教务、学术、设备及训育事项。

一年级得设副主任一人，襄助主任，处理一年级事务。

第十二条　本大学各学系，各设主任一人，教授、副教授、讲师、助教若干，由院长商承校长聘任之。

第十三条　本大学工场及农林各场，得各设主任一人，技师若干人，由校长就教授、副教授、讲师中聘任，商承校长，处理工场及农林各场事务。

第十四条　本大学工场、农林各场及各系实验室，得设技术员、管理员、助理员若干人，由主管院院长商承校长聘任或任用。

第十五条　本大学教务处，设体育部、军事训练部、图书馆、注册课。体育部设主任一人，讲师、助教若干人，由校长聘任；助理员若干人，由校长任用。军事训练部设主任一人，教官若干人，由校长聘任。图书馆设主任一人，由校长聘任；课员、助理员、书记若干人，由校长任用。注册课设主任一人，由校长聘任；课员、技术员、助理员、书记若干人，由校长任用。秉承校长、秘书长、教务长，处理各本部馆课事务。

第十六条　本大学总务处，设文书、会计、事务、医务四课。文书、会计各课，各设主任一人，由校长聘任；课员、助理员、书记若干人，由校长任用。事务课设主任一人，由校长聘任；课员、事务员、助理员、书记若干人，由校长任用。医务课设主任一人，校医若干人，由校长聘任；医务员护士若干人，由校长任用。秉承校长、秘书长、总务长，处理各本课事务。总务处各课办事细则另定之。

第十七条　各学院及一年级主任室，得酌设课员及助理员。教务处、总务处，得酌收练习生。

第三章　会议

第十八条　本大学设校务会议，以校长、各学院院长、各系主任、秘书长及教授、副教授代表组织之。

第十九条　本大学各学院，设院务会议，以各院院长、各系场主任组织之。

第二十条　本大学教务处、总务处，各设处务会议。

第二十一条　校务会议、院务会议、处务会议细则另定之。

第四章　委员会

第二十二条　本大学设下列各种委员会，其委员由校长于大学教职员中聘任之：

1. 招生委员会；

2. 出版委员会；

3. 审计委员会；

4. 建筑委员会；

5. 训育委员会；

6. 卫生委员会；

7. 演讲委员会；

8. 游艺指导委员会；

9. 体育委员会；

10. 奖学金委员会。

第二十三条　本大学依据校务上之需要，得增设其他委员会。

第二十四条　各委员会规则另定之。

第五章　附则

第二十五条　本规程由校长核定施行，并呈报教育部备案。

第二十六条　本规程如有未尽事宜，得由校长随时修改，并呈报教育部备案。

来源：《国立浙江大学校刊》第201期，1935年2月16日

修正国立浙江大学组织系统（附组织系统图）　1935年9月28日

国立浙江大学布告　第一五二号

兹修正本大学组织系统，公布之。此布。

校长　郭任远

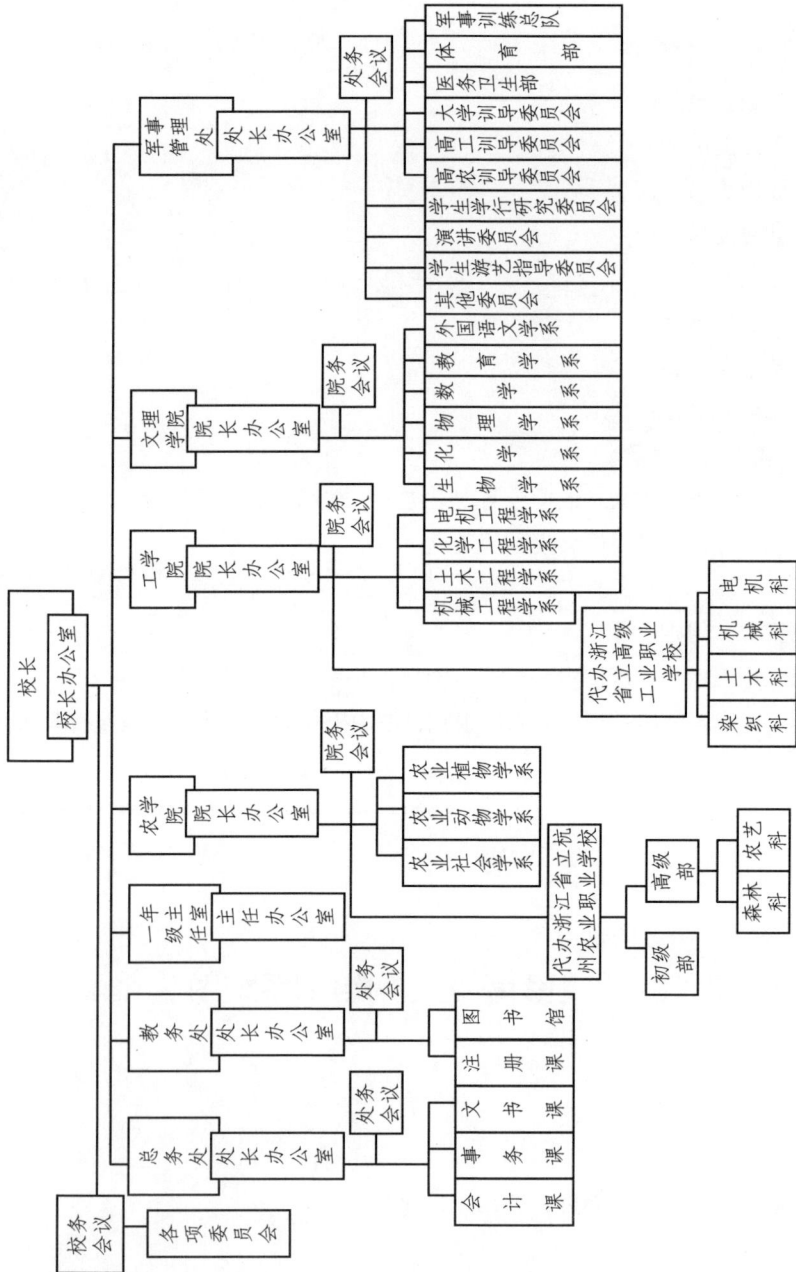

浙大史料

组织系统图

校长
校长办公室

校务会议
各项委员会

总务处
处长办公室

处务会议

会计课
事务课
文书课

教务处
处长办公室

处务会议

注册课
图书馆

一年级主任室
主任办公室

农学院
院长办公室

院务会议

农业社会学系
农业动物学系
农业植物学系

代办浙江省立杭州农业职业学校

高级部
初级部

森林科
农艺科

工学院
院长办公室

院务会议

机械工程学系
土木工程学系
化学工程学系
电机工程学系

代办浙江省立高级工业职业学校

染织科
土木科
机械科
电机科

文理学院
院长办公室

院务会议

生物学系
化学系
物理学系
数学系
教育学系
外国语文学系

军事管理处
处长办公室

处务会议

军事训练总队
体育部
医务卫生部
大学训导委员会
高工训导委员会
高农训导委员会
学生学行研究委员会
演讲委员会
学生游艺指导委员会
其他委员会

组织系统图说明：

一、校长办公室，设校长秘书一人，课员、助理员各若干人。

二、军事管理处设处长一人，处长办公室设秘书一人，处员、助理员各若干人。处以下之军事训练总队设总队长一人，副总队长四人，总队附若干人，总队以下各队组织另订之；体育部设主任一人，讲师、助教、助理员各若干人；医务卫生部设主任一人，医务员、护士各若干人。

三、各学院各设院长一人；院长办公室视事务之繁简，酌设课员、助理员。各学系各设系主任一人，教授、副教授、讲师、助教各若干人。各系之分组者，各设组指导一人；各系附设工场农场者，得各设场主任一人，技术员、助理员若干人。

四、一年级设主任一人，遇必要时得设副主任一人；担任公共科目之教授、副教授、讲师、助教各若干人；主任办公室酌设课员、助理员。

五、教务处设教务长一人，总务处设总务长一人。两处所属各馆课各设主任一人，课员、助理员各若干人。

六、各项委员会各设主席一人，委员若干人。

七、代办浙江省立高级工业职业学校及代办浙江省立杭州农业职业学校高级部、初级部暨各该校部所属各科，各设主任一人。

来源:《国立浙江大学校刊》第222期，1935年10月5日

修正国立浙江大学组织规程（附组织系统图） 1935年11月

第一章 总则

第一条 本大学定名为国立浙江大学，直隶于教育部。

第二条 本大学依据中华民国教育宗旨及实施方针，以阐扬文化，研究学术，养成健全品格，培植专门人才为宗旨。

第二章　组织

第三条　本大学设下列各部分：

一、文理学院　设外国语文学（英文组）、教育学、数学、物理学、化学、生物学等六学系；

二、工学院　设土木工程、化学工程、电机工程、机械工程等四学系；

三、农学院　设农业植物、农业动物、农业社会等三学系；

四、军事管理处　设军事训练总队、体育部、医务卫生部及大学、代办高工、代办高农三训导委员会；

五、教务处　设图书馆、注册课；

六、总务处　设文书、事务、会计三课；

七、一年级主任室。

第四条　本大学得添设研究院及其他学院或学系。

第五条　本大学受浙江省政府之委托，设代办浙江省立杭州高级工业职业学校及代办浙江省立杭州农业职业学校，分隶于工、农两学院。各该校之组织规程另订之。

第三章　教员及职员

第六条　本大学设校长一人，综理全校校务，由国民政府任命之。

校长办公室，设秘书一人，秉承校长，处理本室及校长所指定事项，由校长聘任之。

第七条　本大学各学院，各设院长一人，商承校长，综理各该院院务，由校长聘任之。

各学系各设系主任一人，教授、副教授、讲师、助教各若干人，由各该院院长商请校长聘任之。各学系之分组者，各设组主任一人，由各该院院长就各该系教授、副教授中，商请校长聘请兼任之。

第八条　本大学军事管理处，设处长一人，综理处务，由校长兼任之。秘书一人，秉承处长，处理处务，由校长就教员中聘请兼任之。

军事训练总队，设总队长一人，综理队务，由校长兼任之；副总队长四人至六人，商承总队长，处理队务，由校长就教职员中聘请兼任之；总队附八人至十二人，秉承总队长、副总队长，分别办理队务，由校长就军事教官及教职员中任用之。主任教官一人，秉承总队长、副总队长，处理学生军事训练事宜；教官三人至五人，协助主任教官，分别处理军事训练事宜。

体育部设主任一人，秉承处长，处理全校体育事宜；讲师、助教五人至八人，均由校长聘任之。

医务卫生部设主任一人，秉承处长，处理全校卫生及医务事宜；校医一人至三人，均由校长聘任之。

第九条 本大学教务处，设教务长一人，秉承校长，处理教务及本处事务，由校长聘任之。

图书馆、注册课各设主任一人，秉承校长、教务长，分别处理图书、注册事务，由校长聘任之。

第十条 本大学总务处，设总务长一人，秉承校长处理本处事务，由校长聘任之。

文书、事务、会计三课，各设主任一人，秉承校长、总务长，分别处理文书、事务、会计事宜，由校长聘任之。

第十一条 本大学一年级主任室，设主任一人，商承校长，处理一年级教务及训育等事项，由校长聘任之。

一年级主任室于必要时，得设副主任一人，襄助主任，处理本级事务，由校长就教员中聘请兼任之。

第十二条 本大学因事务上之需要，得在各部添设主任、处员、课员、文牍员、助理员、书记等；主任由校长聘任，处员等由校长任用之。

第十三条 本大学各部分办事细则另订之。

第四章 会议及委员会

第十四条 本大学设校务会议，以校长、各学院院长、军事管理处处长、教务长、总务长、一年级主任、各学系主任及教授、副教授所选出之代表若干人组织之；校长为主席。

第十五条 本大学各学院，各设院务会议，以院长及各学系、各学组主任组织之，院长为主席。

第十六条　本大学各处，各设处务会议。

第十七条　本大学因校务上之需要，得设各种委员会；军事管理处为管理及训导学生之便利，得设各种指导委员会。各种委员会委员，均由校长就教职员中聘请兼任之。

第十八条　本大学校务会议及其他各种会议细则另订之。

第五章　附则

第十九条　本规程呈请教育部核准后，由校长公布施行。

第二十条　本规程如有未尽事宜，得由校长随时呈请教育部核准修正之。

本大学组织系统图

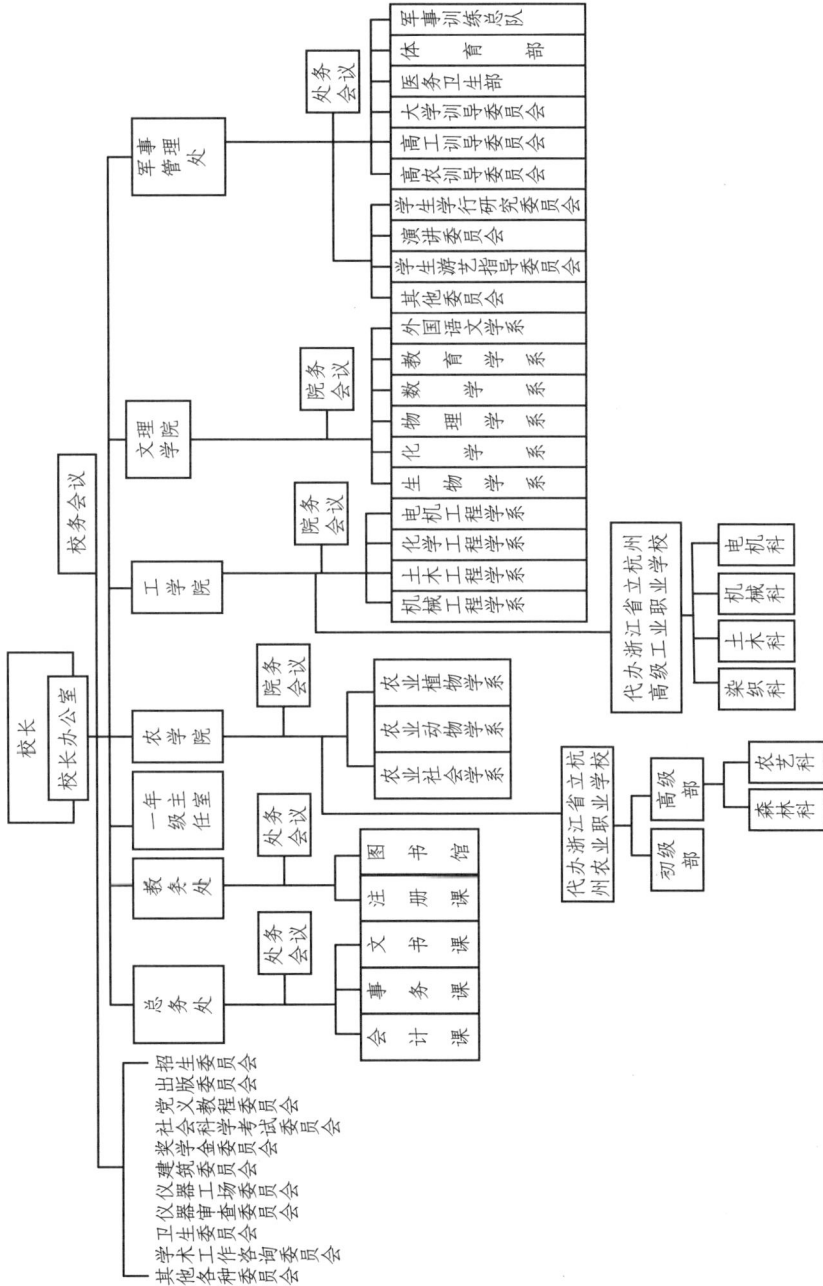

校长 — 校长办公室

校务会议

- 军事管理处 — 处务会议
  - 军事训练总队
  - 体育部
  - 医务卫生部
  - 大学训导委员会
  - 高工训导委员会
  - 高农训导委员会
  - 学生学行研究委员会
  - 演讲委员会
  - 学生游艺指导委员会
  - 其他委员会

- 文理学院 — 院务会议
  - 外国语文学系
  - 教育学系
  - 数学系
  - 物理学系
  - 化学系
  - 生物学系

- 工学院 — 院务会议
  - 电机工程学系
  - 化学工程学系
  - 土木工程学系
  - 机械工程学系
  - 代办浙江省立杭州高级工业职业学校
    - 电机科
    - 机械科
    - 土木科
    - 染织科

- 农学院 — 院务会议
  - 农业植物学系
  - 农业动物学系
  - 农业社会学系
  - 代办浙江省立杭州农业职业学校
    - 高级部
      - 农艺科
      - 森林科
    - 初级部

- 一年级主任室

- 教务处 — 处务会议
  - 图书馆
  - 注册课

- 总务处 — 处务会议
  - 文书课
  - 事务课
  - 会计课

招生委员会、出版委员会、党义教科书委员会、奖学金委员会、课程委员会、考试委员会、社会科学审查委员会、建筑委员会、仪器委员会、工场委员会、卫生委员会、各种咨询委员会、其他委员会

来源：《国立浙江大学校刊》第226期，1935年11月2日

国立浙江大学文书职掌规则　1935年

第一条　本大学文书，分下列两种：

甲、对内文书　凡对本大学现任教职员及在学学生行文，暨校内各部分相互行文均属之；

乙、对外文书　凡对校外各机关、团体、学校、个人行文均属之。

第二条　对内文书，除有下列情事之一者，由各部分分别自行办理外，其余概归文书课办理：

甲、对教职员学生所发表之普通文书，其稿件无须经由文书课主任及处长、秘书长、校长核签者；

乙、各部分以各本部分之事务相互行文，其稿件无须经由文书课主任及处长、秘书长、校长核签者；

丙、在放假期间或办公时间以外发生之临时紧急事件，无法召集文书课人员办理者。

第三条　对外文书，除有下列情事之一者，由各部分分别自行办理外，其余概归文书课办理：

甲、购置图书物品等件，已备具正式手续，因事实上之便利，须由各部分自行分发函件者；

乙、普通文书之因时效关系，且其稿件无须经由文书课主任及处长、秘书长、校长核签者；

丙、在放假期间或办公时间以外发生之临时紧急事件，无法召集文书课人员办理者。

第四条　本规则第二条甲、乙两项及第三条乙项所指文书，为接洽日常微细事务，且与法规法令及本大学教学、行政各项办法或计划绝无妨碍之便条便函。

第五条　依第三条之规定，自行办理对外文书，限于下列各部分并限用便函：

校长办公室，各学院及院长办公室，秘书长办公室，一年级主任办公室，各学系及所属各组，教务总务两处及所属各部馆课，军事训练总队部，培育院，代办浙江省高级工农业职业学校及各该校主任办公室暨所属各科班。

第六条 各部分办理第三条甲、乙两项文书，应依照本大学制定之各部分经办对外文书报告表式，每日将发文及收文填表一份，送交文书课备查。原稿件由各部分自行保存。

第七条 各部分办理第二、第三两条之丙项文书，应用正式稿纸拟稿，送经文书课主任及处长、秘书长、校长核签后方得缮发；其不及送签者，应由各本部分主管人员负责核签先签，于次日分送补签。稿本一律送文书课编号归档。

第八条 各部分自行办理文书，在例假日，无法召集各本部分人员办理者，所有拟稿缮写事宜，均得委托值日人员办理之。

第九条 各部分办理第三条丙项文件，一律由本大学值日室具名盖章。

第十条 本规则经校长核准施行。

来源：《国立浙江大学校刊》第209期，1935年4月20日

国立浙江大学刊物处置办法 1935年

一、本大学各项刊物，概归事务课估价付印。

二、本大学付印刊物各稿，除章程、一览、校刊等，由文书课负责径交事务课外；其余均由出版委员会送由文书课登记后，转交事务课。

三、校对之责，由文书课负之；但专门性质之学术论著，得由文书课送请作者自行校阅，以期精审。

四、刊物印成后，由事务课验收保管，并通知文书课；关于出版委员会交印者，由文书课登记后，转行通知。

五、出版委员会或文书课，接到各本部分交印之刊物出版通知后，应通知图书馆，决定交换及赠送办法。

六、图书馆决定交换及赠送之机关团体或个人后，开单送由文书课向事务课领取应用之出版物，照单寄发。

七、刊物出版后，由事务课酌量检发经售股，以备出售。

来源：《国立浙江大学校刊》第217期，1935年6月15日

国立浙江大学仪器工场规则　　1935年

一、本工场设管理员一人，秉承管理委员会主席（以后简称主席），总理一切事务，必要时得设助理若干人协助之。

二、凡不在工场工作之人，不得擅行入场；外宾参观，须经学校允许，由管理员引导之。

三、工作时间，每日上午七时四十分至十二时，下午一时至五时。如迟到或早退，均照本大学定章惩戒。

四、工人因有事故，不克按时到场，或在工作时间内，万不得已而须请假时，应先向管理员请假，经主席核准。

五、工人到场时，应将木板上所挂之名牌取去，挂于工作之处；散工时，仍将名牌挂于木板上，以便检查。惟不得代人取牌，违者记大过一次。

六、工人所领工具，须加意保管，如有损坏遗失，应负赔偿之责。其在管理员处暂借之工具，用毕即须归还，不得辗转私借。领用凭证，有遗失时，须立刻报告管理员。以便审查补给。散工时，将工具慎藏或缴还，不得随意放置。

七、凡机器或工具，因工人举动放恣，或行为粗暴而致损坏时，该工人须负赔偿之责。

八、工人不得在场徘徊或至他部闲立，遇无工作时，须向管理员报告。

九、每日下午散工之前十五分钟，工人须将机器上屑片等整理洁净。每星期

六于散工前半小时，将机器全部整洁加油，任何部分，不得现有锈斑。

十、工人在场工作，不准穿着长衣，以免发生危险。

十一、工场内禁止吸烟、饮酒、谩骂、斗殴各情事。

十二、场中材料，各工人应格外爱惜。如有私取出场，一经查出，立即开除，并予以相当处罚。

十三、工人对于管理员，有不满意时，得报告主席办理之。

十四、本规则由校长核准，公布施行。

来源：《国立浙江大学校刊》第220期，1935年9月21日

国立浙江大学仪器工场管理委员会规则　　1935年

第一条　本委员会依照本大学组织规程第二十三条之规定组织之。

第二条　本委员会人数，定为七人至九人，由校长于本大学教职员中聘任之。

第三条　本委员会之职权如下：

（一）主管本大学仪器工场，以制造及修理各院处精细仪器为目的；

（二）审定本工场机械器具材料之购置；

（三）处理本工场职工之奖惩及进退；

（四）计划本工场一切改进事宜。

第四条　本工场材料工具，由工场管理员负责保管。

第五条　各院处定制及修理仪器，直接向本工场接洽。

第六条　本委员会每月开常会一次，如遇特别事件，由主席召集临时会议。

第七条　本规则由校长核准，公布施行。

来源：《国立浙江大学校刊》第220期，1935年9月21日

国立浙江大学来宾参观办法　1935年

一、参观范围，分行政、学术、学生生活三部分，每部分各备有参观请求书。

二、参观人员，须先向传达室索取参观请求书，依式填明，交传达室报由负责部分许可后，派员领导。

三、参观分团体、个人两种：团体参观须备正式公函，个人参观须备介绍文件。

四、请求参观者，在未得本大学许可前，须在会客室静候；在参观时，须受领导人之领导，不得自由行动。

五、本大学得酌量情形，随时谢绝全部或一部之参观。

来源：《国立浙江大学校刊》第220期，1935年9月21日

国立浙江大学例假日职员值日办法　1935年

一、本办法根据本大学职员服务规则第十一条之规定订定之。

二、例假日除寒假暑假以节短办公时间无须值日外，其余如星期日（寒暑假中星期日一并在内）及校历规定放假各日，概须值日。

三、例假值日，农学院以院舍与其他各院处尚未集中，应单独办理，其余各部分合并办理之。

四、例假值日职员，以课员、助理员为限，惟农学院不在此例。

五、例假值日职员，每一假日，设置一人或二人，农学院部分由院长决定分派，合并办理部分由秘书长决定分派之。

六、例假日职员办公时间，自上午九时起，至下午四时止。午膳由学校供给。

七、例假值日职员办公地点，农学院部分由院长规定，合并办理部分由秘书长规定之。

八、例假值日职员之职责如下：

甲、临时发生事项之接洽处理；

乙、急要文件之收发，拟稿，缮写；

丙、出入证之填发；

丁、校工当日应办事件之指挥及监督；

戊、疗养室病人之探问；

己、全校清洁、卫生、消防、门窗启闭等事项之巡视；

庚、值日表之填报；

辛、其他当日须办事项之处理。

九、例假值日职员，如因事因病请假，均须先行请定代理人；农学院值日员报请院长备案，其余值日员报请秘书长备案。

十、各工场、农场、实验室原有值日或相当于值日之办法者，各仍其旧。

十一、本办法经校长核准公布施行。

来源：《国立浙江大学校刊》第208期，1935年4月13日

国立浙江大学招收研究助理员办法　1935年6月17日
国立浙江大学布告　第一二八号

兹制定招收研究助理员办法六条，公布之。此布。

附粘办法。

校长　郭任远

第一条　本大学为利便各教授研究专门问题，并造就研究人才起见，自二十四年度起，暂招收下列各系组之研究助理员，每系组以二名为限。

（甲）数学系；

（乙）化学系；

（丙）农业植物系植物病理组；

（丁）农业植物系农业化学组；

（戊）农业动物系昆虫组。

第二条　研究助理员之投考者，暂以本大学各学系毕业生为限。

第三条　研究助理员之招考事宜，由各系组分别拟订办法，自行处理之。

第四条　研究助理员经考试及格后，由各该系主任提交本大学组织之特种审查委员会，经审查认为合格后，再行转呈校长核准。

第五条　研究助理员之作业成绩，每年审查一次，由本大学组织之特种审查委员会办理之；但研究助理员之平时成绩不良者，得由各该系组主任，随时提交审查委员会决定，呈请校长除退。成绩标准，由各该系组分别订之。

第六条　研究助理员酌给津贴，每名每月二十元。

来源：《国立浙江大学校刊》第218期，1935年6月22日

修正国立浙江大学职员服务规则

第一条　本大学职员到职，须先至校长办公室报到，填注职员调查表，并留具印鉴及签名式样后，再赴所在部分任事。

校长办公室于新职员报到后，即将该员到职日期，通知有关系各部分，并通知事务课发给证章，其印鉴及签名式样，送达会计课。

第二条　本大学职员非经校长特许，不得在校外兼职。

第三条　本大学职员一律须穿着公务员制服。

第四条　本大学办公时间，除寒暑假，临时酌定；星期日放假日另订值日办法外，定为每日上午八时至十二时，下午二时至五时，但遇有紧要公务时，不以此项规定为限。

第五条　本大学处员以下各职员，每日上下午到值退值，均须于各本部分之签到簿上签名并填明时间；其因不得已事故迟到或早退者，须向各本部分主管人员声明理由，并于签到簿备考栏内详细注明。迟到早退，均不得超过一小时。前项签到簿，于每日公毕后，送达校长办公室登记，惟各院签到簿，得于每月终送达；每月初，由室汇编上月份职员考勤月报表，呈送校长核阅。

第六条　本大学职员对于本大学任何行政，非经各本部分主管人员之许可，不得擅自发表于任何刊物。

第七条　本大学职员对于经营或调阅之任何契据文件簿册，均应严密保存，绝对不得毁损、遗失或泄漏。

第八条　本大学职员购领公物，须填购置及领物单，经由各本部分主管人员核签后，送由事务课购发。该项领用公物，非因公务，不得携出校外。

第九条　本大学职员请假，须亲填请假单，依下列之规定，送经核准，后始可离校，不得于事后补请，惟续假得先书面送达，于销假时补填请假单；病假得请人代填请假单。

一、各学院院长、各处处长、一年级主任、秘书请假单，填呈校长核签。

二、各处队部馆课校场主任请假单，填送各本处处长、教务长、总务长或各本院院长许可后，转呈校长核签；

三、各处队部馆课校场处员以下各职员请假单，填送各本部分秘书或主任许可后，转送主管处处长、教务长、总务长或院长核签并报告校长；

四、一年级主任办公室，校长办公室课员以下各职员请假单，填送各本室主任或秘书核签并报告校长。前项请假单经核签后，一律送达校长办公室，编入职员考勤月报表。

第十条　本大学职员请给病假，一次或连续假逾三日者，均须随缴医生之证明书。

第十一条　本大学职员请假须托人代理，或由主管人员派人代理；自行托人代理者，须得主管人员之同意。该项代理人，非经校长特许，不得在校外延请。

第十二条　本大学职员请给事假，每年总时，不得逾十四日，病假不得逾一月，惟得以事假抵补之，逾限由校长办公室通知会计课按时日扣薪，惟经校长特准者，不在此例。

第十三条　本大学职员请假，应于离校前，将已办未了或待办事件，及应用图章，并保管公物之锁匙等件，分别点交代理人。

第十四条　本大学职员未经请假而不到值者，为旷职，由校长办公室通知会计课按时日扣薪。

第十五条　本大学职员退职，须向校长呈请，俟核准后，向校长办公室领取退职书，将应用图记，经管物品材料，经办未了文件，一并交由指定之后任人员或接收人员点收；已结文件，调取卷宗、借用物品、借阅图书、领用证章等，分别交还借领部分，由经收者在退职书上签盖后，再持书向会计课领薪。

第十六条　本规则经校长核准公布施行。

来源：《国立浙江大学校刊》第233期，1935年12月21日

国立浙江大学职员考绩规则　1935年

第一条　本大学职员之考绩，依本规则行之。

第二条　本大学职员之考绩，于每学期终了时行之。

第三条　本大学职员之考绩，分初核及复核；初核由各本部分主管人员办理，复核由校长办理；直属于校长各职员由校长单独考核之。

第四条　本大学职员之奖励，分下列四种：

一、升职；

二、进级；

三、记功；

四、嘉奖。

第五条　本大学职员之惩戒，分下列四种：

一、免职；

二、降级；

三、记过；

四、申诫。

第三款记过分小过、大过两种，三小过为一大过。

第六条　本大学职员有下列情事之一者，予以奖励：

一、忠心努力于本职者；

二、办事能力优异者；

三、操守廉洁者；

四、有合作精神者；

五、对于所任职务有特殊贡献者；

六、一年内并未请假或迟到早退者。

第七条　本大学职员有下列情事之一者，予以惩戒：

一、贻误妥公者；

二、泄漏机密者；

三、营私舞弊者；

四、办事卓率者；

五、办事能力薄弱者；

六、不守办公时间及旷职者。

第八条　本大学职员之嘉奖及申诫，均得以书面行之。

第九条　本大学职员每记功一次，给予照该月份薪额十分之一之奖金。

第十条　本大学职员每记小过一次，扣罚该月份薪金之十分之一，记满三大过者免职。

第十一条　本大学职员有特殊劳绩，应予奖励者；或有特殊过失，应予惩戒者，得由校长特予奖惩，不限于本规则第二条规定之时期。

第十二条　本规则经校长核准公布施行。

来源:《国立浙江大学校刊》第233期,1935年12月21日

修正国立浙江大学学则　　1935年6月

第一章　应试资格

第一条　本大学于每年暑假时举行入学考试,招收新生,其日期地点临时公布。

第二条　凡具有下列资格之一者,得报名应试:

(一)公立(即国、省、市、县立)或已立案之私立高级中学普通科,与农、工、商、家事等职业科毕业,得有正式毕业证书者;

(二)公立或已立案之私立高中师范科毕业,得有正式毕业证书,而在学时并未受有免费待遇(全部或一部)者;或受有免费待遇,而毕业后曾在小学或其他教育事业服务满足一年,得有服务证明书者;

(三)公立或已立案之私立大学二年期预科毕业,得有正式修业证书者;

(四)尚未立案之私立高级中学,或大学二年期预科毕业,经主管之教育行政机关甄别试验及格,得有升学证明书者;

(五)工业、农业专门学校本科修业一年以上,持有转学证书暨成绩单者,得分别投考工学院、农学院一年级。

第三条　具有前条(一)(二)两款资格之一者,如在应试时尚未领到毕业证书,得持原毕业学校之毕业证明书报名应试。毕业证明书上须粘相片,盖钢印,并须载明有效期间(查教育部规定,有效期间,以六个月为限)。及"是项证明书,须于换领正式毕业证书时收回注销"字样者,方为有效。

第四条　各学院学生,男女兼收。

第二章 入学考试科目

第五条 入学考试科目如下：

（一）体格检查；

（二）口试；（以上两试不及格者，不得参加以下各试）

（三）党义；

（四）国文；

（五）英文；

（六）普通及高等代数学，平面及解析几何学，三角法；

（七）物理；

（八）化学；

（九）历史（世界，中国）；

（十）地理（世界，中国）；

（十一）生物（投考文理学院生物学系及农学院各学系者，须加试此科）。

第三章 入学手续

第六条 新生入学，依下列之规定：

（一）新生应于开学前二日内，偕同保证人（保证人二人，须有固定职业，其一并须寓在杭州市，对于所保学生，能负一切责任者），前来本大学填写入学愿书及保证书，呈缴证明文件，并缴纳应缴各费。（如在应试时尚未领到毕业证书者，须先缴报名时呈验之毕业证明书。是项证明书，得于换领毕业证书时，请求发还，惟须由原毕业学校备具正式公函领取。）

（二）新生因病或因事不能于前款规定日期内到校者，应先以书面向本大学注册课陈明理由，声请给假；假期以自开学前二日起，九日为限。凡未经准假，或已准给假而届限不到者，一律取消入学资格。

第七条 旧生入学，依下列之规定：

（一）旧生应于开学之日，到校注册缴费。

（二）旧生因病或因事不能于开学之日到校者，应先以书面向本大学注册课陈明理由，声请给假，假期以自开学之日起，九日为限。凡未经准假，或已准给假而届限不到者，一律取消入学资格。

第四章　缴费

第八条　每学期应缴各费如下：

（一）学费　　　　十元

（二）杂费　　　　五元（通学生二元）

（三）体育费　　　二元

（四）医药费　　　一元

（五）代管各费　　（如有变更，得随时增减之，均盈还亏补）：

书籍费　　　二十元

膳费　　　　三十二元（住宿生）

讲义费　　　四元

洗衣费　　　四元（一二年级住宿生）

被单枕套费　一元五角（同前）

预备费　　　六元

实验费包括在预备费内。

（六）新生加缴各费（均盈还亏补）：

制服费　　　十七元（第一学期缴）

　　　　　　男生十七元，女生五元（第二学期缴）

运动服费　　五元

制服费包括军服费在内。

第五章　转院转系

第九条　本大学一年级生，不得转院或转系。

第十条　本大学二年级以上学生，欲转入他院时，依下列之规定办理：

（一）志愿转院者，须先具呈教务处，声明志愿编入某学院某学系之某年级（四年级不收转院生），经核准后，给与准予投考凭证，于本大学招生时，持证报名投考；

（二）报名时应与新生一律办理；

（三）志愿编级生，经参加新生入学试验及格后，始准参加编级试验；

（四）编级试验，以该生在原院已经修过之学程，经审查认为可以给予学分者为范围；编级试验及格之学程，核给学分；

（五）编级试验及格之学分，不及该年级规定应修学分之半数时，不得编入该级，但得入相当年级修学；

（六）编级试验于开学后两周内行之。

第十一条　本大学各院二年级以上学生，在各本学院内之转系办法，由各院另定之。

第六章　学分及成绩考察

第十二条　本大学采用学分制，但学生修业期限，至少四年。

第十三条　本大学学科，分为必修、选修两种，均于各系学程中详细规定；除各系共同必修科外，学生当按照其本系规定之学程，习完各科。

第十四条　各学科以学分为单位，每学期每周上课一小时，并须二小时以上之自习者，或实习二小时至三小时者，为一学分。

第十五条　学生至少须修满一百二十二学分（党义、军训、体育除外），始得毕业。

第十六条　每学期学生所修功课，不得少于十五学分，亦不得超过二十一学分（党义、军训、体育除外）。

第十七条　学生前学期成绩总平均不及七十分者，所修功课，除各院有特殊规定者外，不得超过十八学分。

第十八条　各学程之成绩，以六十分为及格；在六十分以下，五十分以上者，得补考一次，补考分数最多以六十分计算；在五十分以下者，不得补考，亦不给学分；如系必修科，须重习之，重习经补考后再不及格，即令退学。

第十九条　学生每学期所修学分，倘有五分之二（党义、军训、体育除外），不及格者，即令退学。

第七章　试验

第二十条　每学期试验次数，由担任各该学程之教员酌定之；但至少须举行试验二次以上。

第二十一条　学生关于试验事项，不得有所请求。

第二十二条　学期学年考试，由注册课编定日程；临时试验时间，由担任该学程之教员决定之。

第二十三条　学生参加试验时，如不遵守试场规则，其试卷无效；如有舞弊夹带等情，应令其退学。

第八章　缺席

第二十四条　缺席分缺课与旷课两种。准假缺席为缺课，未经告假，或告假未准之缺席为旷课。

第二十五条　凡学程讲授一小时者，缺课一小时为一次，实习每次或二时三时不等，作一次算；惟病假经校医证明者，缺课以两次作一次算。

第二十六条　学生告假，依照本大学学生请假规则办理。

第二十七条　告假期内，不论教员缺席与否，及有无学生缺席报告，请假之课程，概作缺课论。

第二十八条　上课时，学生在点名后到堂者，概为迟到；迟到三次，以缺课一次论。教员迟到时，学生须在教室内静候十分钟，过时教员不到，始可下课。凡未满十分钟即行退席者，以旷课论。

第二十九条　旷课一次，等于缺课五次。

第三十条　全校、全院、全系、全级、全班等团体请假，一概不准。

第三十一条　一学期授课时间，作二十周计算，学生缺席（兼指缺课旷课），照下列规定，分别办理：

（一）凡在一学期内，在各学程之缺课总数，达全学期授课时间之五分之一者（即四星期，等于其每周所修学分总数之四倍），所修学程，概无学分；

（二）凡在一学程内，缺课次数，满该学程授课时间之四分之一者，该学程不给学分；

（三）凡在一学程内，缺课一次，应扣分几何，照下列缺课扣分表办理。

缺课时数 \ 扣分 \ 一学期总时数 / 每周时数	1 20	2 40	3 60	4 80	5 100	6 120
1	0	0	0	0	0	0
2	4	0	0	0	0	0
3	8	2	0	0	0	0
4	14	4	2	0	0	0
5	23	6	3	1	0	0
6		8	4	2	1	0
7		11	5	3	2	1
8		14	6	4	2	1
9		18	8	5	3	2
10		23	10	6	4	3
11			12	7	4	3
12			14	8	5	4
13			17	10	6	4
14			20	11	7	5
15			23	13	8	6
16				14	9	6
17				16	10	7
18				18	12	8
19				20	13	9
20				22	14	10
21					16	11
22					17	12
23					19	13
24					21	14
25					22	16
26						17
27						18

续表

缺课时数 扣分 每周时数 一学期总时数	1	2	3	4	5	6
	20	40	60	80	100	120
28						20
29						21
30						23

（说明）1. 一学期实际授课时间，作二十周计算；

2. 设T=授课总时数，A=缺课时数，D=扣分数，D=360（A/T）2，上表扣分，系照此公式计算。

第九章　补考

第三十二条　凡学生一学期内，某学程成绩在六十分以下，五十分以上者，得准补考。

第三十三条　凡因不得已事故（如亲丧、疾病等），在准假期内，未参与学期试验者，得请补考。

第三十四条　准予补考之学程，在次学期开学前三日内举行之。

第三十五条　补考以一次为限，逾期不考，不得重请补考。

第三十六条　凡未经请假，擅自缺考者，不准补考。

第十章　休学

第三十七条　学生如因重病，经医生证明；或重要事故，经家长或保证人之证明，得暂请休学。

第三十八条　一年级在第一学期，概不得请求休学；第二学期请求休学，须经一年级主任许可。二、三、四年级生，须经各本院院长许可。

第三十九条　休学期限，以二年为度；期满不来校复学者，以退学论。

第十一章　退学

第四十条　有下列情形之一者，应予退学：

（一）成绩不及格，照章应予退学者；

（二）违背规定入学手续者；

（三）身体欠健全，或得有危险症候，经校医证明，不能求学者；

（四）品行不良，违犯校规者；

（五）因不得已事故，自动声请退学者；

（六）休学期满，不来校复学者。

第四十一条 凡退学者，除前条第（四）款外，学校均给予转学书；但退学后，不得复请入学。

第十二章 奖惩

第四十二条 本大学学生奖惩办法，依照本大学学生奖惩规则办理。

第十三章 附则

第四十三条 本学则经校长核准，公布施行。

来源：《国立浙江大学校刊》第218期，1935年6月22日

国立浙江大学各级学生必修学程   1935年8月31日
国立浙江大学布告 第一三六号

兹规定：

（一）凡自二十二年度起入学之学生，必须修习英文二年，体育四年，并须依照后列各项，修习第二外国语二年。

甲、文理学院理科各学系，修德文二年；

乙、教育学系，修德、法或日文二年；

丙、外国语文学系，修德文或法文二年；

丁、工学院各学系，修德文二年；

戊、农学院各学系，照二十四年度要览内所载办法办理。

（二）文理学院各学系学生，必须修习哲学课程满足六学分。

（三）凡自二十四年度起入学之学生，并须经过后列科目考试及格，始得毕业。

甲、党义；

乙、世界及中国政治大势；

丙、世界及中国经济现状；

丁、世界及中国历史；

戊、世界及中国地理。

以上乙项至戊项各科考试办法另订之。

（四）文理学院各学系学生，除第三项所列考试科目外，并应加修社会科学课程六学分至九学分。

（五）二三年学生，本年度应修军训术科，定为每二周一小时。

合行布告各生周知。此布。

校长　郭任远

来源：《国立浙江大学校刊》第219期，1935年9月14日

国立浙江大学助学金原则　1935年

一、助学金分甲、乙两种：甲种四十元，乙种二十五元（每学期一次）。

二、助学金之等第及核准与否，以学业及家境清寒程度为标准（详章另订之）。

三、助学金名额，暂定甲种五名，乙种十名；额满为止。

四、领受助学金学生，在课余及假日，有为学校服务之义务。

五、声请者应备具声请书，于学期开始后一个月中，送达本大学。

六、助学金之决定，由奖学金委员会办理之；不另设委员会。

来源：《国立浙江大学校刊》第206期，1935年3月23日

国立浙江大学各学院学生出外实习规则　1935年

第一条　本大学各学院学生出外实习，以二三两年级为限。

第二条　前项实习，分为必修、选修两种，由各学院院长视其需要，分别自行规定之。

第三条　学生实习成绩，得酌给学分，其详细办法，由各学院分别另定之。

第四条　实习学生，所得之学分，并入毕业总学分计算。

第五条　学生出外实习项目地点及期限，由主管学系主任，分别提请各本学院院长决定后，呈请校长核准。

第六条　选修实习学生，须于各本学院规定报名期间内，亲往主管学系主任处报名。

第七条　实习学生，一经派往实习，如因婚丧或疾病不能前往时，须报经主管学系主任，转请各本学院院长核准，方得缺席。

第八条　实习学生未经院长之核准，不于指定日期内，前往实习机关报到，或中途停止工作，及操行成绩不及格者，由主管学院拟具惩戒办法，予以惩戒；其情节较重者，得不予毕业。

第九条　选修实习学生报名人数，超过本大学向各机关协定派送实习之名额时，得由主管学系主任，提请各本学院院长，就各生学业操行成绩之较优者，依额选定之。

第十条　学生出外实习，本大学给予之津贴，以车船费实支数之半额为限。

第十一条　率同学生出外实习之教员用费，实报实销。

第十二条　本规则由校长核准，公布施行。

来源：《国立浙江大学校刊》第214期，1935年5月25日

修正国立浙江大学学生请假规则　1935年9月9日
国立浙江大学布告　第一四三号

兹修正本大学学生请假规则第六条条文公布之。此布。

校长　郭任远

附粘修正学生请假规则第六条条文：

第六条　学生于课余或例假日外出，如须在下午九时三十分后回校者，须先向军事管理处正式请假，否则每次记小过一次。

来源：《国立浙江大学校刊》第219期，1935年9月14日

国立浙江大学学生行礼规则　1935年

第一条　学生对各官长及教职员暨同学行礼时，概行军礼。

第二条　行礼时须端正姿势，目迎目送，以示恭敬。

第三条 学生途遇各官长及教职员时，均应让于路之左侧，相距六步之处，立正行礼，俟受礼者答礼过去六步时，方为礼毕。

第四条 学生途遇各官长及教职员，以有紧急事务，须行走上前时，应趋前行礼声明事由后，方可前进。

第五条 学生途遇同学或他校穿着制服之军训学生，须不分先后，互相行礼，以示亲爱。

第六条 学生在途中携带物品时，须以左手持之，以便行礼，如双手均持有物品，则改行立正注目礼。

第七条 学生在室内行礼仪节，于各室规则内分别订明之。

第八条 学生行礼方式，在室外举手，在室内鞠躬。鞠躬时，将上体前倾约十五度。

第九条 学生行礼规则，除遵照本大学各项规定外，余照陆军礼节行之。

第十条 学生有违犯本规则各项之规定者，按情节之轻重，分别予以惩戒。

第十一条 本规则经校长核准公布施行。

来源：《国立浙江大学校刊》第211期，1935年5月4日

国立浙江大学学生操行评定及奖惩规则 1935年

第一条 本大学学生，每学期操行分数，大学部二三四年级生由军事管理处处长、主管学院院长、系主任及该学期授课之教员评核给与之；一年级生由军事管理处处长、一年级主任及该学期授课之教员评核给与之；高职部由军事管理处处长、各该部主任及科主任，暨该学期授课之教员评核给与之。

第二条 核给学生操行分数分配标准，军事管理处占二分之一，其余各部合占二分之一。

第三条　学生操行分数，以六十分为及格。

第四条　学生修业期满时，核计其在各学期内操行成绩总平均不及格者，不予毕业。

第五条　学生操行成绩优良者，分别予以下列各种奖励：

一、奖励　凡一学期之操行成绩总平均在八十分以上，而未受任何惩戒处分者，给予奖状；

二、奖章　凡毕业时，各学期操行成绩总平均在八十五分以上者，给予奖章；

三、免除学费　凡一学年内操行成绩总平均在九十分以上，而对于军事管理各项规章，又能完全遵守者，得免除次年度全学年学费。

四、凡行为足以表示不畏艰难，不辞劳怨，急公好义，独立自尊之精神者，得分别给予奖状或奖章。

第六条　前条规定之奖状、奖章式样另定之。

第七条　学生有下列各款之一者，予以惩戒：

一、精神颓废，不自振作者；

二、行为不检，有碍学风者；

三、违犯军事管理规则者；

四、违犯一切校规者。

第八条　惩戒分下列五种：

一、训诫　凡犯轻微过失者，予以口头训诫；

二、警告　凡所犯过失，情节尚轻，或经训诫不悟者，予以书面警告；

三、记过　凡所犯过失，情节较重，或经警告而不知悛改者，予以记过；记小过满三次者，为一大过；每一小过，扣除学期操行成绩总平均十分，每一大过，扣除三十分；

四、停学退学　凡所犯过失，情节甚重，认为有令离校之必要者，令其停学或退学；又操行成绩继续两学期不及格者，令其退学；

五、开除　凡品性不良，无可管教，或记大过满三次者，开除学籍。凡曾经记过之学生，能改过自新，在一年内操行确有进步者，得酌予取消其记过处分。

第九条　本大学发给学生成绩报告、修业证书、转学证书、毕业后至各处服务所须之证明书及其他证书，均须详载该生在校期内之操行成绩及奖惩事项。

第十条 本规则经校长核准公布施行。

来源：《国立浙江大学校刊》第225期，1935年10月26日

国立浙江大学军事训练演习紧急集合规则 1935年

（一）时间——日夜均可举行，不定时间。

（二）警号——除号兵吹奏紧急集合号音外，并鸣钟五击。

（三）地点——1.大学一二年级在第一宿舍门口篮球场集合；

2.高工在工学院操场集合；

3.高农在农学院门口集合。

（四）队形——用平时集合队形集合（即讲话队形）。

（五）服装——一律穿着军服（黑呢上衣，黄布裤，打绑腿，束皮带，穿皮靴，佩符号及领章）。

（六）纪律——1.服装不整及无故不到者，以旷课一小时论；

2.动作须静肃、迅速、严正、次序不紊；

3.动作特别迅速者，分别酌予嘉奖；

4.动作缓迟者，分别酌予惩罚；

5.闻号钟后，至迟须于十分钟内，到达集合场。

（七）指挥——1.总指挥：刘主任教官文涛；

2.第一队（大学二年级）归韩教官治指挥；

3.第二队（大学一年级）归徐教官树人指挥；

4.第三队（高农工一年级）归邹教官剑庵指挥。

（八）附则——1.大学三四年级、高职三年级学生，及各级女生，遇有参加

之必要时，临时规定之。

2. 此项学习，如在上午八时以前，下午五时以后举行，通学生免予参加。

3. 应行参加此项学习之各级学生，对于所应穿着之服装，须随时准备，以免临事仓惶。

来源:《国立浙江大学校刊》第198期，1935年1月5日

国立浙江大学体育实施大纲　1935年

（甲）目标

（一）供给全校学生身体充分发育之机会；

（二）养成侠义、勇敢、刻苦、耐劳之风尚，及合作、团结、抗敌、御侮之精神；

（三）养成以运动及游戏为娱乐之习惯；

（四）矫正身体上不良之发育状况；

（五）养成日常生活与自卫之技能；

（六）充分协助训育上及教务上之管理与实施，以达到养成完善国民之目的。

（乙）行政组织

本大学体育行政组织系统，规定如下表：

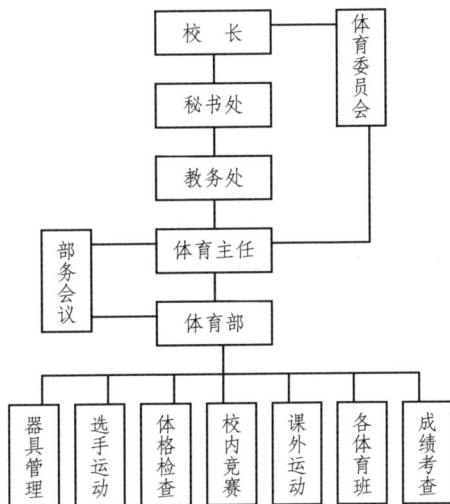

（丙）体育部办事细则

（一）本部设主任一人，秉承校长，综理全校体育事宜。

（二）本部设体育教授、副教授、讲师、助教若干人，秉承主任，分任本校体育事宜。

（三）本部之职务如下：

1. 计划全校体育设施；

2. 编订全校体育课程纲要，并定实施方法；

3. 预算并决算每年度全校体育费用；

4. 建议本大学体育应行改革事项；

5. 举办体格检查及体力测验等事项；

6. 筹办并主持各种校内竞赛；

7. 指导并监督学生课外运动；

8. 办理并指导学生参加校外各种体育活动；

9. 考查学生体育成绩；

10. 统计学生体育体格检查及缺席等成绩；

11. 商同事务课，购置体育器具及用品；

12. 保管体育器具及用品；

13. 管理本校体育场地及设备；

14. 办理与校内各部联络事项；

15. 决定并办理体育上之奖惩事项；

16. 研究一切体育学识。

（四）每两周开部务会议一次，讨论全校体育事宜（本部教职员均为当然会员）。

（五）遇有特殊事宜，本部不能决定时，得提交体育委员会讨论之。

（六）本细则由体育委员会通过后，公布施行。

（丁）体育委员会办事细则

（一）本委员会依照本大学体育委员会规程组织之。

（二）本会议审议事项如下：

1. 决定本校体育目标及实施方针；

2. 议定学生体育方面之训育事项；

3. 计划本校一切体育建筑及设备事项；

4. 审定体育教材及实施办法；

5. 审核体育费预决算；

6. 审议校长各院课交议事项；

7. 审议体育部交议事项；

8. 设计提高学生运动兴趣；

9. 讨论其他有关体育事项。

（三）本会议于开学后及放假前之各二周内，各开常会一次；遇必要时，得召集临时会议。

（四）本会议须有委员三分之二以上出席，为法定人数；须有出席人数过半数以上之同意，方能决议。

（五）本细则由校长核准后，公布施行；遇有必要时，得临时修改之。

（戊）实施方针

（一）本大学体育实施方针，依照以上规定之体育目标施行之；

（二）本大学体育，以普及全校学生体育为目的；

（三）本大学体育，采严格训练主义；

（四）本大学体育，采集中训练制，用最经济之办法，俾收极大教育之效果；

（五）本大学体育，除技能训练外，并须灌输体育智识，务使学生明了体育之意义及价值。

（己）体育实施大纲

（一）体育正课：

1. 大学体育正课，一律为各年级必修科，每星期二小时，惟本学年以一二年级为限；

2. 高工及高农各年级体育正课，一律为必修科，每周二小时；

3. 各级体育正课，均详细规定课程纲要，依次教授，不得无故变更（详本学期课程纲要）；

4. 本大学体育正课，采取能力分组制；

5. 体育成绩，分平时成绩及学期试验二种，均规定测验标准，不及格者不得毕业（详成绩考查）。

（二）课外体育活动：

1. 本大学课外体育活动，包括课外运动、选手运动、校外比赛、校内竞赛，及一切不属于正课之体育活动。

2. 本大学课外运动，分下列各项：

足球、篮球、排球、网球、垒球、棒球、手球、笼球、田径、国术。

3. 课外运动，采自由选择制；惟每人至少选习一项，至多选习三项，每项每星期练习二小时，其实施规则另订之。

4. 选手运动，为本校对外比赛而设；选手由校中选择学生中体育技能优异，及品学端良者充任；其实施规则另订之。

5. 校内竞赛，分院级系、宿舍、个人等单位，互相竞赛，由体育部斟酌情形规定及主持之。

6. 课外体育活动之每项运动，由体育部聘委员，三至五人组织委员会主持之。

7. 课外体育活动成绩，由指导员按照平时努力程度及技能成绩评定之；其分数占各生体育总成绩百分之三十。

（三）矫正体育班：

1. 本校学生，遇有体格上之缺陷，或因特殊情形，不宜与健康学生，同受体育正课者，得免修体育及课外运动，另组矫正体育班矫正之。

2. 凡学生体格有矫正之必要者，须经校医证明，及体育主任之核准后，方得加入矫正体育班。

（四）体格检查：

1. 本校于每学期注册前二日内，及大考前二日内，举行体力体格检查各一次。

2. 凡体格过弱或运动成绩太低者，均组织矫正体育班矫正之。

3. 凡有缺陷之同学，均发给矫正体育活动指导表一纸，详细说明所需要之改正动作。

4. 检查成绩，均由本部详细统计，俾作科学上之研究，并为本校体育实施之根据。

（注：疾病检查及治疗，由矫正课施行之。）

（五）成绩考查：

1. 本校体育成绩考查，暂分课外作业、平时成绩，及标准测验三种：

课外作业占百分之三十；

平时成绩占百分之三十；

标准测验占百分之四十。

课外作业，包括课外运动、选手运动、服务等项；平时成绩，包括努力程度，缺席、请假、迟到，及技能施行等；标准测验，于每学期开学之始，及学期结束时，各测验一次（测验标准另定之）。

2. 凡体育正课及课外运动迟到五分钟以上者，作一次迟到论；逾十分钟以上者，作一次不到论；迟到三次，作一次不到论；旷课一时，等于缺课五次（无故不到谓之旷课，请假缺席谓之缺课）。

3. 凡在一学期之内，其缺席总数，达全学期授课时间五分之一以上者，不准参加学期考试，其体育以不及格论。

4. 凡本大学所未详者，悉依照本大学成绩考查规程施行之。

来源:《国立浙江大学校刊》第198期，1935年1月19日

国立浙江大学校内级际篮球竞赛规则　　1935年2月

第一条　本竞赛由体育部主持之，并聘请陆大京、汪国舆、李继元三先生，组织篮球委员会，会同体育部，解决一切问题。

第二条　本竞赛以提高校内运动兴趣，增进篮球技术，及联络级际感情为宗旨。

第三条　比赛之裁判员、记录员及计时员，均由篮球委员会于本校教职员中推举，然后由体育部聘请充任之（现已聘定黄瑞纶先生、王明远先生、刘端生先生、章文麟先生、汪国舆先生、陆大京先生、冯建维先生、严济宽先生、舒鸿先生、郭师典先生、温怀玉先生、施友忠先生、许骧先生、徐树人先生、李继元先生十五位，为校内篮球竞赛职员）。

第四条　参加单位，男生以班级为单位（例如化工系一年级，高工机械科三年级，余类推）；女生以年级为单位（计大学一、二、三、四年级四队，高工高农并为一队）。

第五条　本校教职员，亦得组织队伍，参加比赛；惟系友谊性质，不予计分。

第六条　凡大学及高工高农篮球选手，均不得参加此项比赛。

第七条　比赛方法，采用单循环制（计工院、文理院、农院、高工、高农）；然后由各院之优胜队，再用单循环比赛，以决定全校锦标。若某院参加逾八队以上时，则采取淘汰制；女生采单循环制（循环制胜者二分，负者〇分）。

第八条　比赛地点：分院比赛时，就近在各院篮球场举行；院际决赛，则在孟麟桥新建之健身房内举行。

第九条　比赛规则，除本会特定外，余均采用全国体育协进会审定之最新规则施行之。

第十条　奖品由本会委员，依本大学体育实施规程中之奖惩规则，分别发给之。

第十一条　本会开始比赛前，由体育部召集各参加队摄影，以资纪念。

第十二条　报名须知：

（一）报名日期　自本月廿五日（星期一）起，至三月二日（星期六）下午六时截止。

（二）报名地点　工院、文理院在文理院体育部办公室；农院在驻农院体育办公室。

（三）报名手续　欲报名之球队，须先期向体育部领取报名单，依格填就，仍交原处。

（四）抽签日期　于报名截止后一日（星期一），即三月四日下午八时，在文理学院会议室，开各队队长联席会议，讨论进行比赛事宜，并抽签排定秩序。

第十三条　比赛细则

（一）比赛时间地点，经规定后，不得要求更改。

（二）比赛队务须按时到场，如迟到十分钟，即作弃权论（以裁判员计时表为准）。

（三）比赛时，不论发生何种事故，不得终止。比赛如有疑问，得用书面向委员会提出讨论，以委员会之判决为终决。

（四）比赛队如有侮辱在场职员，或其他不规则举动者，除取消其个人比赛资格外，并酌量情形，转请学校惩戒之。

（五）比赛队须有整齐制服，及鲜明号码；遇两队制服相同，得由裁判员指定内中一队，披挂红带，俾易识别。

（六）比赛队若两次不出场者，即取消其比赛资格。

（七）每队队员，不得过十二人。

（八）如遇天雨不能比赛时，得由与赛队长，商同裁判员，改期补赛。

第十四条　凡参加本比赛者，应绝对遵守比赛之一切规则。

来源：《国立浙江大学校刊》第204期，1935年3月9日

国立浙江大学学生团体组织规则 1935年

第一条 本大学学生团体，除学生自治会应遵照中央规定办法办理外，其余各项团体，非经本大学之核准，一概不得组织。

第二条 本大学学生团体，申请核准组织时，应备具下列各项文件：

甲、申请书；

乙、章程草案；

丙、发起人名单。

第三条 前条乙项之章程草案内，须将下列各事项，详细规定：

甲、名称；

乙、目的；

丙、会址；

丁、会员（资格、权利、义务）；

戊、组织（团体组织及职员人数、职权）；

己、业务；

庚、会议；

辛、会费；

壬、经费；

癸、其他应行规定事项。

第四条 本大学学生团体，经核准组织后，方得筹备进行。

第五条 本大学学生团体组织完成时，应将下列各项文件，呈送备案。

甲、章程；

乙、组织系统图；

丙、职员名单（姓名、性别、所在科系年级、职务）；

丁、会员名册（姓名、性别、所在科系年级、入会年月）。

第六条 本大学学生团体组织完成，经本大学备案后，由本大学刊发图章，不得自行刊用。

第七条　本大学学生团体，经备案后，如有违背会章或逾越范围之行动，本大学得随时撤销备案。

第八条　本规则经校长核准公布施行。

国立浙江大学学生团体及个人领用行文纸张办法　1935年

一、学生团体及个人对本大学各部分行文，或在校内张贴通告启事等文件，一律须用本大学特制之纸张。

二、本大学特制之学生团体及个人行文用纸，分下列两种：

甲种　通告纸；

乙种　便函纸及信封。

三、学生团体在校内张贴通告，甲乙两种纸张，均得应用；学生团体及个人对学校各部分行文，限用乙种纸张，否则不予受理；学生个人在校内张贴启事等文件，亦限用乙种纸张。

四、学生团体领用甲种通告纸，须由各该团体主席备具签名盖章之领条，向总务处事务课保管股具领；学生团体或个人应用乙种纸张信封，一律须备价向总务处事务课经售室购领。

五、学生团体及个人在校内发布通告启事等文件，须就本大学规定地点张贴。

六、学生团体及个人张贴通告启事之纸张，不遵本办法办理者，予以相当之惩戒。

七、学生团体未经本大学备案者，不得请领行文用纸及张贴通告启事等文件。

八、本办法经校长核准公布施行。

国立浙江大学学生储藏室规则　1935年9月6日
国立浙江大学布告第一四四号

兹制定本大学学生储藏室规则公布之。此布。

校长　郭任远

第一条　本大学学生储藏室，每日开放时间，自上午六时起，至下午十时止。

第二条　学生在储藏室存储或提取物品，均须每次分别登记于储藏卡片。

第三条　学生提取箱笼等整件物品，应先至军事管理处登记，候取凭条，再持条向储藏室提取。

第四条　学生所领储藏室铜牌，须妥为保存；如有遗失，应于补领时缴纳，补领铜牌费银大洋五角。

第五条　学生存储于储藏室之箱笼等件，凡可上锁者，务须分别上锁。

第六条　学生储藏室对学生取缔事项如下：

一、不得讳背本规则第二条至第五条各项之规定；

二、不得于规定开放时间外，直接或间接存提物品；

三、不得存储贵重及危险物品；

四、不得于存提物品后，将箱笼等件随意抛置，不就原处安放；

五、不得有一切妨害公共安宁秩序之举动。

第七条　学生有违背本规则第六条各项之规定者，按情节之轻重，分别予以惩戒。

第八条　本规则经校长核准公布施行。

来源：《国立浙江大学校刊》第219期，1935年9月14日

国立浙江大学消费有限合作社章程草案　1935年

第一章　总则

第一条　本社定名为国立浙江大学消费有限合作社。

第二条　本社以发扬合作精神、倡导合作事业为宗旨。

第三条　本社之组织为有限责任。

第四条　本社事务所设于杭州大学路国立浙江大学。

第五条　本社存立时定十年，期满后如经大会同意，得延长之。

第二章　股本

第六条　本社股本每股定为国币一元。

第七条　社员入社时至少须认缴一股。

第八条　社员每人所认股数不得超过十五股，并以不超过社股总额十分之二为限。

第九条　社员入社应缴足所认股款，如经济能力不及者，得按月分缴之，但须于半年内缴足。

第十条　社员缴纳股本如有逾规定期限时，每过一日征收其应缴金额二百分之一之延迟罚金。

第十一条　社员必须将股本金额缴清后始发给股票，但股票不得作抵押。

第三章　社员

第十二条　本社社员暂以国立浙江大学职教员、学生及职工等为限。

第十三条　新入社者须有社员一人以上之介绍，并经社务委员会同意及社员大会之追认。

第十四条　社员入社须纳入社费五分。

第十五条　社员之股份非经理事会之承认不得转让。

第十六条　社员自请出社者限于会计年度之终了时，但须于三个月前正式提出请求书。

第十七条　社员有下列情事之一者出社：

一、离开本校；

二、社员自请出社经社员大会之决议；

三、经社员大会议决除名；

四、死亡。

第十八条　社员有下列情事之一者，依社员大会之议决除名：

一、不遵照本社章程履行其义务者；

二、有妨碍本社事业之行为者。

第十九条　社外人承受社员转让之股份时应先行入社。

第二十条　出社社员之股份以会计年度终了时之合作社财产定之。

第四章　组织

第二十一条　本社社务委员设理事五人、监事三人，均由社员大会自全体社员中选任之，分别组织理事会、监事会。

第二十二条　理事会及监事会应由理事及监事互选一人为主席。

第二十三条　理事任期一年，连选得连任。

第二十四条　监事不得兼充理事或其他同性质合作社之社务委员。

第二十五条　理事及监事任期已满、后任尚未就职时，仍须履行职务。

第二十六条　理事或监事缺额如不能待至常会选举时，应由前次大会选举得票次多数者递补之。

第二十七条　理事会得聘定经理一人，秉承理事及监事之意旨，办理本社业务，进行事宜；于经理之下设进货、膳食、营业、会计四部，每部设主任干事一人，干事及其他职员若干人。

第二十八条　理事监事为名誉职，但本社社务发达时得由社员大会之议决酌给酬金，惟经理以下职员皆为有给职。

第二十九条　理事会于每会计年度终了后应造具财产目录损益计算书、贷借对照表、业务报告书及盈余处分表，送由监事会审查后，连同监事会审查意见书提出，社员大会议决之。

第三十条　监事会应按月审查本社一切事务并须记载其审查之结果签名盖章。

第三十一条　社员大会分常会及临时会，常会每年举行一次，于会计年度终了时举行之；临时会之召集由理事会定之。

第三十二条　社员大会应有社员过半数出席方得开会，但如因不足法定人数得召集第二次大会，第二次召集大会时无论出席社员人数多寡均得开会。

第三十三条　社员之表决权不问其股额多少，每人只有一权。

第三十四条　社员大会之决议以社员出席过半数之同意定之，如双方票数相同，取决于主席，但关于下列事项，须有出席社员四分之三以上之同意方得决议：

一、社务委员之罢免；

二、社章之订定或修改；

三、预算决算之审查；

四、本社之解散。

第三十五条　召集社员大会时须于三日前将应行会议之事项及日期通告社员。

第三十六条　社员大会之职权如下：

一、社务委员之选举处分及罢免；

二、社章之订定或修改；

三、预算决算之审查；

四、社员之除名；

五、业务计划之规定。

第三十七条　社员大会之议事细则及社务委员会办事细则另订之。

第五章　业务

第三十八条　本社营业范围如次：

一、举办本校合作食堂　供给全校职教员、学生及职工等膳食；

二、办理储蓄及汇兑　便于社员及教职员、学生、职工等存款并代收件汇款；

三、供给社员用品　如书籍文具及其他日用必需品等；

四、兼售本校工厂及农场出品。

第三十九条　本社之会计年度自每年七月一日始，至次年六月三十日止。

第四十条　本社职员服务细则及各项营业规则另定之。

第六章　净赢余分配及损失分担

第四十一条　本社有净赢余时，应先提百分之二十为公积金及股息，每股六厘外，其余之数分为百分之二十为公益金，百分之五为职员酬劳金，其余拨充赢余摊还金。

盈余摊还金之分配只限于社员，非社员之应分金额应拨充公益金，社员分配盈余摊还金以该事业年度内社员向社交易多寡为标准。

第四十二条　公益金之动用由社员大会决定之。

第四十三条　本社有损失时应先以公积金填补。

第七章　解散

第四十四条　本社遇有下列情事之一应即解散：

一、社员大会议决解散时；

二、存立时期已满大会议决，不延长时。

第四十五条　本社解散时由大会组织清理委员会办理之。

第八章　附则

第四十六条　本章程如有未尽事宜，得由社员大会修正之。

第四十七条　本章程经社员大会议决，呈请主管官厅核准施行。

来源：《国立浙江大学校刊》第218期，1935年6月22日

克难崛起
（1936—1949）

国民政府关于任命竺可桢为国立浙江大学校长的令
国民政府令（第八四四号） 1936年5月19日公布

任命竺可桢为国立浙江大学校长。此令。

大学教育之主要方针　　竺可桢　1936年4月25日

诸位同学：这次中央任命本人来担任本校校长，我个人以前对大学教育虽也有相当渊源，但近年潜心研究事业，深恐对于这样重大的责任，不胜负荷；因当轴责以大义，才毅然来担任了。今天与诸同学第一次见面，就来略谈本人办学的主要方针，和我对于本校与诸同学的希望。

明了往史与现势二条件

大概办理教育事业，第一须明白过去的历史，第二应了解目前的环境。办中国的大学，当然须知道中国的历史，洞明中国的现状。我们应凭借本国的文化基础，吸收世界文化的精华，才能养成有用的专门人才；用时也必根据本国的现势，审察世界的潮流，所养成人才才能合乎今日的需要。可是我们讲过去的历史，一方面固然绝不能忘了本国民族的立场，也不能不措意于本地方的旧事和那地方文化的特色。本校诚然是国立的大学，可是办在浙江，所培植的学生又多数是浙江人，诸位将来又大致多在浙江服务，所以我们也应得注意本省学术文化的背景。

浙江的开化与学术的发达

我们回溯浙江的往史，就容易联想到浙江省是越王勾践的故地；他那兴国的事业，雪耻自强的教训，深深地印入浙人的脑际。自东晋民族南迁，五代时吴越钱氏保浙，于是浙水东西开发日广，浙江文化与江南相并进。南宋定都杭州以后，浙江尤成为衣冠人文荟萃之邦，学风盛极一时。这其间既然发生许多极有贡献的学者，而如南宋浙人的匡业与捍卫，明代于谦的定边与浙海的抗倭，以及明季的匡复运动，常以一省的人文关系民族的安危存亡，尤足见本省的特殊精神。这些远的姑不具论，只就近三百年的浙江学术史中，我们就可举出两位杰出的人物。

黄梨洲和朱舜水

他们承晚明风习败坏之余，而能矫然不阿，以其宏伟的学问、光明的人格，不但影响浙江，且推及于全国，甚至播教于海外，并且影响不限一时，而且及于身后几百年，这就是我们共知的黄梨洲先生（宗羲）和朱舜水先生（之瑜）。黄梨洲因为图谋抗满复明，被清廷指名缉捕至十一次之多。匡复之谋不成，乃奋志著书讲学。他那部《明夷待访录》，包含了浓厚的革命思想，"原君"之作，早于卢梭的民约论一百年，实为近代民权思想的先觉。他所至讲学，著述极富，弟子光大其教，影响吾浙学风甚深。朱舜水与梨洲是余姚的同乡，并且同是复明运动的健将，曾到安南日本运动起义，事既不成，就隐遁日本，立誓不复明就不回国，因此终其身于异国。那时日本人已传入我们浙江大儒王阳明先生的学说，他的伟大人格也就引起他们的重视，日本宰相德川光国尊之为师，讲学论艺，启导极多。所以梁任公先生说：日本近二百年的文化，至少有一半是他造成的。

致力学问与以身许国

梨洲舜水二位先生留给我们的教训，就是一方为学问而努力，一方为民族而奋斗。因为他们并不仅为忠于一姓，推其抗满的热忱，就是抵抗侵略的民族精神。我们不及详说浙江其他伟大的学者，单说这二位先贤，已足为今日民族屈辱中我们所以报国的模范。我们生在文化灿烂的中国，又是生在学术发达先型足式的浙江，应如何承先启后，以精研学术，而且不忘致用实行为国效劳的精神！

中国目前环境的艰危

其次讲到中国"目前的环境"，我们有知识有血气的青年早已感到今日国家情势的危迫。近百年来列强侵略进行不息，中国不能发奋自强，以致近几年国家已到了最严重的危机。内乱的频仍，外患的迫切，一般人民风习之不振，较之明清间更有过之。现在国内诚已统一，匪患逐渐肃清，可是野心国不愿见我们的统一进步。他们可说是抱着"两重标准"的观念来任意行动。所谓"两重标准"，从前是指中国社会里的男女道德问题；因为本着男女不平等的传统观念，所以法律容许男子纳妾，而风教强迫女子于夫死守节，这可说是两重标准。现在国际间关系也是如此：弱国要受公法的限制，不平等条约的束缚，而强国就可不必；矿产铁路可以任意租借或敷筑，关税可以强人协定，以及进一步的任意私运，飞机炮舰可以任意横行，甚至人家的土地也可以任意借口而攘夺！这种国际形势的存在，就是隐存着二种的标准，显然是只有强权没有公理。所以国际联盟对于中日问题终于束手旁观，最近对于意大利横行侵非也只空言制裁，我们至今完全可以明白：国际间还绝对谈不到公道与和平。中国民族虽说是重尚和平，可是我们尽可祝望将来世界的和平，而在今日则应确信国际间只有武装才能讲和平，并且为了取得和平的保障不能不增厚国力。中国以往因为不明白这种国际关系，所以受了奇耻大辱，今后惩前毖后，必须急起直追。我们应知一国的强弱盛衰，并非偶然而致，而有积久的自取的理由。人和别的生物一样，一定要适应环境，才能生存，否则就趋于衰败或归淘汰。现在这世界是机械的世界，是科学的世界。中国人对于科学研究，虽有深远的渊源，可是不久中衰，清季兴学以来也继起不力。今后精研科学，充实国力，大学生固然应负极重大的责任，而尤其重要的是养成一种组织和系统的精神。我们知道现今的世界一切事物最重组织，可是中国社会的旧习惯与此很难契合。中国人民积习最喜个人放任无拘的自由，家庭街市随意吐痰小便，就是一个最简明的实证。这种自由对于个人生活自然便利，但对社会国家的影响便十分不利。试问我们以散沙一般的许多个人来和有组织有规律的现代国家对敌，必无胜理。近代中国外交军事的着着失败，总因在此。

民族自由重于个人自由

今后我们的问题，就是"个人的自由要紧呢？还是全民族自由要紧？"我们大家对此应加以深切考虑，如果明白了"民族没有自由，个人合理的自由也失去保障"，我们就必然以实心实力共来完成民族的自由。现在中央决定在学校里实施军事训练，就是要先使全国学生实现纪律化组织化，以期进而推播于全民众；也就是要谋我们全民族适应现世界的环境，以恢复民族的自由，保障民族的生存。本校经历届校长教授的努力，学风素称纯正而有规律，而前校长郭任远先生对于推行军训的毅力，就因深切认识其客观的重要。要使学生都能纪律化组织化，我觉得很钦佩与同情的。可是本校学生未能完全接受，实是可惜，尤其是近数月来，听说学校里的纪律渐渐地松懈，如生活的严肃，衣冠的整齐，渐不及前，这决不是小节，而是一件极不幸的现象。

军训与组织化的重要

今后校内军事管理的组织，自应从群规划，以更谋其健全与安定；而组织化纪律化的精神，必须求其贯彻的。要而言之，中华民族今后复兴的途径，须全国一致，遵守孙中山先生的遗教，在中央领导之下，共同努力，而大学生在这个大业上所负的责任重大。浙江在中国政治经济文化的地位都极重要，浙江大学的学生就"目前的环境"一层上着想，尤应刻苦砥砺，才无负本省过去光荣的地位，与今后神圣的使命。

以上就过去历史和目前环境二方面来讨论中国和浙江省的地位，来证明本校所负的历史的和时代的使命；而同时也已将我对于本校训育方面的宗旨和趋向说明了。现在再从学校教科等各方面来略说我个人的意见，并且就此提及我们今后想走的途径。

教授人选的充实

一个学校实施教育的要素，最重要的不外乎教授的人选，图书仪器等设备和校舍建筑。这三者之中，教授人才的充实，最为重要。教授是大学的灵魂，一个大学学风的优劣，全视教授人选为转移。假使大学里有许多教授，以研究学问为毕生事业，以作育后进为无上职责，自然会养成良好的学风，不断地培植出来博学敦行的学者。我们中国之有现代式的大学，虽还只是近四十年间事，但历史上的国子监实际上近乎国立大学，而许多大书院也具有一时私立大学的规模。南宋国子监就在杭州城西纪家桥，而万松岭的万松书院，到清代改敷文书院，源深流长，并可见浙省大学渊源之早。书院教育，最有"尊师重道"的精神，往往因一二位大师而造成那书院的光彩。例如讲到白鹿书院就令人联想到朱晦庵，鹅湖书院就因陆象山讲学而出名。近代的大学也正是如此。例如英国剑桥大学Cavendish实验室之所以出名，就因有J. J. Thomson, Sir. Rutherford几位教授。三十年前美国哈佛大学之所以能吸引了许多国内外的学生去研究哲学，就因为有J. Royce, Satayana, William James诸教授的主讲。俄国出了一位Pavlov教授，使俄国的生理学闻名于世。所以有了博学的教授，不但是学校的佳誉，并且也是国家的光荣；而作育人才以为国用，流泽更是被于无穷。现在中国的大学太缺乏标准，但几个著名的大学也多赖若干良教授而造就甚宏。不过要荟萃一群好教授，不是短时期内所能办到，而必须相当的岁月，尤须学校有安定的环境。因为教授在校有相当的年份，方能渐渐实现其研究计划，发挥其教育效能；而且对学校感情日增，甚至到终生不愿离开的程度，这才对学术教育能有较大的贡献。反之，而学校不幸而有学潮，不但使学者大师裹足不前，就是原来好教授也容易离去，学校就大伤元气。所以无论学潮的原因如何复杂，为学校前途计不得不想法去消灭它。今后本校惩前毖后，必先谋学校之安定，然后方可网罗人才。本人决将竭诚尽力，豁然大公，以礼增聘国内专门的学者，以充实本校的教授。尤希望学生对于教师，必须有敬意与信仰，接受教师的指导，方能发挥教师诲人不倦的精神。

图书仪器设备的重要

其次讲到设备。人才诚然重要，可是图书仪器等设备也是学校所不能忽视的，尤其是从事高深研究的大学。一个大学必有众多超卓的学者，才能感得图书设备的重要，而且会扩充合用的图书；也唯有丰富的图书，方能吸引专家学者，而且助成他们的研究与教导事业。简言之，人才与设备二者之间是必然辅车相依，相得益彰的。俗话说："工欲善其事，必先利其器"，所以教授学生欲利其研究，必须充实其图书仪器各项的设备。现在中国许多大学有一共通的弊病，即在经常费中，教职员薪给之比例太高，而图书设备费的比率太低。在这种情形之下，就是有优良教授也无所施其技，且设科太繁，或职员人数太多，结果连一个院或系都不能健全发展。我们听到一部分大学近年颇致力扩充其图书馆，因为可喜的现象，然而图书设备究是一般的贫薄。据我所闻知，除清华大学藏书廿八万余册，中山大学、燕京大学各约二十七万册，北京大学二十三万册，已算最多。次则中央大学、金陵、岭南、南开也都在十五万册以上。此外则图书在五万册以上的大学，已是寥寥，甚至还有图书不及万册的也居然称学院或专校了。我们若就欧美举一二个例，柏林大学图书馆藏书达二百万册，且得普鲁士邦立图书馆（藏书二百五十万册）的协助。哈佛大学图书馆现有图书三百七十万册，去年一年增加新书五万余册。当意军初侵阿比西尼亚的时候，美人对阿的情形大都茫然，哈佛图书馆乃检取关于阿比西尼亚的书，就有五百册之多，以供给师生与外界的参考。这样的图书馆才不愧为·国的学府。可惜中国大学多不知重视图书之充实，而犹诩然自负为"最高学府"。十九世纪英国文学家加莱尔（Thomas Carlyle）说："一个好的图书馆就是大学"，公共图书馆尚且如此，大学图书馆自更有高尚的学术价值了。所以我以为大学经常费，关于行政费应竭力节省，教职员薪金所占不能超过百分之七十，而图书仪器设备费应占百分之二十或至少百分之十五。本校因扩充成立为时尚近，听说图书仅六万册之谱。虽说省立图书馆近在咫尺，可助应用，但那边究以旧书为多，所以专门的中西文新书以及基本名著，本校实大有充实之必要。本人已在考量扩充图书馆的地位，下年度起并将谋增加购书经费。就是各系仪器，也当陆续添补，以发挥增高研究实验的效率。至于如何酌减学生上课的时间，促进利用图书馆和自由研究的习惯，或增进教师对学生课外的指导，凡此种种，还得和各教授共同研究，力谋以图书馆、实验室来辅助大学教育的成功。

校舍的最低标准

复次，是校舍问题。我们对于现今社会之过重屋宇的建筑，固然有些怀疑；如大学校舍已有相当基础，而竟不知充实设备，只求大规模地兴筑新宇，我曾谓为是缺乏办学的常识。可是一个大学的环境原也重要，相当完整的校舍也是决不容忽视的。我今天视察了本校文理学院、工学院房子之后，才觉得浙大校舍需要改建和添建的迫切。大概要建筑校舍，第一须有具体的计划，计划既定，步步进行，这样建筑的形式，才能调和，而不致互相枘凿。第二，房屋要求其坚固合用，最好更能相对地顾及美观，但不必求其讲究奢华。目前全国各国立大学中，浙大的校舍恐怕要算最简陋；除一小部分外，大都是陈旧不整齐而且不敷应用。郭校长在任的时期，在华家池新建了农学校新舍，文理学院里的新教室和其他几所小房子，终算立了相当的基础，但为适应目前的需要，修建的要求还很迫切。现在中央财政的艰绌，在此非常时期中教育经费开源诚极不易；然而一个大学，如欲使其存在发展，最低限度的校舍建筑是不可少的。我来杭州之前对当局接洽，虽还没有具体的结果，但我此刻确已感到校舍修理和增筑的必要，此后自当设法进行临时费，从事规划，以逐渐实现最低限度的本校校舍，改善诸君读书的环境。

贫寒子弟的求学机会

为了奖励贫寒好学的子弟，我已订定了在本校设置公费生的办法。对此一事，我以为有极充分的理由。在从前科举取士及书院通行的时代，中国的教育还可说是机会均等的，所以我们在历史上常听到由寒士登科而成名立业的，在清代书院养士制度下也造就了不少的贫寒子弟。自从学校制兴，有学费的明白规定，情形就渐渐不同了。近来国民经济的低落，与学校收费及生活费的提高，恰恰成了反比例，因此这问题就更见严重。中国读书已非每年五十元或一百元不办，等到一进大学，每年连个人日用有需四五百元以上者，至少也得要二三百元之则。我记得江苏当局曾有省民经济的调查，得知百分之六十六的人民每年收入不到九十元，这就可见百分之卅的人家不易进中学，没有机会进大学的恐有百分之九十九以上。江苏平均富力大概高于浙江（尤其是江苏南部），那么浙江贫寒而优秀的子弟被剥夺了入中学大学受教育的机会，其数必更可惊。在这样情形之下，大学变成有资产的子女所享受，聪颖好学但是资力不足的人家完全没有同样机会。这样的教育制度，不但是对人民不公允，并且因为埋没了许多优良青年，对于社会与国家更是莫可挽回的损失。我以为天才尽多生在贫寒人家，而贫困的环境又往往能孕育刻苦力学的精神。所以如何选拔贫寒的优秀学生使能续学，实在是一国教育政策中之一种要图。浙大虽已有免费生的办法，但所免的只是局部的学费，每年所省只自廿五元至五十元之间，贫家还是不得实惠，根本上仍惟有裹足不前。上月间教育部在院会提出通过奖学金的办法，前几天在报上看到清华已有公费生办法的公布。

本校决定设置公费生

根据当局宏奖人才的意旨，体察本省实际情形的需要，我已决定自来学期起，即规划公费生的设置，尚须详定办法。大概公费生入学式要比较严格，并须经审查家境情形合格，录取以后，只要学业达到预定的优良标准，就继续由学校供给他四年中的费用。为谋由根本选拔起见，并当与本省教育厅联络，促早实行中学酌设公费生的办法，俾贫苦的人才也有入大学的机会，不致埋没无所表现。同时现行的补助费奖学金仍当酌定存在，庶几广育英才，更可推广大学教育的成效。

关于诸同学的学业指导和人格训练的各方面，个人虽还有许多意见，可是刻促之间，不能充分讲明；并且必须多方观察现状的得失，方可逐步从事改善的设施，现在可暂不说。

运用自己思想的重要

不过有一点在此刻不能不一提的，就是希望诸君能运用自己的思想。我们受高等教育的人，必须有明辨是非，静观得失，缜密思虑，不肯盲从的习惯；然后在学时方不致害己累人，出而立身处世方能不负所学。大学所施的教育，本来不是供给传授现成的智识，而重在开辟基本的途径，提示获得智识的方法，并且培养学生研究批判和反省的精神，以期学者有自动求智和不断研究的能力。大学生不应仍如中学生时代之头脑比较简单，或者常赖被动的指示，而必须注意其精神的修养，俾能对于一切事物有精细的观察，慎重的考虑，自动的取舍之能力。我们固不肯为传统的不合理的习惯所拘束，尤不应被一时情感所冲动，被社会不健全潮流所转移，或者受少数人的利用。今后赖许多教授的指导和人格感化，希望诸位更能善于运用自己的思想，不肯作轻率浮动的行为。中国今日的国难，其严重性与复杂远过于五四或革命北伐的时期；解救之道，非短时间可以为力，也非一部分人所应独负，最重要的却是统一全国的团结，齐一全国的步趋，共同树起对民族的自信力，对政府领袖的信仰，重视本身的责任，从事基本准备的努力。当然我们要严密注意时事，并且发扬抵抗强暴捍卫国家的热忱，但我决不愿学生做浮夸无效的行动，而应做沉着应变的准备。

以沉着的准备代盲从

半年来的学生运动，固然热情可佩（少数另有作用者是另一问题），但其方式之无当，实为可怜。诸君既受高深智识，决不应再有贸然的盲从，而宜深切考量一切的行动。惟有能思想才不至于盲从，亦惟有能思想才能做有效的行动，应付我们艰危的环境。十年廿年以后的诸君，都可成社会的中坚分子，而中国今后正是最需要头脑清楚善用思想的人物。

总之，我希望诸位同学要深切体念在今日中国受高等教育者的稀少，因此益自觉其所负使命的重大，努力于学业、道德、体格各方面的修养，而尤须有缜密深沉的思考习惯。一个学校的健全发展，自然有赖教授校长之领导有方，同时尤需要全体学生有深切的自觉与实际的努力。

全校合作以谋本校的进展

本人愿以最大的诚意与专注的精神，来力谋浙江大学的进展，而要达到相当的成功，必然期待诸位的合作和努力。

来源：《国立浙江大学校刊》第248期，1936年5月9日。

此文系作者1936年4月25日第一次对浙大学生的谈话。

国立浙江大学训育委员会规程 1936年

第一条 本大学设立训育委员会，计划及办理本大学学生一切训导事宜，并辅助军训教官，推行军事训练与军事管理。

第二条 本委员会委员人数，定为十三人至十七人，于每学年开始时，由校长于大学教职员中聘任之。但以教务长、总务长、各学院院长、体育部主任、医务卫生部主任及军事主任教官为当然委员。

第三条 本委员会设主席一人，常务委员五人，由校长于委员中选任之。训育员一人至三人，由校长任用之。

第四条 本委员会办理下列事项：

一、决定本大学训育方针；

二、拟订本大学训育方案及规则；

三、辅导学生军事训练及军事管理之进行；

四、计划本大学学生课外服务及活动事项；

五、计划并监督学生之公共卫生事项；

六、考核本大学学生生活实况及课外服务成绩；

七、审议本大学学生关于训育上奖惩事宜；

八、校长提交关于学生生活服务指导及训育事宜。

第五条 本委员会于每月开常会一次，遇必要时，得开临时会，均由本会主席召集之。常务委员会每月开会若干次。常务委员会遇有重要决议，须提请本委员会核定。

第六条　本规程于校务会议通过后，由校长核准公布施行。如有未尽事宜，由校务会议修改之。

来源：《国立浙江大学校刊》第253期，1936年6月13日

国立浙江大学"工程奖学金"施行办法草案　1936年

第一条　本奖学金系纪念民国二十五年中国工程师学会、中国电机工程师学会、中华化学工业会、中国化学工程师学会及中国电机工学会五工程学术团体在杭州举行之联合年会，及纪念在年会时成立之中国机械工程师学会及中国土木工程师学会而设定，名为"工程奖学金"。

第二条　联合年会提拨国币三千元为基金，以每年所得之利息充作奖学金。

第三条　工程奖学金由联合年会指定捐赠国立浙江大学工学院土木、机械、电机、化工四学系。

第四条　工程奖学金规定每年由上述四学系中两学系承领，翌年即由其余两学系承领，按年轮流，其顺序如次：

第一年　土木系　机械系

第二年　电机系　化工系

第五条　每届学年终了时，承领工程奖学金之两学系各就该系三年级学生中择其成绩最优者一名，领受本奖学金之半数。

第六条　工程奖学金特设立保管委员会，由浙大校长、工学院院长及联合年会主席、中国工程师学会会长分任委员组织之，并指定浙大校长为主任委员。

第七条　工程奖学金保管委员会负责保管本奖学金基金本息及审查得奖学生成绩，并办理一切有关事项。

第八条　工程奖学金保管委员会每年开会一次，由主任委员负责召集之，遇有特殊事故得召开临时会议。

第九条　工程奖学金得奖学生之揭晓期间规定为每年七月，除在浙大校刊公布外，并应由保管委员会将得奖学生姓名成绩通知七工程学团体备查。

第十条　领受工程奖学金之学生由浙大准予免收学宿等费一年（大学四年级），以示奖励。

第十一条　领受工程奖学金之学生加入任何有关之七工程学术团体时，免收入会费。

第十二条　本办法经浙大及七工程学术团体之同意得修改之。

来源：《国立浙江大学日刊》第6号，1936年9月7日

国立浙江大学组织规程（附组织系统图）　1937年

第一章　总则

第一条　本大学定名为国立浙江大学，直隶于教育部。

第二条　本大学依据中华民国教育宗旨及实施方针，以阐扬文化，研究学术，养成健全品格，培植专门人才为宗旨。

第二章　组织

第三条　本大学之组织如下：

一、学制组织

文理学院　设外国语文学、教育学、史地学、数学、物理学、化学、生物学等七学系；

工学院　设电机工程、化学工程、土木工程、机械工程等四学系；

农学院　设农艺、园艺、病虫害、蚕桑、农业经济等五学系；

各学院之学系，有必要时，得再分组。

二、行政组织

教务处　设注册、图书、体育等三课

总务处　设文书、事务、会计、医务等四课；

训育委员会　设训育、军训等两部。

第四条　本大学受浙江省政府之委托，设代办浙江省立杭州高级工业职业学校及代办浙江省立杭州农业职业学校，分隶于工农两学院，各该校之组织规程另订之。

第五条　本大学得添设研究院及其他学院或学系。

第六条　本大学因学术及行政上之需要，得添设其他部分。

第三章　教员及职员

第七条　本大学设校长一人，总理全校校务，由国民政府任命之；校长办公室，设秘书一人，秉承校长，处理本室及校长所指定事项，由校长聘任之。

第八条　本大学各学院，各设院长一人，商承校长，总理各该院院务，由校长聘任之。

各学院得各设副院长一人，襄助院长处理院务。

各学系各设系主任一人，教授、副教授、讲师、助教各若干人，由各该院院长商请校长聘任之。

各学系之分组者，得设组主任，由各该院院长就该系教授、副教授中，商请校长聘请兼任之。

第九条　本大学教务处，设教务长一人，秉承校长，处理教务及本处事务，由校长聘任之。

注册、图书、体育三课，各设主任一人，秉承校长、教务长，分别处理注册、图书、体育事宜，由校长聘任之。

第十条　本大学总务处，设总务长一人，秉承校长处理本处事务，由校长聘任之。

文书、事务、会计、医务四课，各设主任一人，秉承校长、总务长，分别处理文书、事务、会计、医务事宜，由校长聘任之。

第十一条　本大学训育委员会，委员人数定为十三至十七人，由校长聘任之。计划及审核本大学学生一切训导事宜，交训育部或军训部执行之。训育部设主任一人，秉承校长、训育委员会处理训育事宜，训育员若干人，协助训育部主任处理训育事宜。

军训部设主任教官一人，秉承校长、训育委员会处理学生军事管理及军事训练事宜，教官若干人，协助主任教官分别处理军事管理及军事训练事宜。

第十二条　本大学因事务上之需要，得在各部分设主任、处员、课员、文牍员、助理员、书记等；主任由校长聘任，处员等由校长任用之。

第十三条　本大学各部分办事细则另订之。

第四章　会议及委员会

第十四条　本大学设校务会议，以校长、各学院院长、副院长、教务长、总务长、训育委员会主席、各学系主任及教授、副教授所选出之代表若干人组织之；以校长为主席。

第十五条　本大学各学院，各设院务会议，以院长及各学系、各学组主任组织之，以院长为主席。

第十六条　本大学各处，各设处务会议。

第十七条　本大学因校务上之需要，得设各种委员会；各种委员会委员，均由校长就教职员中聘请兼任之。

第十八条　本大学校务会议及其他各种细则另订之。

第五章　附则

第十九条　本规程呈请教育部核准后，由校长公布施行。

第二十条　本规程如有未尽事宜，得由校长随时呈请教育部核准修正之。

本大学组织系统图

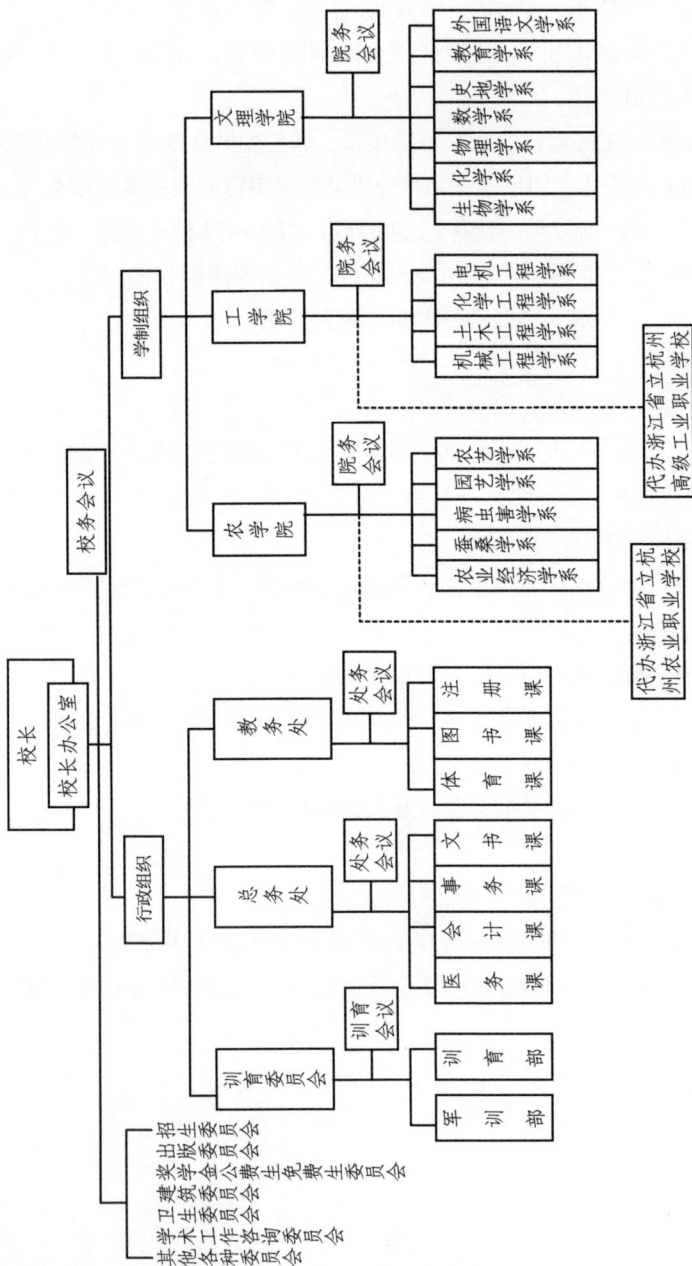

校长
校长办公室

校务会议

学制组织

文理学院（院务会议）：外国语文学系　教育学系　史地学系　数学系　物理学系　化学系　生物学系

工学院（院务会议）：电机工程学系　化学工程学系　土木工程学系　机械工程学系

农学院（院务会议）：农艺学系　园艺学系　病虫害学系　蚕桑学系　农业经济学系

代办浙江省立杭州高级工业职业学校

代办浙江省立杭州农业职业学校

行政组织

教务处（处务会议）：注册课　图书课　体育课

总务处（处务会议）：文书课　事务课　会计课　医务课

训育委员会（训育会议）：训育部　军训部

招生委员会
出版委员会
奖学金公费生免费生委员会
建筑委员会
卫生委员会
其他各种工作咨询委员会

来源:《国立浙江大学日刊》，第150期，1937年3月23日

国立浙江大学学则　1937年

第一章　应试资格

第一条　本大学于每年暑假时举行入学考试，招收新生，其日期及地点临时公布。

第二条　凡具有下列资格之一者，得报名应试：

（一）公立（即国、省、市、县立）或已立案之私立高级中学普通科与农、工、商、家事等职业科毕业，得有正式毕业证书者；

（二）公立或已立案之高中师范科毕业，受有免费待遇，而毕业后曾在小学或其他教育事业服务满足一年，得有服务证明书者。（其有在学时并未受免费待遇全部或一部者，应随缴未受免费待遇证明书。）

（三）公立或已立案之私立大学二年期预科毕业，得有正式修业证书者。

（四）尚未立案之私立高级中学或大学二年期预科毕业，经主管之教育行政机关甄别试验及格，得有升学证明书者；

（五）各种专门学校本科修业一年以上持有转学证书及成绩单者，得分别投考各学院一年级。

第三条　具有前条（一）（二）两款资格之一者，如在应试时尚未领到毕业证书，得持原毕业学校之毕业证明书报名应试。毕业证明书上须粘相片，盖钢印，并须载明有效期间（查教育部规定有效期间，以六个月为限）及"是项证明书，须于换领正式毕业证书时收回注销"字样者，方为有效。

第四条　各学院学生男女兼收。

第二章　入学考试科目

第五条　入学考试科目如下：

（一）智力测验或口试。

（二）学科试验——分组照下表办理。

（三）体格检查——不及格者不得入学。

第一组

一、公民或党义

二、国文

三、本国史地

四、英文

五、数学（乙）

    （初等代数、平面几何、三角法）

六、于下列三科中任选其一：

    生物

    物理

    化学

七、外国史地

第二组

一、公民或党义

二、国文

三、本国史地

四、英文

五、数学（甲）

    （高等代数、平面几何、解析几何、三角法）

六、物理

七、化学

第三组

一、公民或党义

二、国文

三、本国史地

四、英文

五、数学（乙）

    （初等代数、平面几何、三角法）

六、生物

七、于下列两科中任选其一：

物理

化学

附注：

1. 学科试验科目中：

第一组文理学院文组各系属之；

第二组工学院及文理学院理组文系（生物系除外）属之；

第三组农学院各系及文理学院理组之生物系属之。

2. 以上入学试验科目，仅示范围大概，其详细办法，另见每年招生简章。

第三章 入学手续

第六条 新生入学，依下列之规定：

（一）新生应于规定入学期内，偕同保证人一人（保证人须有固定职业，并须寓在杭州市，对于所保学生能负一切责任者），前来本大学填写入学志愿书及保证书，呈缴证明文件，并缴纳应缴各费，逾期取消入学资格，由备取生递补（如在应试时尚未领到毕业证书者，须先缴报名时呈验之毕业证明书。是项证明书得于换领毕业证书时，请求发还，惟须由原毕业学校备具正式公函领取）。

（二）新生因病或因事不能于规定日期内到校者，应先照章缴纳应缴各费，并书面向本大学注册课呈明理由，声请给假（其不入学者，将来只退还讲义费、预备费，及新生加缴各费。）

第七条 新旧生入学迟到者，一律照奖惩规则科罚。

第四章 缴费

第八条 每学期应缴各费如下：

（一）学费　　　　十元

（二）杂费　　　　寄宿生五元，通学生两元

（三）体育费　　　一元

（四）医药费　　　一元

（五）讲义费　　　四元

（六）损失赔偿费　　　五元

（七）新生加缴各费：

制服费　第一学期男女生各十七元

　　　　第二学期男生十七元　女生三元

运动服费　五元

讲义费、损失赔偿费及新生制服费，均盈还亏补。

第五章　转院转系

第九条　本大学一四年级生，不得转院或转系。

第十条　本大学二三年级学生，有欲转院或转系时，依下列之规定办理：

（一）志愿转院或转系之学生，须于学期考试前一星期内，具呈教务长，声明志愿转入某学院某学系，经教务长审核认为可能后，给求转院转系申请书。

（二）如请求转院或转系学生之入学考试科目及成绩经审查后，认为须加考试者，应令该生经过相当试验，但该项试验，只能在本校暑假入学考试时同时举行之。

（三）学生持请求转院或转系申请书，请原在学院院长及系主任批准，再往志愿转入学院院长及系主任处，经其认可后，将申请书送呈教务长转发注册课登记（如属同院，仅须两有关系主任之许可，再经院长核准，将申请书送呈教务长转发注册课登记）。

（四）转院或转系之学生，转入某学系某年级，凡于该年级以前所规定必修之科目，有未修习者，须尽先修习。

（五）学生转院或转系，以一次为限。

第六章　学分及成绩考查

第十一条　本大学采用学分制，但学生修业期限，至少四年。

第十二条　本大学学科，分为必修选修两种，均于各系学程中详细规定，除各系共同必修科外，学生当按照其本系规定之学程，习完各科。

第十三条　各学科以学分为单位，每学期每周上课一小时，并须二小时以上之自习者，或实习二小时至三小时者，为一学分。

第十四条　学生至少须修满一百三十二学分（党义、军训、体育除外），始得毕业。

第十五条　每学期学生所修功课，除特殊情形外，不得少于十四学分，亦不得超过二十学分（党义、军训、体育除外）。

第十六条　学生前学期成绩总平均不及七十分者，所修功课，除各院有特殊规定者外，不得超过十八学分。

第十七条　学生对于选定之学程，如欲改选，须于开课后一星期内声请之，逾期不得更改。

第十八条　学生对于所选之学程，如欲退选者，须于开课后一月内声请之，逾期不得退选，其未经退选手续擅自放弃者，该学程成绩以零分论。

第十九条　各学程之成绩，以六十分为及格，在六十分以下，五十分以上者，得补考一次，补考分数以实得分数九折计算，在五十分以下者，不得补考，亦不给学分；如系必修科，须重修之，重修经补考后再不及格，不得再行重修。

第二十条　学生每学期所修学分，倘有五分之二（党义、军训、体育除外）不及格者，即令退学，不得补考。

第七章　考试

第二十一条　学期及毕业考试，由注册课编定日程；临时考试时间，由担任该学程之教员决定之。

第二十二条　每学期临时考试次数，由担任各该学程之教员酌定之，但至少须举行试验二次以上。

第二十三条　学生参加考试时，如不遵守试场规则，其试卷无效；如有舞弊夹带等情，应令其退学。

第八章　缺席

第二十四条　缺席分缺课与旷课两种，准假缺席为缺课，未经告假，或告假未准之缺席为旷课。

第二十五条　凡学程讲授一小时者，缺课一小时为一次，实习每次或二时三时不等，作一次算；惟病假经校医证明者，扣分两次作一次算。

第二十六条　学生告假，依照本大学学生请假规则办理。

第二十七条　告假期内，不论教员缺席与否，及有无学生缺席报告，请假之课程，概作缺课论。

第二十八条　上课时，学生在点名后到堂者，概为迟到，迟到三次，以缺课一次论。教员迟到时，学生须在教室内静候十分钟，过时教员不到，始可下课，凡未满十分钟即行退席者，以旷课论。

第二十九条　旷课一次，等于缺课五次。

第三十条　全校全院全系全级全班等团体请假，一概不准。

第三十一条　一学期授课时间，作十八周计算，学生缺席（兼指缺课旷课）照下列规定，分别办理：

（一）凡在一学期内，在各学程之缺席总数，达全学期授课时间之三分之一者，所修学程，概无学分（本条系遵照部定章程办理，病假亦不在例外，惟病假扣分，则照二十五条办理）。

（二）凡在一学程内，缺课次数，满该学程授课时间之三分之一者，该学程不给学分。

（三）凡在一学程内，缺课一次，应扣分几何，照下列缺课扣分表办理。

缺课时数 ＼ 扣分 ＼ 每周时数 一学期总时数	1 18	2 36	3 54	4 72	5 90	6 108
1	0	0	0	0	0	0
2	3	0	0	0	0	0
3	5	1	0	0	0	0
4	11	3	1	0	0	0
5	16	4	2	1	0	0
6	23	6	3	1	1	0
7		8	4	2	1	1
8		10	5	3	2	1
9		13	6	3	2	1
10		16	7	4	3	2

续表

每周时数 缺课 时数 扣分 一学期总时数	1 18	2 36	3 54	4 72	5 90	6 108
11		20	9	5	3	2
12		23	10	6	4	3
13			12	7	4	3
14			14	8	5	4
15			16	9	6	4
16			18	10	7	5
17			21	12	7	5
18			23	13	8	6
19				15	9	7
20				16	10	7
21				18	11	8
22				20	13	9
23				21	14	10
24				23	15	10
25					16	11
26					18	12
27					19	13
28					20	14
29					22	15
30					23	16
31						17
32						18
33						20
34						21
35						22
36						23

说明：1. 一学期实际授课时间，作十八周计算。

2. 设T＝授课总时数，A＝缺课时数，D＝扣分数，D＝210（A/T）2，上表扣分，照此公式计算。

3. 扣分最高额下之一格，不再填应扣分数，因缺课如已逾上课时间三分之一者，该学程即不给予学分。

第九章　补考

第三十二条　凡学生一学期内，某学程成绩在六十分以下，五十分以上者，得准补考。

第三十三条　凡因不得已事故（如亲丧、疾病等），在准假期内，未参与学期试验者，得准补考。

第三十四条　准予补考之学程，在次学期开学前三日内举行之。

第三十五条　补考以一次为限，逾期不考，不得重请补考。

第三十六条　凡未经请假，擅自缺考者，不准补考，其成绩以三十分论。

第十章　休学

第三十七条　学生如因重病，经医生证明，或重要事故，经家长或保证人之声请，得暂请休学。

第三十八条　一年级在第一学期入学后一月内，概不得请求休学，学生请求休学，须经各本院院长许可。

第三十九条　休学期限以二年为度；期满不来校复学者，以退学论。

第十一章　退学

第四十条　有下列情形之一者，应予退学：

（一）成绩不及格，照章应予退学者；

（二）身体欠健全，或得有危险症候，经校医证明，不能求学者；

（三）品行不良，违犯校规者；

（四）违背规定入学手续者；

（五）休学期满不来校复学者；

（六）因不得已事故，自动声请退学者。

第四十一条 凡退学者，除前条第（三）款外，学校均给予转学书；但退学后，不得复请入学。

第十二章 奖惩

第四十二条 本大学学生奖惩办法，依照本大学学生奖惩规则办理。

第十三章 附则

第四十三条 本学则经校务会议通过暨校长核准后，公布施行。

来源:《国立浙江大学日刊》第220-225期，1937年6月23日—1937年6月29日

国立浙江大学公费生章程补充办法 1937年5月20日

一、凡公费生学期成绩不在所属院同年级最优三分之一以内者，下学期停止公费。

二、停止公费之学生，如停止期内之学期成绩，达所属院同年级最优三分之一以上者，下学期可恢复公费生待遇，否则取消其公费生资格。

三、公费生发现缺额时，得以操行优良家境清寒及前两学期成绩均在八十分以上之学生经正式声请审查合格者递补之。

四、凡有此项需要之优良学生，得于每年五月底及十一月底按照手续呈请奖学金公费生免费生委员会请求递补。

五、凡经停止公费所余之公款，移作本校贷金之用。

来源:《国立浙江大学日刊》第195期，1937年5月25日

国立浙江大学贷学金总则　1937年

第一条　本大学为辅助本校清寒学生求学起见设贷学金。

第二条　本大学为贷学金办法之施行，得收受校内外贷学金之捐助，所捐助之贷学金，亦得另立，称为某项贷学金，条件中如有规定，须以与本总则不相抵触为限。

第三条　凡本大学三年级以上学生具备下列资格而未受领其他各项补助金者，得请求贷学金：

（一）家境清寒；

（二）品端勤学；

（三）上两学期学业成绩总平均在七十分以上。

第四条　请求贷学金之学生，应先缮具请愿书及家族状况报告表，于每年五月底及十一月底以前送请审核；经审核及格后，由本大学将允贷款敷目通知该生，并附发空白借约及保证书，该生应即依式填具，分别签章送请复核。

第五条　借约及保证书经审查合格后，方准给予贷学金。

第六条　贷学金数额依各人之需要而定；但每人每年至多以国币一百元为限，贷款于学期开始时交付。

第七条　贷学金应计年息四厘，以贷款给予之日起算。

第八条　贷款学生应于每年按期缴纳利率所规定之全部贷款息金。

第九条　关于贷款之贷予结算、收息、保存等事项由本大学委托总务处会计课办理。

第十条　请求贷学金如不足支付时，则按请求者年级之高下为贷予先后之次序，如年级相同时，则照其家境清寒之程度核定之。

第十一条　享受贷学金之学生，若因操行不良或学业成绩欠佳，致中途受停学或退学之处分者，以及因病或因事中途辍学者，应将全部贷款及利息于六个月内偿还，逾期不缴应由保证人负责。

第十二条　享受贷学金之学生除照第八条之规定按年按期缴纳贷款总额息金

外，至迟应自毕业之次年起将全部贷款及利息于三年内偿清，其愿先期清偿者不在此限。逾期不缴应由保证人负责。

第十三条 本总则如有未尽事宜得酌行修改之。

第十四条 本总则经校务会议通过，校长核准后公布施行。

（其余家庭状况报告表、借约、保证书等，从略）

来源:《国立浙江大学日刊》第208期，1937年6月9日

国立浙江大学歌咏团章则 1937年3月21日

一、定名 本团定名为国立浙江大学歌咏团。

二、宗旨 本团以普及音乐兴趣及研究歌咏技能为宗旨。

三、团员 凡本校之教职员同学赞同本团宗旨、愿遵本团章则而有音乐常识者，经本团执委会之许可后，皆得为本团团员。

四、组织 本团以全体大会为最高权力机关，执行委员会秉承大会意志执行本团一切事宜，执行委员会分下列五股，每股以一人主持之：

（一）主席

（二）副主席

（三）文书

（四）会计

（五）干事

人选均由大会产生之，半年为一任，连选得连任。

五、会期 全体大会每学期举行两次，于开学后及学期终了前两星期中举行之，遇必要时或由团员半数以上之请求得由主席临时召集之。执行委员会之会期由主席斟酌时宜随时举行之。

六、团费　团员入团时须缴预存费五角，其他会费暂不收取，惟遇必要时须经全体大会之许可随时征取之。

七、练习　本团聘请王政声先生为指导，暂定每星期中必须练习歌咏一次，团员皆须按时出席，否则每次罚银五分，由预存费中扣取之，三次缺席则开除团籍，但有特殊情形经本团主席之许可者不在此例。

八、附则　（甲）本章则有未尽处得由全体大会修改之；

（乙）本章则自经大会通过之日起施行之。

来源：《国立浙江大学日刊》第145期，1937年3月22日

国立浙江大学求是暑期学校校董会章程　1937年

一、本会定名为求是暑期学校校董会。

二、本会宗旨在促进校务，力图教育效率之增进。

三、本会由国立浙江大学文理学院民廿七级级会组织之。

四、本会设干事七人，内推董事长一人，总理日常事务。

五、本会职权如下：

1. 订立本校组织大纲；

2. 规定本校教育方针；

3. 聘任校长及各处主任各一人；

4. 监察本校实施状况；

5. 审查预算决算；

6. 筹划经费及其他重要事项。

六、本会常会两次，于本校开学始末举行，但于必要时得由董事长召集临时大会。

七、本章程如有未妥处得经校董会三分之一以上提出修正案，由本会通过修正之。

八、本章程自公布之日起施行。

来源：《国立浙江大学日刊》第162期，1937年4月15日

国立浙江大学学生农村服务研究会简则　1937年

第一条　本会为鼓励学生农村劳动服务之兴趣，商请各学校当局，协助学生组织农村服务研究会，使于课读之余从事研究农村服务之方法。

第二条　农村服务研究会之组织，各校得酌量情形选举下列各职员，分掌各项事务。

（一）常务干事一人，综理全会会务。

（二）总务股干事一人，处理会内往来文件及庶务等事项。

（三）研究股干事一人，处理研究调查及搜集材料等事项。

（四）服务股干事一人，处理登记训练鼓励服务等事项。

（五）出版股干事一人，处理编印及推广刊物等事项。

第三条　农村劳动服务研究会得组织农村劳动服务团，专办农村劳动服务一切事宜，其办法另定之。

第四条　农村服务研究会由常务干事各股职员组织一干事会，执行研究会一切议决案件。

第五条　各校农村服务研究会应将本会指定研究之题目详细分析研究，拟定大纲，交由常务干事，召开全体会议讨论分配研究及搜集材料之办法。

第六条　各校研究会会员至少应负责研究一项实际之问题。

第七条　各校研究会会员对材料内容之选择应着重实际之问题。

第八条　各校研究会应将会员所汇集之材料及研究之结果，于每年五月一日以前，寄交本会审核编印。稿件文字须缮写清楚，并加新式标点。

第九条　各校研究会会员于搜集材料时，可利用每周之例假，在学校附近二十里以内之农村，作试验之服务，以补理论探讨之不足。

第十条　各校研究会会员实验服务之工作，当以各会所研究之问题为依据。

第十一条　各校研究会会员，下乡实验服务，应步行至服务地点，以资锻炼体格。

第十二条　各校研究会之工作成绩优越者，得由本会总干事呈请，会长分别奖励之。

第十三条　本简则如有未尽事宜，得由本会修改之。

第十四条　本简则自公布之日施行。

来源:《国立浙江大学日刊》第178期，1937年5月5日

国立浙江大学学生农村服务团简则　1937年

第一条　（一）鼓励学生服务农村事业，改善农民生活，以巩固复兴民族之新基础。

（二）利用学生之闲暇以激发农民之精神，增进农民之知识，使能努力建设。

第二条　农村服务纯为爱国之行动，除农村服务研究会会员得加入外并欢迎各大学学生自动参加。

第三条　农村服务团团员，应以各返本省农村工作为原则。

第四条　服务工作由本会编印之农村服务手册所规定之项目，或按各人之兴趣，选择数项，担任进行。

第五条　本会除供给团员各种服务工作材料外，一切膳宿等费，概由学生

自理。

第六条 服务团员于工作时，每日应作日记，每周另作一简略之报告，寄交本会。至工作结束时应作一总报告，由本会发行专刊。团员写报告时，应注意下列各项：

（一）地方上之历史背景地理及普通社会状况，非必要时，勿列入报告。

（二）非个人之实际工作，及服务经验，勿列入报告。

（三）报告须简洁扼要，文字须缮写清楚。

（四）编制报告一律用本会所发稿纸。

第七条 凡团员因路途遥远者，或其他特种困难不能返本省农村服务者，请得求本会介绍至各地农运机关或其他推行农村事业之地方行政机关，参加工作，但须遵行下列各点：

（一）请求介绍者，务于服务一月前，填具请求单，寄交本会，接洽介绍。

（二）介绍团员到乡服务，应充分与当地行政或农运机关，及农民团体联络进行，以发挥其原有机构之服务效能为原则。

（三）介绍服务之团员，须绝对服从各该机关主持人员之指导。

第八条 团员在乡服务之时间，最少应以一个月为限，并须实际工作。

第九条 服务团员于工作发生困难时，可直接函达本会商洽解决办法。

第十条 本会为使学生服务前获得充分之准备计，举办农村服务讲习会，其办法另定之。

第十一条 服务团员，工作成绩优越者，得由本会总干事呈请，会长分别奖励之。

第十二条 本简则如有未尽事宜，得由本会修改之。

第十三条 本办法自公布日施行。

来源：《国立浙江大学日刊》第178—179期，1937年5月6日

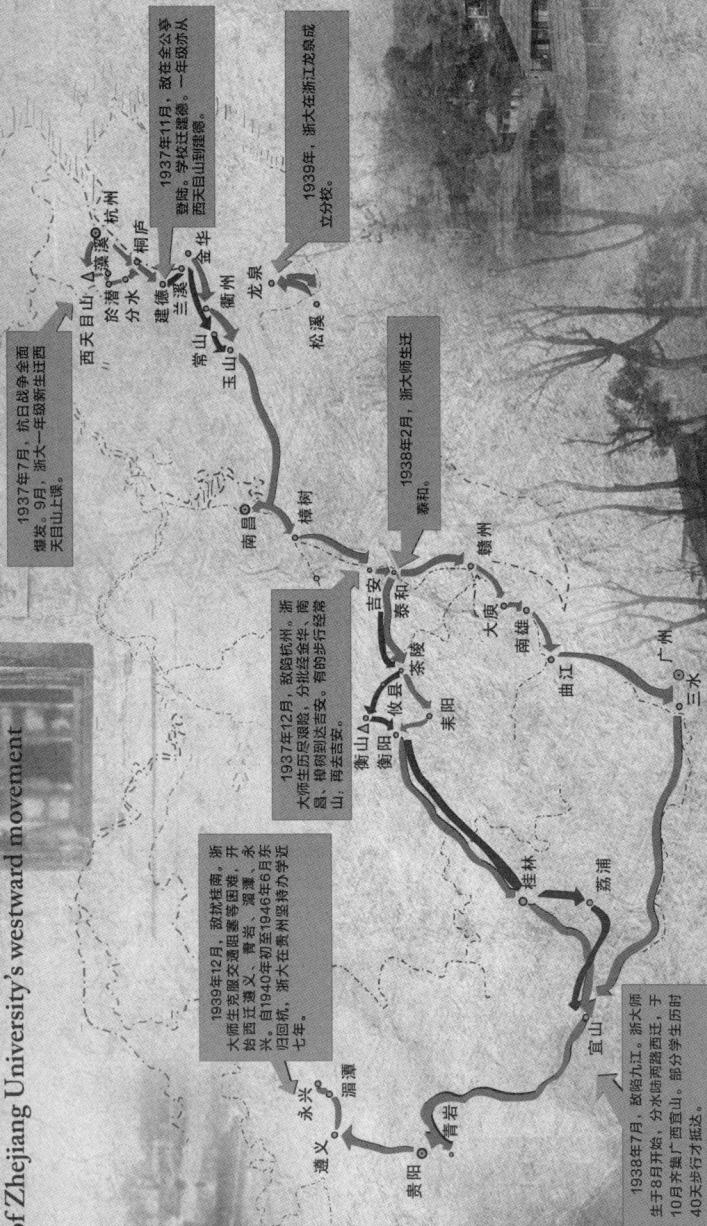

浙江大学西迁线路图

The roadmap of Zhejiang University's westward movement

1937年11月，敌在全县登陆，学校迁建德。一年级仍从西天目山上到建德。

1939年，浙大在浙江龙泉成立分校。

1937年7月，抗日战争全面爆发。9月，浙大一年级新生在西天目山上课。

1937年12月，敌陷杭州。浙大师生历尽艰险，辗转到达吉安，再去吉安。有的步行经常山，再去吉安。

1938年2月，浙大师生迁泰和。

1939年12月，敌攻陷南宁，浙大师生处于交通阻塞等困难，开始西迁遵义、青岩、永兴，自1940年初至1946年6月东归回杭，浙大在贵州坚持办学近七年。

1938年7月，敌陷九江，分水陆两路西迁。于10月齐集广西宜山，部分学生历时40天步行才抵达。

西天目山　於潜　昌化　分水　桐庐　杭州

建德　兰溪　衢州　龙泉　金华

常山　玉山　松溪

南昌　樟树　泰和　赣州　大庾　南雄　曲江　广州　三水

吉安　泰和

衡山　攸县　茶陵　耒阳　衡阳

桂林　荔浦

宜山

永兴　湄潭　遵义　青岩　贵阳

国立浙江大学校务会议决定以"求是"为校训
1938年11月19日第十九次校务会议讨论通过

校训校歌问题案，决议：校训定"求是"——由竺校长提议，郑教务长、郭主任附议，全场通过；校歌请马一浮先生制定后，再行讨论。

来源：浙江大学馆藏档案复制件节录

国立浙江大学校务会议讨论校歌歌辞案
1938年12月8日第二十次校务会议讨论

制定校歌案，决议：将马湛翁先生所撰歌辞请国内音乐家制谱后，再行讨论。

来源：浙江大学馆藏档案复制件节录

拟浙江大学校歌附说明 马一浮

大不自多，海纳江河。惟学无际，际于天地。形上谓道兮，形下谓器。礼主别异兮，乐主和同。知其不二兮，尔听斯聪。

国有成均，在浙之滨。昔言求是，实启尔求真。习坎示教，始见经纶。无曰已是，无曰遂真。靡革匪因，靡故匪新。何以新之，开物前民。嗟尔髦士，尚其有闻。

念哉典学，思睿观通。有文有质，有农有工。兼总条贯，知至知终。成章乃达，若金之在镕。尚亨于野，无吝于宗。树我邦国，天下来同。

案，今国立大学比于古之辟雍，古者飨射之礼于辟雍行之，因有燕乐歌辞。燕飨之礼，所以仁宾客也，故歌《鹿鸣》以相宴乐，歌《四牡》《皇皇者华》以相劳苦，厚之至也。食三老五更于太学，必先释奠于先师，今皆无之。学校歌诗唯用于开学毕业，或因特故开会时，其义不同于古所用歌辞，乃当述立教之意，师弟子相勖勉诰诫之言，义与箴诗为近。辞不厌朴，但取雅正，寓教思无穷之旨，庶几歌者听者咸可感发兴起，方不失乐教之义。（《学记》曰："大学始教，皮弁祭菜，示敬道也。宵雅肄三，官其始也。"此见古者礼乐之教，浃于人心，然后政成民和，国家以安。明堂为政之所从出，辟雍为教之所由兴，其形于燕飨歌辞者，笃厚深至如此，犹可见政教相通之义，此治化之本也。《论语》曰："诵诗三百，授之以政，不达"，"虽多，亦奚以为。"今作乐安歌，宜知此意。）

今所拟首章，明教化之本。体用一原，显微无间。道器兼该，礼乐并得，以救时人歧而二之之失。言约义丰，移风易俗之枢机，实系于此。

次章出本校缘起。以求是书院为前身，闻已取"求是"二字为校训。今人人皆知科学所以求真理，其实先儒所谓事物当然之则，即是真理。（事物是现象，真理即本体。理散在万事万物，无乎不寓。所谓是者，是指分殊；所谓真者，即理一也。）凡物有个是当处，乃是天地自然之序。物物皆是当，交相为用，不相陵夺，即是天地自然之和。（是当犹今俗言停停当当，亦云正当。）序是礼之本，和是乐之本，此真理也。（六经无真字，老庄之书始有之。《易》多言贞，贞者，正也。以事言，则谓之正义；以理言，则谓之真理。或曰诚，或曰无妄，皆真义也。是字从正，亦贞义也。以西洋哲学真善美三义言之，礼是善，乐是美，兼善与美，斯真矣。《易》曰："天下之动，贞夫一者也。"《华严》谓之一真法界，与《易》同旨。）故谓求是乃为求真之启示，当于理之谓是，理即是真，无别有真。《易》曰："水洊至，习坎，君子以常德行，习教事。"义谓水之洊至，自涓流而汇为江海，顺其就下之性而无骤也。君子观于此象，而习行教化之事，必其德行恒常，然后人从之。本校由求是蜕化而来，今方渐具规模，初见经纶之始，期其展也，大成如水之洊至，故用"习坎"之义。取义于水，亦以其在浙也。"无曰"四句，是诫勉之词，明义理无穷，不可自足。勿矜创获，勿忘古训，乃可日新。"开物成务"，"前民利用"，皆先圣之遗言，今日之当务。（"前民"之"前"，即领导之意。）傅说之告高宗曰："学于古训乃有获。"今日学子尊今而蔑古，蔽于革而不知因，此其失也。"温故知新"可以为师，教者所以长善而救其失。此章之言，丁宁谆至，所望于浙大者深矣。

　　末章之意，与首章相应。首言体之大，末言用之弘。"念终始典于学"是《说命》文，典者，常也。久于其道而天下化成，乃终始典学之效。成山假就于始篑，修涂托至于初步，要终者必反始，始终如一也。"思曰睿，睿作圣"，是《洪范》文。"观其会通，以行其典礼"，是《易·系辞》文。"知至至之，可与几也，知终终之，可与存义也"，《易·乾·文言》文。"知至"即始条理事，"知终"即终条理事。"同人于野，亨"，《易·同人》卦辞。"同人于宗，吝"，《同人》六二爻辞。野者，旷远之地，惟廓然大公，斯放之皆准而无睽异之情，故亨。宗者，族党之称，谓私系不忘，则畛域自封，终陷褊狭之过，故吝。学术之有门户，政事之有党争，国际之有侵伐，爱恶相攻，喜怒为用，皆是"同人于宗"致吝之道。学也者，所以通天下之志，故教学之道，须令心量广大，绝诸偏曲之见，将来造就人才，见诸事业，气象必迥乎不同，方可致亨。又今学校方在播迁之中，远离乡土，亦有"同人于野"之象。（大学既为国立，应无地方限制。若谓必当在浙，亦是"同人干宗"，吝道也。）然此之寓意甚小，无关宏旨，他日平定后还浙，长用此歌，于义无失。

　　又抗战乃一时事变，恢复为理所固然。学校不摄兵戎，乐章当垂久远。时人或以勾践沼吴为美谈，形之歌咏，以寓复兴之志，亦是引喻失义。若淮夷率服，在泮献功，自系当来之事，故抗战情绪不宜羼入。歌辞文章自有体制，但求是当，无取随人。歌辞中用语多出于经，初学不曾读经者，或不知来历，即不明其意义。又谱入曲调，所安声律，亦须与词中意旨相应，故欲制谱之师于此歌辞深具了解，方可期于尽善。因不避迂妄，略为注释，如其未当，以俟知者。

来源:《马一浮集》，浙江古籍出版社、浙江教育出版社，1996年

王阳明先生与大学生的典范　　1938年11月1日　竺可桢

　　本校以时局之影响，奉令西迁，自赣来桂，今日得在宜山正式开课，旧学生皆已到齐，新生人数骤增。在此外侮严重、国步艰危之际，本校犹得如常进行，实为幸事。而迁校中备承广西省政府及宜山县政军当局协助，尤可感谢。当此抗战形势日紧，前方牺牲惨重的今日，国家犹费巨款而维持若干大学，一般社会已有责备非难之声。此虽由一般人不明高等教育作育培本之重，然我们反躬自省，正应借此种批评，以增进其责任的自觉，共作加倍的自策。必如何而后能培植真正之学问技术，将来贡献国家，无负国家作育之至意，与社会期望之深厚，正是每一个大学生所应深省力行者。而在今日艰苦流离之中，将欲增进自觉自奋，尤觉应回溯古来先哲志士之嘉言懿行、丰功伟绩，以资吾人之矜式。因地思人，我觉得王阳明先生正是今日国难中大学生最好的先型。

　　阳明先生生于余姚（生明宪宗成化八年，卒世宗嘉靖七年，即西历1472—1528年），在浙江本省讲学之外，其一生事业在江西、广西两省为最大，又谪居贵州两年，也去广西不远。浙江大学原址在浙江，学生不少浙人，先生是我们乡贤；本校迁江西半载，今又来广西，这二省正是与阳明先生关系最多之地。先生十七岁即来江西，（在洪都结婚）贵州龙场谪居以后，三十九岁做一任庐陵（今吉安）知府；吉安青原山，尚有他讲学的遗迹。自四十六岁至五十岁凡四年余，继续在江西服官，剿匪平乱。他巡抚南赣及汀漳（在福建）等处，先后平漳寇和江西境之横水桶冈大帽浰头诸匪寇，其间江西中部发生宁王宸濠之变，又全赖先生奏平乱之功。在用兵布政之中，又兴学校，举讲会，四方从学最盛。因此论者称"姚江之学，惟江右为得其传"。至今吉安一带，民间犹有流行所谓"阳明饭"者，其流风之久而广可见。我们一部分同事，经由赣州入粤而来，道出大庚；赣州是先生常到之地，而大庚（古南安）正是他病逝所在。其次说到广西，嘉靖初年，先生以功蒙特召及退籍讲学数年以后，因朝臣妒功相倾，以广西艰难的官缺与平乱之责来加到他的身上。时先生已五十六岁，受命跋涉，经江西广东至梧州，以都察使兼巡抚两广，进驻南宁，亲自深入督战，不两月而平思恩（今武鸣县属之北部旧治，在郁江支流象江之源；非今柳江流域之思恩）与田州（今桂西百色、恩隆、恩阳三县地，府治在百色东，当时乱民与其东思恩相结）瑶民流贼之乱。值桂西之八寨（今上林县北）断籐峡（今桂平县北）诸蛮贼亦叛，又用官兵与投降贼目卢苏王受之众以平定之。因其恩威并施，所至奏功。观其兴学于南宁，抚辑柳庆诸瑶（庆即庆远，宜山旧即庆远府治），则知宜山土民也曾沐先生德泽。而广西许多地域，都是先生遗惠所在之邦。阳明先生生于浙江，事业在江西广西二省为大。今浙大以时局影响而侨江西，而入桂，正是蹑着先生的遗踪而来；这并不是偶然的事，我们正不应随便放过，而宜景慕体念，接受他那艰危中立身报国的伟大精神。

通常学者往往有一种误解，以为理学是一种不可理解的东西，又或以为理学家是迂阔不切实际的。岂知学术本无畛界，以理学知名的学者，往往有他的应世的学识和彪炳的事功；他所讲的学问又很多为无论科学专家或事业家所都应体验实行的。理学不但不一定迂阔，并且有许多话是切合人生实用的。专家专其所学，果能再来诵习体会古人立身处世之微言大义，最是有益于为学与做人之道。而阳明先生才高学博，无论在学问、道德、事业与其负责报国的精神，都有崇高的造就；在此国家蒙难学府播迁之中，他那一段艰苦卓绝穷而益奋的精神，更是我们最好的典范。我们在迁校以后，起居生活当然不能如平时的舒适，各人因家人离散与经济的困难而起之心理的不安又必不少。然这次民族战争是一个艰苦的长征，来日也许更要艰苦，我们不能不作更耐苦的准备。孟子所谓"天之将降大任于斯人也，必先苦其心志，劳其筋骨，饿其体肤，空乏其身，行拂乱其所为，所以动心忍性，增益其所不能"，阳明先生平桂乱与谪贵州，正是赖非常的艰苦来成全他，结果果然动心忍性，增长他的学问，造成他的伟大。现在又届孟子这话之严重地试验了，有志气的人就可从此艰苦锻炼出更伟大的前途，没出息的人就不免因此没落。诸君都受高等教育，是国家优秀的分子，也是国民中幸运的人；当然都要抱定以艰苦的环境"增益其不能"为目标，而准备来担当国家许多"大任"。这就不能苟且因循，而应以阳明先生的精神为精神了。

（一）致知力学

先从做学问方面来说，我们都知道阳明先生学说的精粹是"心即理""知行合一"和"致良知"三要点。在哲学上他是宋儒传统的说法之修正者，所以有人称他集心学之大成，我们姑置不说。所谓知行合一，他的意思是"未有知而不行；知而不行，只是未知。"所以说："知是行的主意，行是知的工夫，知是行之始，行是知之成。"把知行打成一片，不容学者稍存苟且偷惰之心。其鞭辟近里，极有功于后学。先生五十岁在江西以后，始明白揭出"致良知"之教，正是前说之扩大。其所谓"致"，要义是"致吾心良知于事事物物，则事事物物皆得其理"。这意义绝不玄虚，而很切实际。从近代科学的立场讲，这样的知在一方面正是真知灼见的"知"，另一方面又是可以验诸行事的"知"。科学实验的精神，此中已隐隐有所启示。我们做学问，理论上重在求真工夫，实用上则求在能行，正合先生之教。又有一事：后世程朱和陆王之辩，闹得纷纭不堪。实则阳明为真理之故，于朱子学说固曾多发异议，但仍然尊重朱子，而又非偏狭的曲从象山之教。他答学者之问，尚有一段很有意义的话："君子之学，岂有心乎同异，惟其是而已。吾于象山之学，其同者非是苟同，其异者自不掩其为异；吾于晦庵之论，有异者非是求异，其同者自不害其为同也。"所谓无心同异，惟求其是，正是阳明的博大不立门户的精神，后之以攻朱为张陆王之学者，决非先生之所取。本校本历史的渊承（本校前身是前清的求是书院），念治学的精义，将定"求是"二字为校训。阳明先生这样的话，正是求是二字的最好注释，我们治学做人之最好指示。因为我们治学行己固要有宗旨，决不要立门户。目前一般智识分子往往只顾利害，不顾是非，这完全与阳明先生的"致知"和本校校训"求是"的精神相背谬的。

阳明先生一生重要事迹，和他的致知精义，足为学者所取法的，已经说个大略。以下想就他的实践工夫，艰苦卓绝，才效忠国家的精神，分别阐说，以为学者启发之资。这是都要诸君体验力行，才有意思，希望勿仅仅听得了解而已。

（二）内省力行

阳明"心即理"之说，本于陆象山之教而光大之。他尝说："心外无理，心外无事"；又以为不能"外吾心而求物理"，亦不能"遗物理而求吾心"，这可看作他的智识论，也就可见他的重视返己内省的工夫。他以为知行所以有不能合一之时，就因为有私欲隔了；所以"克制私欲"是"致良知"的前提，也是"知行合一"的第一步。其吃重处尤在一"致"字。良知即天理，致即行，知此理即行此理，故曰知行合一。若使私欲梗住，使不能致良知，更何能知行合一。譬如见财思劫，虽未谋害其人，甚或并不会劫夺，但一有起意，则实际与劫害无异。能致良知，则心得其宜，随心而行，无有不是。至若行之不力，便是知之不澈，此尤先生吃紧为人处。先生又常说到"立诚""诚意"，视为格物致知之本，其极则即以内心之诚，为一切学行事业之始基。现在大学教育，注重各种专门智识之传授，而忽略品性德行之陶冶，积重难返，流弊甚深。社会道德与政治风气之败坏，此为要因。教育部有鉴于此，决定于中学大学尽力推行导师制，本校早已实行，本学期更要加以推进。惟导师只处于辅导启示的地位，而修养毕竟须用自己的工夫。大学生理性已很发达，不久出而应世，尤必须及时注意内心的修养。如多读记述先哲嘉言懿行的书，固为有助，而更要体会先儒的工夫，深思力行；祛私欲而发良知，励志节而慎行检，明是非而负责任。而先生所示的教训，和其受害不愠、遇险不畏的精神（此种精神之根本全在修养工夫），都是我们最好的规范。

（三）艰苦不畏

阳明先生一生的学说，是渐渐递嬗而光大的，故至晚年学问始底于大成。我们知道他在远谪与征蛮之中，所以能履险如夷，固赖其修养工夫之湛深；而其良知学说之醇化与大成，又莫非从艰苦生活中体验出来。他因直言被谪为龙场驿丞，实际可说是一个小小的公路站长。在这贵州西部（今贵阳北修文县境）万山丛棘的小镇之中，当时更是地荒人鲜；先生在破庙中，生活之艰苦，非我们所能想象，而他竟能安之若素者二年，且从此创造出来此后的新学说与新生活。他尝自问："倘使圣人处此，更有何法？"沉思之余，忽然中夜大悟，呼跃而起，从此发明他的知行合一的学说。此后十年，他在江西先后奏平匪靖乱的功绩，但正因功高遭忌，朝臣张忠、许泰等多方诬陷，这可说是他一生第二次的挫折。论者以为自经此变，他益信"良知真足以忘患难，出生死"，而此后他的学说才自立宗旨，卓然成一家言。我们设想当时情形，宸濠交通内外，称兵犯上，先生竟能迅速加以平定；而朝臣忌功妒能，诬他谋反，武宗又是昏昧之主，几乎听信而加以不测，他又能处之夷然，卒以至诚感格而免祸。后来在广西平乱，又由于当时廷臣桂萼阻公起用，致以五十六岁之高年，深入当时蛮荒之域，而督战抚辑，具著功绩，初不畏难而退。他在那时，真是与叛乱匪盗斗，与瘴疠疾病斗，又对着权臣小人与种种不良环境之阻挠来奋斗，以一介文人而敢于蹈险至此，非具有修养过人之大无畏精神者，何克臻此！

当先生在龙场时，见有远方吏胥父子与仆三人同毙道旁，既加掩埋，特作《瘗旅文》以告之。此主仆三人，实即同时死于瘴气。当时尚不知瘴气为何物，即在西洋所谓"马拉里亚"（Malaria）的病（西文原字模缺，其原意亦为恶气）。至近代之科学的医学研究，始证明瘴气即恶性疟疾，在桂黔二省甚多，本校同学近亦有罹此病者。可见当时此疾在西南甚流行。阳明先生最畏暑热，其在桂之得病以至不起，亦因气候不宜以及过于劳顿而牺牲。我们现在西迁，虽没有以前校舍之宽适，但仍有相当设备，更有师生的相聚相助，且西南各省比明代已大见开辟进步。先生当年谪黔居桂，才是孤身深入；以我们今日比他的当年，已是十分舒服。而今日中国所临大难之严重，则远过当时之内叛与匪乱。我们溯往处今，如何可不加倍刻苦奋励？假使偶有横逆拂意之事，便当设想先生当年之胸襟，唤发他那强矫无畏的精神，自然能处变若定。而且诸君将来出以应世，要遇到社会上多少教育不一性情不一的人，更是免不了种种困难与磨折。若能体验先生的精神，在学生时代时先有一番切实的精神准备，那么将来必然能克服困阻，成就我们的学问和事业。

（四）公忠报国

先生生当衰明，朝政废弛；武宗之时，内则阉宦窃柄，直士遇祸，外则官贪吏污，民怨思乱。他在三十五岁时，以御史戴锐斥权宦刘瑾遇祸，抗疏营救，武宗竟用阉言，罚他下诏狱，廷杖四十，绝而复苏，就因此被谪贵州。其后在江西与广西之平乱事业，慷慨赴难，不辞劳瘁，主要都由于忠君报国一念而来。有此信心，就能发挥他意外的力量。赣匪与广西之乱，多由以往驻兵官吏处置不当，他主张剿抚并施，临以至诚，故剧贼往往一遇兵威，旋即投诚，因此收事半功倍之效。宸濠之变，虽是宗室争君位的一种内乱，但在那时代是犯上大逆的行为。宸濠蓄谋已久，阴结内应，而且兵力颇强，故各方观望不敢动。先生正赴闽途中，此事非其职责所在，独奋励勤王，先后只四十六天，便奏靖难之功，以此被权奸诬陷，亦所不恤。当时有一位黎龙称此事不难于成功，而难于倡议，而尤难于处变。原他所以能如此，只是一腔忠诚，扶国济民之心。晚年受命赴桂，疏辞而中枢不许，竟以高年投荒而不惧，尤可见其鞠躬尽瘁死而后已之精神。现在我们的国家，所遇不是内变，而是外侮，且是空前严酷危急万状的外祸。要救此巨大的劫难，必须无数赤诚忠义之士之共奋共力。我们要自省：敌寇如此深入无已，将士与战区同胞如此捐躯牺牲，为什么我们还受国家优遇，有安定读书的余地？这决不是我们有较高的智识，就没有卫国的义务；只说明我们要本其所学，准备更大更多卫国的义务。方阳明先生受出征广西之命，上疏有言："君命之召当不俟驾而行，矧兹军旅，何敢言辞？"学高望重卓然成家的大儒，当国家需要他的时候，亦得投荒长征而不辞，甚至隔了一年而积劳丧身！我们今日虽认大学生自有其更大的任务，但亦不阻止智识分子之从戎杀敌，至于力学尽瘁甚至舍身为国的精神，更是国家所切迫期望于大学生的。须知在这样危急的时代求学，除出准备贡献国家为将后抗敌兴国之一个大目标外，更有何理由可说？有人统计世界上战争之年远过于和平，就是一百年中没有国与国的战事之年（内战不计），只有十五年。今后国际组织不能即有根本改变，至少在我辈身上看不到世界大同。只有富有实力准备足以御侮之国家，才能免于被侵略，才有资格享受和平。对日抗战，实在是极艰巨的工作；不但最后胜利有待于更大的努力，并且日本始终还是一个大敌，我们殊不能武断以为这次抗战结束，就可一劳永逸。诸君此时正在努力培植自己的学问和技术，尤其要打定主意将这种学问技术，出而对国家作最大的贡献。大学教育的目标，决不仅是造就多少专家如工程师、医生之类，而尤在乎养成公忠坚毅，担当大任，主持风会，转移国运的人才。阳明先生公忠体国献身平乱的精神，正是我们今日所应继承发扬，而且扩之于对外，以分工合作来完成我们抗战建国的事业。必然在现在埋头刻苦于报国的准备，在将来奋发贡献于雪耻兴国的大业，方才对得起今日前方抗战牺牲的将士，方才对得起父兄家长与师长作育的期待，方才对得起国家社会对于大学生的优待和重视。

以上分讲阳明先生伟大精神四端，期为学者启发之资。综观其治学、力行、负责、报国的精神，莫不是值得我们深切景慕而取法的。学者要自觉觉人，要成己成物，必须取法乎上，而后方能有所成就。今天我们只举阳明先生一人之处变报国的精神，已足够我们的感奋仿效了，最后还有一句话：阳明先生在广西贵州各二年，其流风余韵，至今脍炙人口而不衰。我们浙江大学现在迁来广西，不但不要为时局的动乱而减少我们研究的精神，并且还应朝夕倍自惕励，时求精进，闻过知改，有善加勉；更进与地方各界联络，协助合作，为广西社会树之风声。

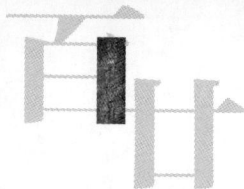

则浙大将来回到浙江，仍然在广西留遗了永久不磨的影响，那更与王阳明先生前后辉映于不朽了。

来源：《国立浙江大学校刊》（复刊），第1期，1938年12月5日

此文系作者1938年11月1日在广西宜山开学式上的讲话。

教育部致国立浙江大学关于协助迁移四库全书的电报
教育部快邮代电　廿七年发　汉教　第二五八号　1938年1月31日

江西吉安国立浙江大学览：希派员协同浙省府将四库全书运往安全地点，费用可由部支给，并希迅将办理情形电呈教育部。汉世印。

来源：浙江大学馆藏档案复制件

教育部关于国立浙江大学设立文科研究所史地学部、理科研究所数学学部的训令　1938年7月24日

令国立浙江大学：

　　查国立各大学研究院所自抗战军兴后，因为大迁移关系，人才设备经费各方面颇受影响，各研究院所研究工作殊少进展。现因政府统制外汇，限制学生出国留学，一般具有研究兴趣之大学毕业生苦于无处研究，而当此抗战建国工作正在迈进之际，学术研究工作极关重要。本部为推进国立各大学研究院所之研究工作

起见，特斟酌各校原有人才设备及经费情形，分别令饬各校，就原设研究所科部添招新生或增设科部。该校应即成立文科研究所史地部、理科研究所数学部，并由部核给每学部全年补助费二千元。每学部新招之研究生内中五名由部核给全年生活费，每名四百元，其余各生生活费用由该校自筹。本部补助费俟该校各学部招生呈报备案后核发。合亟令仰该校于文到一个月内将办理情形呈报备核。此令。

教育部部长　陈立夫

来源：浙江大学馆藏档案复制件

国立浙江大学理科研究所数学部招生办法　1939年

一、名额　本部招收研究生五名，暂分解析及几何二组：

解析组　由陈建功先生领导；

几何组　由苏步青先生领导。

二、资格应考人须具有下列资格：

1. 国立省立大学或经教育部立案之私立大学数学系毕业；

2. 无前项资格而有数学著作经本部主任认可者。

三、考试之程序如下：

1. 考试人须于报名时缴付毕业证明文件或著作及二寸半身相片三张；

2. 本部收到后即付审查，初审合格者通知在宜山、龙泉（浙东分校）、重庆或昆明应试；

3. 考试科目如下：

（甲）口试

（乙）笔试（解析组须考高等微积分、复变数函数论与变数函数论。几何组须考高等积分、坐标几何及微分几何。）

（丙）体格检查

四、修业及待遇

1. 研究生修业期限为两年；

2. 在第一年修业期中，每人每月给予生活费五十元，并由本校供给住宿；

3. 在第一年修业满期后，考核成绩，其成绩及格者，继续给予生活费，其成绩优良者，得外加奖金，成绩不及格者，停止修业；

4. 全部修业满期后考试及格，依照部章给予证书。

五、考期　接收著作于九月三十日截止，十一月一日考试报名处：广西宜山本校。

来源：《国立浙江大学校刊》复刊第35期，1939年9月1日

国立浙江大学文科研究所史地部招生办法　1939年

一、名额　本所招收研究生五名，暂分下列各组：

1. 历史组　　　由向达先生领导；

2. 地形组　　　由叶良辅先生领导；

3. 气象组　　　由涂长望先生领导；

4. 人文地理组　由张其昀先生领导。

二、资格　应考人员须具有下列之资格：

1. 公私立大学史学系地理系及史地系毕业（他系毕业，如经原校教授特别介绍亦得应考）；

2. 著有论文者；

3. 年龄在三十岁以下，身体强健者。

三、考试　考试之程序如下：

1. 应考人须于报名时缴付（甲）毕业证明文件，及二寸半身相片三张，（乙）论文，（丙）原校系主任或教授之介绍信（此项如无可缺）。

2. 本所收到后即付审查，初审合格者，通知在宜山或浙江龙泉、重庆、昆明应试。

3. 考试科目如下：（甲）口试，（乙）外国语试（英法德之一），（丙）笔试（就其论文性质作成试题以测其学力），（丁）体格检查。

4. 注意点，初审及录取均以论文为主要。

四、修业及待遇

1. 研究生修业期限为两年，但成绩优良而工作未能结束者，得延长一年。

2. 在第一年修业期中，每人每月给予生活费五十元，并由本校供给住宿。

3. 在第一年修业期满后，考核成绩，其成绩及格者，继续给予生活费，其成绩特优者，得外加奖金，成绩不合格者，停止修业。

4. 全部修业满期后，考试及格，依照部章给予证书。

五、考期　接收论文于九月三十日截止，十一月一日考试。报名处：广西宜山本校。

来源：《国立浙江大学校刊》复刊第35期，1939年9月1日

国立浙江大学图书馆教职员借书规则　1939年5月10日校务会议通过

第一条　教职员借书概凭图书馆所发之借书证，其用法各项规定如下：

（1）教职员借书证由图书馆制发，新任教职员须持校长办公室介绍函向图书馆出纳处领取，以后借还图书概凭此证；

（2）借书证如有遗失，须即向图书馆声明，在声明以前，如有被人拾得冒借

情事仍归原领证人负责。

第二条　借书手续：先向出纳处查明目录填就索书券，然后连同借书证交出纳处管理员登记，已借出者，并得预约。还书时，须得借书证同时送交管理员盖章注销，并将索书券取回作废。

第三条　借书册数限定十五种，西文书每种以两册为限，线装中文书每种以五册为限，图幅以二幅作一种论，所担任学程之教程书，不在此限。

第四条　借书期限以一个月为限，惟因教学上或专门研究之需得由该系盖章证明，向图书馆另行商定借书期限，但以十种为限。

第五条　借书逾期应由图书馆函催收回，如继催索三次不还，得暂停其续借新书。

第六条　教职员所借各书，图书馆因特别原因得随时通知取回之。

第七条　每届寒暑假开始时，借出图书必须全部缴还，以便清理。

第八条　借阅图书如有毁损或遗失，应照时价赔偿，如遗失其整套之一册，以整套论。

第九条　旧存期刊为应研究之需要得酌予借出册数以合订本五册为限，期限以一个月为限。

第十条　教职员如辞职及长期请假时，须将所借图书还清，如有未能还清情事，须照价偿纳。

第十一条　本规则经校务会议通过后，送请校长核准施行。

来源：《国立浙江大学校刊》复刊第66期，1940年11月2日

国立浙江大学图书馆学生借书规则　　1939年5月10日校务会议通过

第一条　国立浙江大学图书馆为办理学生借书特订定本规则。

第二条　学生借书概凭图书馆所发之借书证，其用法各项规定如下：

（1）学生凭注册证向图书馆出纳处领取借书证，以后借还图书概凭此证，于学期结束图书还清时，缴还注销之；

（2）借书证如有遗失，须即向图书馆声明，越三日可补领新证，此项补证须纳费二角；

（3）借书证遗失未经申明以前，如有被他人冒用，借书情事概归原领用人负责；

（4）借书证不得转借应用。

第三条　借书手续：先向出纳处查明目录，填就索书券，然后连同借书证交出纳管理员登记，如发觉需借之书已被人借出时，得填写预约单，俟该书还来时，有优先借阅权，还书时须将借书证同时送交管理员盖章注销，并将索书券取回作废。

第四条　借书册数每人以借阅中外文图书共计四种为限，外文书一册为一种，线装中文书每种以五册为限。

第五条　借书期限以两星期为限，如无他人需要得声明续借一次，续借以一星期为限，惟须将原书连同借书证带来登记。

第六条　借出图书期满即当归还，逾期不还，每种每日概课以罚金五分，逾期之书未还以前，并暂停其借书权。

第七条　学生所借各书，图书馆因特别原因得随时通知取回之。

第八条　借阅图书如有毁损或遗失，应照时价赔偿，如遗失其整套之一册，以整套论。

第九条　普通参考书如字典、辞书、年鉴、地图等，经提置阅览室专供公用者，各系指定之课程参考以及珍贵图籍，概不借出馆外。

第十条　期刊及报纸概不借出，旧刊因高年级专门研究之特殊需要，经系主任或指导研究之教授签字证明者，得酌量借出，手续与借阅图书同。

第十一条　每届学期结束以前，清理全部借出图书一次，学生至迟须于学期考试后三日内将所借图书全部缴还，假期中出借办法另行规定之。

第十二条　借阅图书时间除星期日外，规定每日上午九时至十二时，下午三时至五时，但必要时得随时变更之。

第十三条　本规则经校务会议通过，送请校长核准施行。

来源：《国立浙江大学校刊》复刊第66期，1940年11月2日

求是精神与牺牲精神　　竺可桢

　　诸位同学：诸君进到本校，适值抗日战争方烈，因为统一招生，发表较迟，又以交通不便，以致报到很是参差不齐，比旧同学迟到了一个月，才正式开课。诸君到浙大来，一方面要知道浙大的历史，一方面也要知道诸位到浙大来所负的使命。

　　浙江大学本在杭州，他的前身最早是求是书院，民国纪元前十五年（一八九七年即光绪二十三年）成立，中经学制更变，改名为浙江大学堂，浙江高等学堂。到民国十年，省议会建议设立杭州大学，但迄未能实现，到民国十六年国民革命军抵定浙江，始能成立。合前浙江公立工业专门学校和公立农业专门学校而成，所以浙大从求是书院时代起到现在可说已经有了四十三年的历史。到如今"求是"已定为我们的校训。何谓求是？英文是Faith Of Truth。美国最老的大学哈佛大学的校训亦是求是，可谓不约而同。人生由野蛮时代以渐进于文明，所倚以能进步者全赖几个先觉，就是领袖；而所贵于领袖者，因其能知众人所未知，为众人所不敢为。欧美之所以有今日的物质文明，也全靠几个先知先觉，排万难冒百死以求真知。在十六世纪时，欧美文明远不及中国，这不但从中世纪时代游历家如马哥孛罗到过中国的游记里可以看出，就是现代眼光远大的历史家如威尔斯，亦是这样说法。中世纪欧洲尚属神权时代，迷信一切事物为上帝所造，信地球为宇宙之中心，日月星辰均绕之而行。当时意大利的布鲁诺（Bruno）倡议地球绕太阳而被烧死于十字架；物理学家伽利略（Galilio）以将近古稀之年亦下狱，被迫改正学说。但教会与国王淫威虽能生杀予夺，而不能减损先知先觉的求是之心。结果刻卜勒（Kepler）、牛顿（Newton）辈先后研究，凭自己之良心，甘冒不韪，而真理卒以大明。十九世纪进化论之所以能成立，亦是千辛万苦中奋斗出来。当时一般人尚信人类是上帝所创造，而主张进化论的达尔文、赫胥黎等为举世所唾骂，但是他们有那不屈不挠的"求是"精神，卒能得最后胜利。所谓求是，不仅限为埋头读书或是实验室做实验。求是的路径，中庸说得最好，就是"博学之，审问之，慎思之，明辨之，笃行之"。单是博学审问还不够，必须审思熟虑，自出心裁，独著只眼，来研辨是非得失。既能把是非得失了然于心，然后尽吾力以行之，诸葛武侯所谓"鞠躬尽瘁，死而后已"，成败利钝，非所逆睹。我再可以用历史上事实来做几个笃行的引证。十六世纪时，一般人士均信地是平的，地中海是在地之中，所以叫地中海，意大利人哥伦布（C. Columbus）根据希腊哲学家的学说，再加上自己的研究，相信地是圆的。他不但相信，而且能根据他的信仰以达到新大陆。哥伦布的一生梦想就是想到新大陆。但意大利王和欧洲一般人都不热心，最后还是西班牙王给他钱，装了三船的囚犯，向大西洋冒险出发，卒达美洲，这才可称为"求是"。中国的往史，不乏这样例子，最近的就是中山先生。满清以数百万文化低落游牧部队，灭亡明朝，奴使汉族，以少数制多数，以低文化的民族，来压迫文化高的民族，这是不得其平。但一般人都不敢讲，若有人敢提到兴汉灭满，就是极大的危险。雍正、乾隆两代文字狱是一个明证，至于实行革命，更是难能。唯有中山先生不但鼓吹革命，而且实行革命，这革命精神，正是源于求是的精神。

浙江大学原在杭州。诸位到过杭州的，晓得杭州苏堤南端有一古墓，是明末张苍水先生（名煌言）的墓。自李闯入京，崇祯缢死煤山，吴三桂请清兵入关。张苍水是宁波一举人。明亡屡起义兵，及鲁王亡，张名振亦殁，而郑成功居海上抗清，受桂王册封，公亦遥奉桂王。其时桂王已势衰走云南，清军方致力于西南。张公遂乘机和台湾郑成功联军攻长江，下芜湖等二十七州县，从镇江直逼南京，以成功轻敌深入，败于南京。公知事不可为，乃潜居于南田小岛上，为汉奸所卖被逮，劝降不屈，从容就义于杭州。他给劝降的赵廷臣说道："盖有舍生以取义，未闻求生以害仁"，又说到："义所当死，死贤于生。"象张苍水这样杀身成仁，也是为了求是。

以上是讲到浙大校训"求是"的精神，这是我们所悬鹄的，应视为我们的共同目标。其次就要讲诸位到本校来的使命。在和平时期我国国立大学每个学生，政府须费一千五百元的费用。在战时虽是种种节省，但诸位因沦陷区域接济来源断绝的同学，还要靠贷款来周济，所以每个学生所用国家的钱，仍需一千元左右。现在国家财源已经到了极困难的时候，最大的国库收入，以往是关税，现在大为减色，其次盐税，因为两淮和芦盐区的陷落，以及两粤交通的不方便，亦已减收大半。在这国家经费困难的时候，还要费数百万一年的经费来培植大学的学生，这决不仅仅为了想让你们得到一点专门学识，毕业以后可以自立谋生而已。

而且现在战场上要的是青年生力军，不叫你们到前线去，在枪林弹雨之中过日子，而让你们在后方。虽则各大学校的设备不能和平时那样舒服，但是你们无论如何，总得有三餐白饭，八小时的睡眠，和前线的将士们不能比拟。就和我们同在一地的军官学校的学生相比，也要舒服多了。他们常要跑到野外练习战术，有时四十八小时没有睡眠，整个白天没得饭吃，行军的时候，一天要跑到一百二十里，背上还要负荷二三十斤的粮食军需。国家既如此优待诸君，诸君决不能妄自菲薄，忽视所以报国之道。国家给你们的使命，就是希望你们每个人学成以后将来能在社会服务，做各界的领袖分子，使我国家能建设起来成为世界第一等强国，日本或是旁的国家再也不敢侵略我们。诸位，你们不要自暴自弃说负不起这样重任。因为国家用这许多钱，不派你们上前线而在后方读书，若不把这种重大责任担负起来，你们怎能对得起国家，对得起前方拼命的将士？

你们要做将来的领袖，不仅求得了一点专门的知识就足够，必须具有清醒而富有理智的头脑，明辨是非而不徇利害的气概，深思远虑，不肯盲从的习惯，而同时还要有健全的体格，肯吃苦耐劳，牺牲自己，努力为公的精神。这几点是做领袖所不可缺乏的条件。去年英国全国学生联合会，在诺亭亨（Nottingham）开会，他们报告已经出版，在新出的《民族》杂志上，就有一篇简单的节略。从这报告可看到英国的学生觉到，在现时欧洲群雄争长，有一触即发之势。他们所需要：第一是专门技术，使他们一毕业即在社会上成为有用的分子；第二是要有清醒头脑，对于世界大事有相当认识。这固然是不错的，但我以为第三点要能吃苦耐劳和肯牺牲自己，是更不可少的要素。去年九月的明兴会议（Munsen）就可以作一个很好的例子。明兴会议的结果，无疑的是希特勒很大的成功，而是英法两国的可耻的失败，白白牺牲了英法的与国捷克斯拉夫。但是为什么英法尤其是英国会甘心屈服的呢？一般人以为英法俄捷四国合起来的军备不及德意两国，这是大大不然。据去年十二月份《十九世纪》*The Nineteenth Century*杂志上沙卜德少校所发表的统计，就可知欧洲各大国陆军数如下：

国　　别	常备军	后备军
德国	1，000，000	2，000，000
意国	500，000	1，000，000

续表

国　　别	常备军	后备军
法国	660,000	5,000,000
捷克	750,000	2,000,000
英国		1,000,000
俄国	1,330,000	14,000,000

　　海军则英国三倍于德意志，而意国海军尚不及法，俄国姑不论。空军则战争开始，德国可出三千架飞机，意大利二千五百架，后备者两国合计约三千架。而英法俄最初即可加入七千架，后备三千架。英法既在海陆空三方都占到绝对优势，何以张伯伦会忍耻受辱作明兴之盟。果然如沙卜德所云，德国可以于三个月内征服捷克，而英法俄三国均鞭长莫及。因为俄国须取道于罗马尼亚或波兰，而英法欲救捷克，则非征服德国北部不可，但如假以时日，英法终能取得最后之胜利。而英法为什么竟至屈服，甘弃捷克于不顾呢？这是很显明的。由于英国保守党和一般有资产阶级的人们不肯牺牲自己的安全舒适的生活，来为国家保持威信。所以当八月间欧洲各国剑拔弩张一触即发的时候，英法诸国统下了动员令。起初民气很激昂，但不久因为母别其子，妇别其夫，物价高涨；儿童防德国飞机来袭，统移乡下去；一般人民眼看到伦敦利物浦纸醉金迷笙歌太平的世界，一刹那间就要变成德国飞机轰炸的目的物；于是不到两星期民气就消沉下来。所以等到张伯伦从明兴得到和平回来，英国人民如释重负，甚至感激流涕，而大英的威信如何，在所不顾了！法国威根将军说，德国这样狂妄自大，着实可恶，而其人民之能万众一心，公而忘私，却值得法国人之钦佩与模仿的。所以做领袖的人物，不但要有专门技术，清醒头脑，而且要肯吃苦，能牺牲一己，以卫护大众与国家的利益。中国现在的情形，很类似十九世纪初期的德意志。德意志自从大腓烈特（Frederick the Great）为国王以后，渐有国家的观念。不久法国拿破仑当国，自从1976年—1980年十余年间侵略德意志，得寸进尺，不但尽割莱茵河以西之地，并且蚕食至于易北河以西沿海一带尽归法国之版图。爱国志士如费希德（Fichte）等，大声疾呼，改良德国教育制度，废除奴籍，整顿考试制度，卒能于短期间造成富强统一之德意志。费希德在其告德意志民众的演说中有云："历史的教训告诉我们，没有他人，没有上帝，没有

其他可能种种力量，能够拯救我们。如果我们希望拯救，只有靠我们自己的力量。"诸位，现在我们若要拯救我们的中华民族，亦惟有靠我们自己的力量，培养我们的力量来拯救我们的祖国。这才是诸位到浙江大学来的共同使命。

来源：《国立浙江大学校刊》复刊，第12期，1939年2月12日

此文系作者1939年2月4日对一年级新生的讲话。

浙江大学宜山校舍被炸纪实　　振公　1939年

宜山僻邑，自抗战以来，警报虽时发，敌机至者甚鲜。二月四日贵阳被炸，敌机十八架过境南飞，居民渐有戒心，乃次午果有敌机十八架大炸宜山之事。自晨十一时十五分闻机声，四十五分离去，半小时内，环行四匝，轰炸三次，城内外掷弹五六十枚，机关枪更自西而东，鸣声如雷，无片刻停息。计毁县党部、图书馆、乐群社及西街、南街、西南城厢汽车站民房百数十间，死二十余人，伤七十余人，而国立浙江大学标营宿舍方隅之地，独中烧夷弹爆裂弹百十八枚之多（已点查明白之数），其为蓄意破坏文化机关，殆无疑义。

标营为旧营房，位城东郊三里许，浙江大学迁宜后，辟为二三四年级宿舍，寄居学生凡三百三十有九人，北接大操场，广数十亩。宿舍东侧，新建大礼堂，操场西侧，则建新教室二十二座，在此授课者大半。五日虽系星期而补课者尚数班。警报既发，师生奔避于附近乳壕石山中，而轰炸数四，巨声震天，其势惨烈。东宿舍着弹火起，体育课诸教师俟机声稍息，率诸生扑救，复至又走避，一往复间，驰去渐远，有不忍去者，数八掖而走，俄顷间视故所匿处，则皆烟尘迷乱，立立巨穴。某生伏处，迫近一弹，泥秽瘗其身至不可见，同匿者环而泣，某生伤固微，闻声跃起，执手大慰。其他弹裂衣者，石决踵者，沙土被面者，巨石击其背至仆者，铁片摩肩越顶而过者，不一而足，唯徐生嘉淼，为碎弹击伤后

颈，高生昌瑞伤指，较重，越日亦愈。计全校师生员役眷属居宜山城内外者逾千五百人，而皆获保全性命，实大幸也。全校房屋器物被毁者，计标营东宿舍一座八间，大礼堂一座，新教室三座，十四间，体育课办公室、导师办公室、训育处、事务课办公室、阅报室各一间，校工室三间，桌椅杂物称是。四周厨房、宿舍、储藏室、饭厅、门房及杂屋数十间，亦毁损不能居人。又毁钢琴一具，跃去数十丈外，又体育场三十亩，巨穴密列，如植园蔬，不可用，一弹入地未炸，球架平台等体育设备全毁，总计校产损失约值三万元。

东宿舍所居为二年级生，共二百二十二人，除身所衣者外，其书籍衣被箱箧，荡然无存，有积储，亦皆焚去，总计学生损失又约值二万元。即夜辟教室为寝所，师生家属行装稍裕者，皆出其余以赒急，粗可寝处。复由校拨二千元，教职员捐俸三千元，为购衣被之需。停课两日，修葺教室，八日起照常授课。教职员被祸者，则工学院李乔年寓所全毁，文理学院胡刚复院长及诸葛振公秘书寓所毁一部。

来源：《浙江大学西迁纪实》，1939年

国立浙江大学宜山学舍记　竺可桢　1939年8月

本校在宜山一年，蒙当地人士之协助，拨文庙、工读学校及标营等处房屋场地以为校舍之用，得以弦诵不辍，虽竹庐茅舍，而研读如故，因特在文庙"宜山县城池图"碑旁（物理实验室平台前）立本校学舍纪念碑一方，以为永久纪念。该碑原文如下：

将欲抗顽虏，复失壤，兴旧邦，其必由学乎。丁丑之秋，倭大入寇。北自冀察，南抵闽粤，十余省之地，三年之间，莫不被其毒。唯吾将士，暴露于野者，气益勇；民庶流离于道者，志益坚。其学校师生，义不污贼，则走西南数千里外，边徼之地，讲诵不辍。上下兢兢，以必胜自矢。噫！此岂非公私义利之辨，夷夏内外之防，载在圣贤之籍，讲于师儒之口，而入于人人之心者。涵煦深厚，一遇事变，遂大作于外欤。当军兴之四月，国立浙江大学以杭县且危，尽其有以迁建德；逾二月，桐庐告急，徙泰和；二十七年七月，虏犯九江，复之宜山而校焉。宜山之为县，当黔桂孔道，其长吏若民，多通材达识，喜多士之至也，划县中之文庙，东郊之标营，暨工读学校以与焉。乃鸠工庀材，修其蔽坏，涤其黝污，取蔽风雨，务绝华靡，故工不劳而集，费不侈而完。又择隙地，结茅架竹，为屋数十椽以益之。凡讲艺之堂，栖士之舍，图书仪器之馆，校长百执事之室，以至庖湢之所，电工之厂，游息树艺之场，莫不备具。于是五院之师生千有余人，皆得时以时讲贯于其中，应变以常，处困以亨，荡丑虏之积秽，扬大汉之天声，用缵邦命于无穷，其惟吾校诸君子是望乎。

来源：《国立浙江大学校刊》复刊第47期，1940年6月22日

国立浙江大学组织大纲
1940年5月17日第三十一次校务会议通过
教育部1940年8月12日参字第二六二五四号指令准予备案

第一章　总则
第一条　本大学依据中华民国教育宗旨及实施方针，以阐扬文化，研究学术，养成健全品格，培植专门人才为宗旨。

第二章　组织
第二条　本大学设下列各部分：
一、学制组织
文学院　设中国文学、外国语文学、史地学等学系。

　　　　　　　文科研究所设史地部。

　　理学院　设数学、物理学、化学、生物学等学系。

　　　　　　　理学研究所设数学部。

　　工学院　设电机工程、化学工程、土木工程、机械工程等学系并附设工厂。

　　农学院　设农艺、园艺、农业化学、植物病虫害、蚕桑、农业化学等学系并附设农场林场。

　　师范学院　设教育、国文、史地、英语、数学、理化等学系并附设实验学校。

　　各学院之学系有必要时得再分组。

　　二、行政组织

　　教务处　设注册组及图书馆。

　　训导处　设生活指导、军事管理、体育卫生等组。

　　总务处　设文书、庶务、出纳、医务等组。另设会计室。

　　第三章　教职员

　　第三条　本大学设校长一人，综理全校校务，由国民政府任命之。校长办公室设秘书一人，秉承校长处理本室及校长所指定事项，由校长聘任之。

　　第四条　本大学各学院各设院长一人，由教授兼任，秉承校长，综理各该院院务，由校长聘任之。各学系各设系主任一人，由教授兼任，教授、副教授、讲师、助教各若干人，均由各该院院长商请校长聘任之。工厂、农场、林场、实验学校各设主任一人，由各该院院长就教授、副教授中商请校长聘请兼任之，分别秉承校长、各该院院长掌理各该厂场校事务。

　　第五条　本大学得设一年级主任一人，秉承校长并商承教务长、各学院院长、训导长，处理一年级教务及训导事宜，由校长就教授中聘请兼任之。

　　第六条　本大学文科研究所史地部、理科研究所数学部各设主任一人，由校长就教授中聘请兼任之。

　　第七条　本大学教务处设教务长一人，由教授兼任，秉承校长，主持全校教务事宜，由校长聘任之。

　　注册组及图书馆各设主任一人，秉承校长、教务长，分别处理各该组馆事宜，由校长聘任之。

第八条　本大学训导处设训导长一人，由教授兼任，秉承校长，主持全校训导事宜，由校长聘任之。

生活指导、军事管理、体育卫生等组各设主任一人，由教职员兼任，秉承校长、训导长，分别处理各该组事宜，由校长聘任之。

训导人员应遵照训导人员资格审查条例办理。

第九条　本大学总务处设总务长一人，由教授兼任，秉承校长，主持全校总务事宜，由校长聘任之。

文书、庶务、出纳、医务等组，各设主任一人，秉承校长、总务长，分别处理各该组事宜，由校长聘任之。

第十条　本大学会计室设会计主任一人，由国民政府主计处任用，依法受校长之指挥，办理全校岁计会计事宜。

第十一条　本大学因事务上之需要，得在各部分设处员、组员、文牍员、助理员、书记等，由校长任用之。

第十二条　本大学各部分办事细则另订之。

第四章　会议及委员会

第十三条　本大学设校务会议，以全体专任教授、副教授所选出之代表若干人（每十人至少选举代表一人），及校长、教务长、训导长、总务长、各学院院长、一年级主任、各学系主任、会计主任组织之，校长为主席，讨论全校一切重要事项，前项会议校长得延聘专家列席，但其人数不得超过全体人数五分之一。

第十四条　本大学设教务会议，由教务长、各学院院长、一年级主任、各学系主任，及教务处各组馆主任组织之。教务长为主席，讨论全校一切教务事宜。

第十五条　本大学各学院各设院务会议，以院长、各学系主任，全体教授、副教授及附属机关主任组织之。院长为主席，计划本院学术设备事项，审议本院一切进行事项。

第十六条　本大学设训导会议，由校长、训导长、教务长、各学院院长、各主任导师、全体导师及训导处各组主任组织之。校长为主席，讨论全校一切训导事宜。

第十七条　本大学设总务会议，由总务长及总务处各组主任组织之，总务长为主席，讨论全校一切总务事宜。

　　第十八条　本大学因校务上之需要，得设招生、公费免费奖学金、学生贷金、建筑、章则修改、出版、学术工作咨询、社会教育推行及其他委员会，各种委员会委员均由校长就教职员中聘请兼任之。

　　第十九条　本大学校务会议规则及议事细则、其他各种会议规则、各种委员会规则另订之。

　　第五章　入学资格及修学年限

　　第廿条　本大学学生入学资格须曾在公立或已立案之私立高级中学或同等学校毕业，经入学试验及格者。

　　第廿一条　本大学学生之修学年限：师范学院五年，余均四年。

　　第六章　附则

　　第廿二条　本大纲经校务会议通过，校长核准呈请教育部备案后，由校长公布施行。

　　第廿三条　本大纲如有未尽事宜，得依照第廿二条规定之手续修改之。

　　第廿四条　本大学因抗战期间事实上之需要，设龙泉分校，其章则另订之。

来源：《国立浙江大学校刊》复刊第57期，1940年8月31日

国立浙江大学教职员节约建国储蓄办法　1940年

　　第一条　本校为提倡节约建国储蓄起见，订定本办法。

　　第二条　各教职员认购金额统以实之薪额为标准：

　　（1）薪额在五十元及五十元以下者，至少认购甲种储蓄券五元；

　　（2）薪额在五十一元于一百元者，至少认购甲种储蓄券十元；

（3）薪额在一百零一元至一百五十元者，至少认购甲种储蓄券十五元；

（4）薪额在一百五十一元至二百元者，至少认购甲种储蓄券二十元；

（5）薪额在二百零一元至二百五十元者，至少认购甲种储蓄券二十五元；

（6）薪额在二百五十一元至三百元者，至少认购甲种储蓄券三十元；

（7）薪额在三百元以上者，至少以薪额百分之十认购甲种储蓄券（其不足五元之零数，统凑足五元，例如薪额百分之十为三十六元，则认购甲种储蓄券四十元）。

第三条　各教职员如欲较第二条规定多购或少购，统请于十二月十日以前通知出纳室，否则即依第二条规定办理。

第四条　各教职员所认储券之款项，先由学校一次垫缴，由出纳组造具清册，向遵义中国、交通、农民三银行分购甲种储蓄券暂行保存。

第五条　由学校垫购之款，自十二月份起分三个月在各教职员薪金内摊扣，至扣清之月，即将购存之券，分发各本人存执。

附注：甲种储蓄券系甲种节约建国储蓄券之简称，分五元、十元、五十元、一百元、一千元、一万元七类记名，如有遗失可挂失及申请补发，唯不得转让或赠与，得依券面价值购买，但购买时须填具领购申请书及留盖图章或签字画押；利息依存期之长短，可得六厘至七厘半；存满六个月后，可向原售券处或中央信托局本局、各地分局代理处兑付。

来源：《国立浙江大学校刊》复刊第69期，1940年11月23日

国立浙江大学导师分配办法　1940年

本大学文、理、工、农四学院学生导师分配办法已经二十九年十一月十五日行政谈话会及训导会议临时常务委员会联合会议通过，兹将此项办法录志于后：

1. 一二年级学生注意为人及为学之基本训练，三四年级学生兼重专门学术研究之指导。

2. 导师之分配由训导长会同主任导师主持，并由本院院长及一年级主任聘任。

3. 一年级生导师不分院系，由训导长会同主任导师、一年级主任于全校秘书处教职员中接洽后商请校长聘定之。

4. 二年级生导师除由学校参考各生志愿指定一人外，得由学生本人于全校教职员科员选洽一人，唯须先得训导长及主任导师之同意。

5. 三四年级导师以本院系之教师为限，由训导长会同主任导师参考各生之志愿，分别接洽后商请校长聘定之。并得于本校教职员中自行选洽一人，但须先得训导长及主任导师之同意。

6. 各导师所训导学生之人数，一二年级以十五人为度，三四年级得酌量增加。

7. 训导处得会同各导师以原有生活指导、军事管理、体育卫生等三组为中心，成立各种委员会以辅助训导工作之进行。

8. 凡情形特殊之三四年级生，必要时得由训导长会同主任导师商请导师予以特殊训导或并补受各种基本训练。

9. 学生导师分配就绪后，由训导长会同主任导师呈请校长核定公布之。

来源：《国立浙江大学校刊》复刊第68期，1940年11月16日

国立浙江大学招收转学生办法　1940年

本校二十九年度招收转学生之系级及办法如下：

（一）系级：以下各系招收二三年级转学生：

文学院　中国文学系、外国文学系、史地系；

理学院　数学系、物理系、化学系、生物系；

工学院　化工系、土木系；

农学院　农艺系、园艺系、蚕桑系、病虫害系、农业化学系（本系只招三年级转学生）；

师范学院：国文系、英语系、教育系、史地系、数学系、理化系。

（二）手续：转学生须于六月三十日以前，将附有最近相片之转学证书、学行成绩单及医生检查体格书，并注明报考统一招生区名，寄到本校教务处审查，其所请转之学系以原校所入之院系为限。

（三）考试：审查合格后，先经教育部统一招生之入学考试（凡曾经统一招生录取者，可以免考），取录后，于开学后再受编级试验。

（四）附告：转学生报考统一招生之入学考试时，报名单上务应注明"报考浙大转学生"字样。

来源：《国立浙江大学校刊》复刊第47期，1940年6月22日

国立浙江大学廿八年度未入学学生来校变通办法　1940年

本大学兹为再予二十八年度统一招考录取分发本校，因特殊事故未能入学学生之求学机会起见，特订变通办法；凡具有上项资格并曾于三月八日前来函申请保留学籍者，准予延至下学年与二十九年度录取新生同时入学，惟须于七月十日前（以邮戳日期为凭），预缴高中毕业证书、二寸半身照片四张及保证金十元，以便登记，保证金于将来入学后得移作缴费之用，以上办法逾期不再通融云。

来源：《国立浙江大学校刊》复刊第48期，1940年6月29日

国立浙江大学总校与分校新生入学临时救济原则　1940年

　　廿九年度统一招考录取各生经部分发者，奉教部规定一律不准请求改分，惟查本届投考各生，于报名填写志愿时，容或未加详细考虑，间亦有于考毕后奔赴他地，而目前各处交通工具缺乏，行旅极度困难，致揭晓后无法前来遵义，或径往龙泉报到入学，且亦有分发龙泉分校之学生，现今已在川桂滇黔等省，而分发总校之学生，则因交通梗阻，川资难筹，尚滞留浙闽苏皖等处者，本大学为仰体政府作育人才之本旨，对于此项学生特订定临时救济原则如次：

　　（一）凡教部分发龙泉分校学生，申请在总校肄业，其本人已入黔者，得予照准。

　　（二）凡教部分发总校学生，除师范生外，申请在龙泉分校肄业，其能于分校开学前申请报到者，得由分校按其校舍等设备之容量，酌予照准，惟明年入黔旅费须自理。

来源：《国立浙江大学校刊》复刊第62期，1940年10月5日

国立浙江大学工读委员会订定工读办法　1940年

　　竺校长为鼓励经济困难同学自食其力起见，特遴选人员组织工读委员会，主持学生工读事宜。该委员会成立后，厘订章程，与各部分取得密切联络，俾尽量扩充工读机会，其工读办法业经开会议决，兹摘录如次：

　　一、工作分甲乙两种，需要全部时间工作或专门技术者，如抄写绘图等，为甲种工作。工作较轻者，如出纳保管等，为乙种。每项工作之种类，由工读委员

会事前决定之。

二、甲种工读时间，每星期不得超过十小时；乙种工读时间，每星期不得超过十四小时。

三、甲种每小时报酬四角；乙种每小时三角。

四、工作优良者，得将其工作时间酌量放宽计算。

五、每计件工作，其报酬以时间折合计算，请各部分拟送本会审查规定之。

六、通知各部分征求工作并布告学生登记工读。

七、由本委员会印就表格，分发各部分，请主管人员将每月或每星期工读学生实做工作时间及应得报酬于月底填报本会，由本会汇集通知总务处以便发给报酬。

来源：《国立浙江大学校刊》复刊第64期，1940年10月19日

国立浙江大学学生贷金暂行办法　　1940年10月20日

一、本贷金专为战区经济来源断绝之学生而设。

二、本贷金由大学贷金委员会主持办理。

三、经济拮据之学生，得由本校令其参加工读，工读所得仍不足维持生活者，得申请贷金。

四、本贷金准给学生之总额暂定为全校人数之三分之一（师范学院学生另计，该院学生遇有必要时，只准请给零用贷金）。

五、非战区学生，如经济来源断绝，而有确实证明者得申请贷金，其名额不得超过战区学生名额十分之一。

六、凡本大学正式借读生，确有贷金之需要并有负责之证明与担保人者，均得向贷金委员会申请贷金。复学生于复学之第一个月，新生于初入学之三个月内，不得申请；惟在中等学校时代向由公私团体贷金维持在一年以上，而证明有据者，

不在此限。新生初次申请贷金，须附原肄业学校或原籍县政府清寒证明文件。

七、各生请求贷金，应于开学后二星期内填具申请书，送呈贷金委员会审查，其认为长期需要贷金者，得一次核准六个月，并公布其名单，逐月发给。其未经一次核准六个月及中途需要贷金者，须按月申请。

八、请求贷金学生，有二人以上经济状况相类而为本贷金总额所限，不能同时领得时，应依其学业及操行成绩之顺序定之。

九、贷金学生无力缴付学杂等费者，得于每学期开学时另请特别贷金。

十、领取贷金之学生，在一学年内如另得家庭或其他私人之接济，钱数超过五十元者，其超过之数，以二十五元为一级，依其超过之数，自结算之月起，停止其此后申请贷金之月数。

十一、贷金学生之请准公费者，贷金即予停止发给，并将其本学期所贷之款扣还。

十二、寄宿校外之学生，限于寄宿之地不付房租者，始得清偿贷金。

十三、贷金学生在暑假或寒假期内离校者，其贷金应予停止发给（廿七年十一月部令）。

十四、学生贷金应于毕业后三年以内分期偿还（廿九年五月廿一日部令）。

十五、本办法由贷金委员会议决，经校长核准后公布施行。

来源：《国立浙江大学校刊》复刊第64期，1940年10月20日

国立浙江大学贷金委员会决定贷金审核办法三项

本校贷金委员会为郑重核给学生贷金起见，业于三月四日本大学行政谈话会及贷金委员会联席会议，议定审查贷金办法三项，依照次序分别举办。兹悉贷金委员会已于三月八日以第三号布告将此项办法公布如下：

行政谈话会及贷金委员会联席会议决审定贷金办法：

1. 由全体学生记名普选，每人选举最需要贷金之同学十人，选举票由训导处准备，各生须将该票填就，于注册时呈缴注册组，再由注册组汇送训导处开票，录取一假定名额，其确数由贷金委员会视实际情形核定之。

2. 以学生人数为比例，由训导处规定每院级可得贷金学生之名额（第一项名单除外），由各本院级学生互选决定后呈贷金委员会核定之。

3. 施行上列二项办法后，如尚有实需贷金而未得者，得径向贷金委员会申请，由该委员会全体委员召集全体申请学生一一面加训察，视实际情形核定。

来源：《国立浙江大学校刊》复刊第83期，1941年3月15日

国立浙江大学徐学韩女士奖学金办法　1941年6月3日

第一条　陈剑翛先生为纪念故夫人徐学韩女士生平贤慧淑德，特捐资国立浙江大学国币一千元，长期存入银行为基金，每年以息金全部（约一百元）为徐学韩女士奖学金。

第二条　本奖学金名额定为一名，每年分二学期发给。

第三条　本奖学金每年轮流奖给国立浙江大学各学院三四年级学生最近二学期学业成绩优异、品行纯正、体格健全者。

各学院轮流之次序如后：

一、师范学院　二、文学院　三、理学院　四、工学院　五、农学院

第四条　本奖学金之审核由国立浙江大学公费免费奖学金委员会办理之。

第五条　领受本奖学金学生有下列情形之一者，停止发给其第二学期奖学金：

一、第一学期之成绩总平均不及八十分者；

二、品行不良或违犯学校纪律而受处分者；

三、中途退学或休学者。

有第二款之情事者，除停发奖学金外，并追缴其已领受之奖学金。

第六条 凡停止或追缴所得之奖学金，仍得于第二学期奖给同院其他学生，其核给办法与第三、第五条同。

第七条 凡领受其他奖学金、助学金，其数额在本校公费以下者，仍得领受本奖学金。

第八条 本奖学金自三十年度第一学期开始核给。

第九条 本办法由国立浙江大学公费免费奖学金委员会通过并得捐赠人之同意，经校长核准公布施行。

来源:《国立浙江大学校刊》复刊第96、97期，1941年6月21日

国立浙江大学各科研究生奖学金规则　1942年

第一条 本规则依照部颁大学研究院暂行组织规程第十一条订定之。

第二条 本大学各科研究所研究生之奖学金每学年给予一次。

第三条 研究生奖学金计分甲、乙、丙三种，每名甲种五百元，乙种三百元，丙种二百元，依其成绩给予之。

第四条 研究生成绩优异者，得由各研究部主任于每学年分别考定，呈请校长核给奖学金。

第五条 本奖学金宁缺毋滥，如无相当成绩之研究生时即停止发给。

第六条 本规则如有未尽事宜得随时增改之。

第七条 本规则自奉部核准备案之日施行。

来源:《国立浙江大学研究院一览》，1943年

修订国立浙江大学各科研究生奖学金规则　1942年

　　本规则（《国立浙江大学各科研究生奖学金规则》）已呈奉教育部核准，惟第三条经第一次研究院章则委员会三十一年七月十四日修改如下：

　　第三条　研究生奖学金计分甲、乙、丙三种，每名甲种一千元，乙种五百元，丙种三百元，依其成绩给予之。

来源:《国立浙江大学研究院一览》，1943年

国立浙江大学研究院奖金规则　1943年

　　本院为奖励青年教员推进学术研究，并设研究院奖金，在经常费之学术研究项下支出。凡本校教授、讲师及助教，年在三十岁以下有特殊贡献，由各院推荐，经校外委员三人审查通过给予之。名额及金额暂定自然科学、人文科学、应用科学各一名，每名奖国币二千元。

来源:《国立浙江大学研究院一览》，1943年

科学之方法与精神　1941年　竺可桢

近代科学的起源在西洋亦不过三百年前的事。在十六世纪以前，一部《圣经》和亚理士多德的著作，控制了欧洲人的一切行动与思想。这时候欧洲的人生观，以为宇宙内一切乃上帝所创造，人为万物之灵，地球在宇宙之中，日月五星及恒河沙数的星宿，统绕地球而行。凡是怀疑这类人生观，以及违背《圣经》和亚理士多德之主张者，就是大逆不道。从公元二世纪以迄十六世纪，"地球为万物中枢说"成了牢不可破的信仰，无人敢置一词。直到十六世纪初波兰人哥白尼（1473—1541年）始创了"日为中枢说"。当时宗教和神权势力弥漫全欧，哥白尼《天体的运行》这部书，到他去世才敢出版。但哥白尼并没有确实证据，可以打破地球为万物中枢的学说，他断定地球绕太阳而行，是一种推想，一种理论。推翻"地球为万物中枢"的学说，掀起欧洲思想界革命，全靠十六七世纪几位先知先觉的科学家。其中最重要的四位是刻卜勒（John Kepler，1571—1630年），培根（Francis Bacon，1561—1626年），伽利略（G. Galilio，1564—1642年）和牛顿（Isaac Newton，1642—1727年）。

在叙述上面几位科学先驱的工作以前，不得不一讲近世科学的方法。所谓科学方法，就是科学上推论事物的分类。亚理士多德分推论为三类，就是（1）从个别推论到个别。如说这物有重量，就推想到那物也有重量，这称类推法。（2）从个别推论到普遍。如说这物有重量，那物也有重量，就推论到所有物件统有重量，这称归纳法。（3）从普遍推论到个别。假如我们断定凡物统有重量，就推论到某一物亦必有重量，这称演绎法。这三种推论中，第一种用不着多少理智，而第二、三种却因为有概括的观念，必须用理智。高等动物如猫狗之类，和年幼的小孩，统能类推，但不能演绎或归纳，这其间的分别，十九世纪英国哲学家米尔（John Stuart Mill）已经指示我们了。科学方法可说只限于归纳法与演绎法，以大概而论，数学上用的多是演绎法，而实验科学如化学、生理等所用的多是归纳法。二加二等于四，二点之间最短的距离是直线，统是显而易明的原则，从这原则可以推论到个别的事物。亚理士多德和千余年来他的信徒，均应用演绎法以推论一切。这种方法一推论到数目字以外，天然复杂现象，即有困难。如亚理士多德以为天空星球皆为天使，必能运行不息而循正轨，惟运行于圆周上，始能循环不息。从上两项原则，因得结论，所有星辰的轨道必为正圆的圆周。亚理士多德的信徒断定日月五星等各循一正圆圆周以绕地球，就是从这样演绎法推论得来的。最初主张用归纳法的人，要算培根。他并主张观测以外加以有系统的试验，详尽的记录，梓行出版，以公诸世，此即培根之所谓新法。培根虽提倡归纳和试验，但他自身并未实用。首先用归纳法来证明亚理士多德错误的，是刻卜勒。他的老师第谷（Tycho Brahe），在丹麦和波兰天文台尽毕生之力，测定星辰的位置。第谷死后，刻卜勒继续他老师的工作。从他们师生三十多年所观测火星的位置，决定火星的轨道，决非为正圆而为椭圆。太阳并不在轨道中心而在椭圆焦点之一。这才使刻卜勒怀疑亚理士多德权威的不足恃而成为哥白尼"日为中枢说"的信徒，刻卜勒的行星运行的三大定律，不久也就成立了。

同时在当时科学的发源地意大利，伽利略正用自造的望远镜以视察天体，发现了木星之外有四座卫星，和金星之有盈亏朔望，与古代传统学说，全不相符。他在比柴萨上的试验，更是轰动一时的。据亚理士多德的学说，凡事物自空中落下，重大者速而轻微者缓。伽利略的试验，证明了一磅重的铅球和一百磅重的铅球，从179英尺高的塔顶落下，是同时到达地面的。伽利略的实验不但证明了亚理士多德的错误，而且发现物体下降时之加速度是有一定规例的。这类收获完全是归纳法和应用实验的成效。牛顿更进一步，在1682年将刻卜勒的行星运行三条定律和伽利略的动力定律综合起来，成立了万有引力的定律。亚理士多德许多学说之不足信，和"地球为万物中枢"学说之不能成立，到此已无可疑义了。二千年来传统思想的遗毒，到此应可一扫而空。不过思想革命和政治革命一样，要收效果必得要相当年代。从哥白尼的《天体的运行》一书问世（1541年）迄牛顿万有引力定律的成立，中间经过了141年，欧洲人的宇宙观可说到此才拨云雾而见青天，近世科学的基础亦于此时奠定了。

近世科学又称归纳科学或实验科学，但是科学家从事工作，演绎法与归纳法必得并用。有许多结果，一定要用演绎法才能得出来。譬如讲到日蚀的预告吧，从归纳法我们可以断定一个不透明的物体，走到一无光体与一有光体之间，则无光体上必将投有黑影。但是几百年以前天文学家就可以算出1941年9月21日中午左右我国沿海从福建福鼎一直到西北兰州、西宁这一条线上，统可以见到日全蚀，那是要应用演绎法算出来的。又如刻卜勒何以能知火星轨道非正圆而为椭圆，牛顿何以能从刻卜勒的三条定律，来发现万有引力定律，这都是从演绎法得来的。相反，数学上有许多简单方程式，如甲加乙等于乙加甲，须得用归纳法来证明的。从此可以晓得近世科学，须是归纳演绎二法并用，才能收相得益彰之效。至于有计划的实验，是归纳法最有效的工具，而为我们中国所没有的。实验和单纯的观测法不同。单纯的观测是要靠天然的机缘，譬如日全蚀，我国黄河、长江流域从明嘉靖二十年（1542年）以来，到如今没有见过，四百年来本年是破天荒儿第一遭。若是全靠天然的机遇的话，天文学家要等四百年之久，不然就得跑遍全球，但至多也不过隔二、三年才见到一次。天文学家往往跋涉数千里以求得几分钟的观测，遇到日全蚀的时候，则巧阴翳蔽日，废然而返，这是常有的事。自从前数年李侯（B. Loyt）发明了日冕仪后，日全蚀可以用人工制造了。人为的实验，不特可以将时间次数随意增加，而且整个环境亦可以操诸吾人之手。譬如要证明疟疾是蚊子传带来的，我们一定要控制环境，使我们不但能确定所有生疟疾的人统曾经某一种疟蚊咬过，而且要晓得疟蚊所带的细菌，从蚊子身上传到人身血液中的循环、发育的步骤，和对于病人生理上的影响。惟其这样，才能断定病的来源，对症下药。自从十九世纪中叶帕斯德（Louis Pasteau）、科克（Robert Koch）几位细菌学专家把几种重要的传染病祸根弄清以后，接着李斯德发明消毒方法，以及近三四十年来人造药品的发现，欧美人口的死亡率大为减退。美国人在华盛顿时代平均寿命36岁，1850年为40岁，1900年48岁，到1940年便增到65岁，英、法、德各国近百余年来平均寿命亦有同样的增进。若是我们相信寿长是一种幸福的事，那这就是实验科学对于人类幸福最显著效果之一了。

　　但是提倡科学，不但要晓得科学的方法，而尤贵在乎认清近代科学的目标。近代科学的目标是什么？就是探求真理。科学方法可以随时随地而改变，这科学目标，祈求真理也就是科学的精神，是永远不改变的。了解得科学精神是在祈求真理，吾人也可悬揣科学家应该取的态度了。据吾人的理想，科学家应取的态度应该是：（1）不盲从，不附和，一切以理智为依归。如遇横逆之境遇，但不屈不挠，不畏强御，只问是非，不计利害。（2）虚怀若谷，不武断，不蛮横。（3）专心一致，实事求是，不作无病之呻吟，严谨整饬毫不苟且。这三种态度，我们又可用几位科学先进的立身行己来证明的。

在十六七世纪"地球为万物中枢"学说之被推翻，是经过一番激烈的论战，牺牲了多少志士仁人，才能成功的。公元1600年布鲁诺（Bruno）因为公然承认哥白尼"太阳为中枢"的学说，而被烧死于十字架上，即其一例。伽利略为了撰著两种宇宙观的论战一书偏袒了哥白尼学说，而被罗马教皇囚禁于福禄林，卒以古稀之年，失明而死。刻卜勒相信"太阳为中枢"之说，终身贫乏，死无立锥之地，这是近代科学先驱探求真理的代价。这种只问是非不计利害的精神，和我们孙中山先生的革命精神很相类似。认定了革命对象以后，百折不挠，虽赴汤蹈火，在所不辞。这种求真的精神，明代王阳明先生亦曾剀切言之。他说道："学贵得之于心。求之于心而非也，虽其言之出于孔子不敢以为是也，而况其未及孔子者乎。求之于心而是也。虽其言之出于庸常，不敢以为非，而况其出于孔子者乎。"他与陆元静的信里，又曾说道："昔之君子，盖有举世非之而不顾，千百世非之而不顾者，亦求其是而已，岂以一时之毁誉而动其心哉。"此即凡事以理智为依归之精神也。但阳明先生既有此种科学精神，而何以对于近世科学一无供献呢？这是因为他把致知格物的办法，完全弄错了。换言之，就是他没有懂得科学方法。他曾说："众人只说格物依晦翁，何曾把他的说用去。我着实曾用过工夫。初年与钱友同论作圣贤。要格天下之物，如今安得这等大的力量。因指亭前竹子去格看。钱子早夜去穷格竹子的道理。竭其心力至于三日，便致劳成疾。当初说是他精力不足，某因自去穷格，早夜不得其理，七日亦以劳致疾。遂相与叹圣贤是做不得的。无他大力量去格物了。"从现在看来不懂实验科学的技巧，专凭空想是格不出物来的。但是科学方法与科学精神比，则方法易于传受，而精神则不可易得。阳明先生若生于今世，则当独能格竹子之物而已。

科学家的态度，一方面是不畏强御，不受传统思想的束缚，但同时也不武断，不凭主观，一无成见，所以有虚怀若谷的模样。世称为化学鼻祖的波义耳（Robert Boyle）说，他真确能知道的东西，可说是绝无仅有。有人问牛顿，他在科学上的发明哪一件最有价值。他答道在自然界中，他好像是一个小孩，在海滨偶然拾得一块晶莹好看的石片，在他自己固欣赏不释手，在大自然界，不过是沧海的一粟而已。但是有若干科学家的态度，并不是那么虚心。十九世纪末叶英国物理学家的权威凯尔文（Lord Kelvin）就是一例。在那时凯尔文与其侪辈以为物理学上重要的理论与事实，统已大体发现了。以后物理学家的工作，不过是做点搜残补缺而已。他自认为生平杰作"地球年龄"这篇论文里，他以太阳辐射的力量，来估计太阳和地球的年龄，若是太阳里面发热的力量和煤一样强，地球的年龄至多也不得过四千万年。当时地质学家以海水所含的盐分和地面上水成岩的厚度来估计，生物学家以动植物进化的缓速作估计，统以为地球年龄非数万万年不为功。凯尔文很武断地把他们的论断加以蔑视。到了1895年伦琴（Rontgen）发现了X光线，1898年居里夫人（Madame Curie）发现了镭，不久物理学上大放光明，新发明之事实迄今不绝。据近来物理学家的估计，原子的能力，若能利用的话，要比同量的煤大五百万倍。所以地球的年龄可以尽量地延长，而凯尔文的估计，不得不认为错误了。

妄自尊大的心理，在科学未昌明时代，那是为各民族所同具的。我们自称为中华，而把四邻的民族，称为南蛮、北狄、东夷、西戎，从虫从犬，统是鄙视的意思。欧西罗马人亦有这类轻视傲慢的态度，到如今欧洲民族中尚存有斯拉夫、塞比雅等名称，这在古代文化先进的民族藐视后知后觉的民族，夜郎自大，并不足怪。但在人类学已经昌明的今日，竟尚有人埋没了科学的事实，创为优等民族的学说，如德国纳粹领导下所提倡的诺提种学说，而若干科学家尚起而附和之，则是大背科学精神了。

科学家的态度，应该是"知之为知之，不知为不知"，丝毫不能苟且。近代科学工作，尤贵细密，以期精益求精，以我国向来文人读书不求甚解，无病亦作呻吟的态度却相反。这于我国古代科学之所以不能发达，很有关系的。如以诗而论，诗人之但求字句之工，不求事实之正确，我国向来司空见惯不以为奇。如杜工部《古柏行》"孔明庙前有老柏，柯如青铜根如石，霜皮溜雨四十围，黛色参天二千尺"。想来杜甫生平不曾用过量尺。又唐人钱起诗"二月黄莺飞上林"。唐代首都在长安，黄莺是一种候鸟，至少要阴历四月底才到长安，这句诗里的景色，无疑是杜撰的。唐诗如此，现代的诗何尝不如此。诗固然要工，但伟大的作品，无论是诗文、音乐，或是雕刻，必须真善美三者并具。法国科学家邦开莱（Henri Poincare）说道"惟有真才是美"。照这样的标准看来，明、清两代的八股文没有一篇可称美的。我国八股遗毒害人不浅，到如今地方政府做户口农产的调查，各机关的地图测量，往往是向壁虚造敷衍法令，犹是明清做八股的态度。这种态度不消灭，近代科学在中国决无生存之理。试看西洋科学家态度何等谨严，刻卜勒的怀疑亚理士多德，只在火星轨道不为正圆而为椭圆，在中国素来就没有这种分辨。牛顿的万有引力定律，1665年已胸有成竹了。可是因为那时地球经纬度测量的错误，以为每度只有60英里，因此他估计地球直径只有3436英里，而地球吸引月亮之力只有每分钟13.9英尺，而非理想上应有的每分钟16英尺，所以他就不敢发表。直等到1682年法国人皮卡德（Picard）测定地球上一度的距离为69.1英里，使牛顿所估计地球吸月亮之力正与其理想相吻合，他才敢把万有引力的定律公之于世。所幸近年来教育注重理工，受了科学训练洗礼的人们，已经慢慢地转移风尚。各大学研究院科学作品固希望其多，而尤希望其能精。因惟有这样，才能消灭我们固有的八股习气，亦惟有这样，才能树立真正的科学精神。

来源:《思想与时代》，1941年第1期

国立浙江大学壁报审查办法议定　　1945年

本校壁报条例审查委员会，业经成立。并聘请竺校长及陈立、郭斌龢、钱钟韩、黄尊生、杨耀德诸先生为委员。九日下午举行首次会议，由竺校长主席报告，学生自治会壁报过去办理情形，及发生问题之经过，现应如何管理，俾免言论逾轨情事。经讨论后当议决审查办法如下：

（甲）第一类　免付审查者须恪守下列规则：

一、凡具真姓名者（学号不在内），由学生自治会出版股查明姓名属实后，负责盖章发表。凡以团体名义发表者，应由该团体负责人签名负责，方可送出版股盖章发表。

二、每人可用一种笔名，惟该项笔名应事先于训导处登记。凡用笔名者，经出版股查实后，即可负责盖章发表。

三、出版股应查明投稿人之姓名确实，或笔名确已登记，方可将文稿盖章发表，否则文责，即由出版股负责人负之。

第二类　应付审查者须恪守以下规则：

凡用未登记之笔名交稿，应经由学生自治会出版股汇送学校聘请壁报审查委员会审查后，盖章发表之。

（乙）非自治会负责所出版之壁报，均须事先向训导处登记。其审查办法，与自治会所办之壁报同。惟免付审查之壁报，其盖章之责任，与检查姓名之责任，由该壁报编辑人负之。应付审查之壁报，亦由该壁报编辑人汇送训导处。

来源：《国立浙江大学校刊》复刊第125期，1945年6月16日

国立浙江大学全体学生为促进民主宪政宣言　1945年5月20日

"火已经烧到了眉睫"，这是当前每个人对于国事的共同感觉，囚之救火也就成为我们每个人所急不容缓且不容旁贷的责任了。

一年来由于英美苏诸盟友的密切合作，使整个反法西斯战争已进入到蓬勃热烈的胜利阶段，克里米亚会议不单以最民主的精神解决了欧洲的国际问题，而且更进一步地奠定了盟国在政治和军事上的团结合作。在欧洲轴心已经瓦解，法西斯野兽即将在他的老巢被剿灭，在太平洋美军的越岛攻势，已使菲律宾解放了，琉璜岛占领了，东京在饱尝着炸弹的滋味。眼看着法西斯强盗即将崩溃，四月二十五日召开的旧金山会议，将计划着如何结束战争，如何维持战后的世界和平。瞻望前途，摆在全世界民主力量面前的，真是一幅多么光辉灿烂的美景。

然而我们中国呢？一年来由中原会战的失败，直到湘桂沦陷、黔南告急，整个抗战心脏的西南濒于动摇。为时不过数月，而丧地千里，造成了历史上空前未有的败绩，演出了人世间惨不忍闻的悲剧。而今敌人又将完成东南割裂区的扫

荡，加紧布置沿海防务，使东南各省所有足资反攻的空军基地尽陷敌手，增加了美军在华登陆的困难，延缓了我们反攻胜利的时机。试问我们将何以对盟友？将何以言配合反攻？而行将举行的旧金山会议，必将决定今后数十年乃至于数百年的国际秩序，决定全世界各国的命运与前途，英美苏诸盟友正在广征民意，作充分之准备，组织全国一致的代表团，以图在会议中争取其地位。我们中华民族，究竟是要求在国际上复兴抑是沉沦，这正是大好时机，时乎不再，试问我们的政府又将作何准备？

为什么当全世界反法西斯战争进入到蓬勃热烈的胜利阶段的时候，而我们反遭到如此重大的失败，造成了如此严重的危机呢？这根本的关键就在于政治的不民主。由于政治的不民主，使国内至今还陷于四分五裂的局面；由于政治的不民主，使国家在财政上陷于极端的穷困，以致通货在高度地膨胀，物价在飞跃地上涨；由于政治的不民主，使国家在经济上陷于破产，一方面是生产的萎缩，一方面是官僚奸商的投机垄断，以至于民不聊生，社会混乱；由于政治的不民主，造成了政治上的腐败无能，贪赃枉法的风习；由于政治的不民主，造成了士兵生活的极端的恶劣，招致了军事上惨痛的失败；由于政治的不民主，在外交上遭受到盟友的猜疑、轻蔑、谴责；由于政治的不民主，在文化教育上，遭遇到种种扼制；由于政治的不民主，七八年来陷全国广大青年于极度的苦闷中……情势既已如今日之严重，若再不急图改革，则国家的前途，将何以想象？因此，我们认为要挽救当前危机，只有立即改弦易辙，停止一党专政，实行民主政治，只有在民主政治中，才可以完成全国一致的团结，使全国一切力量为反攻而集中。因此我们站在国家青年的立场，站在大学青年的立场，必须要求国共两党在"国家至上""民族至上"的最高前提下，捐除成见，精诚合作，共同挽救民族国家当前的危机。我们认为在今天，如果谁还把个人或党派的利益置于民族国家的利益之上，则必然是民族国家的叛徒，全国人民的公敌，必为全国人民所共弃。

其次，我们觉得若干年来，政府既已屡次向国人发出召开国民大会、实施民主宪政的诺言，则诺言应该立即兑现。在今天，时间既已如此紧迫，空言民主，固属画饼充饥，预约民主，也只是望梅止渴，犹豫拖延，实毫无补于事实。同时国民大会之召集，绝不容为一党一派或少数人所操纵、把持，因此首先必须产生一公允合理的新组织，负责召集国民大会，欲使其公允合理，其成员必须包括各党各派的代表，及无党无派的才高望重的人士，只有这样，才可以产生真正代表人民的国大代表，才可以制定真正代表人民利益的宪法，才可以保证国民代表大会不致为少数人所把持操纵利用。同时为了增强反攻力量，保证民主宪政之迅速实现，我们要求政府立即实行下列各端：

一、确切保障人民言论、出版、通讯等之自由，废除军事秘密以外的一切检查制度；

二、确切保障人民身体、集会、结社之自由，停止一切除了对敌人和汉奸以外的特务活动；

三、取消一切党化教育之措施，切实保障人民思想与学术研究之自由；

四、无条件承认各党各派之合法地位，并保障其公开活动；

五、释放一切爱国政治犯及爱国青年；

六、军队国家化，改善士兵生活，使全国各部队获得平等之待遇，以增强反攻力量；

七、废除二十六年前所选之国大代表，并从速公布国大代表之新选举法，在新选举法中，不得有"指定""圈定""当然"之类的规定；

八、裁撤并严惩一切腐化官吏以刷新吏治；

九、取缔一切囤积操纵，严惩奸商，开发资源，以挽救财政经济之危机；

十、党务费不得在国库中支取。

"天下兴亡，匹夫有责"，我们忝为今日国家之大学青年，受国家之护育与培养，更鉴于几十年来，青年在民族革命史上的光荣事迹，目睹国家当前之危机，岂容再缄默无言。而实施民主，实属燃眉之急。因此本校全体同学，在一致的要求下，不揣微声薄力，特向政府及全国各大中学同学、全国同胞作如上之呼吁，愿我全国各大中学同学及全国同胞共起响应之。

来源：《抗战时期国共合作纪实（下卷）》，重庆市政协文史资料研究委员会　中共重庆市委党校　红岩革命纪念馆，原载一九四五年五月二十日延安《解放日报》

国立浙江大学黔省校舍记 竺可桢 1945年

　　岛夷之患兴，区内俶扰，徙都重庆，学多内移。士陷贼中者，辄冒险阻，间道来归。国家增学校，延师儒，优其廪给，收而教之。由是西南之名都繁邑，僻区隩壤，往往黉舍相望，弦歌之声洋洋。然顾庶事草创，师资图籍，弗备弗精，亦其势然也。当是时，国立浙江大学迁徙者数矣。民国二十九年春始抵贵州之遵义，而别置一年级生于青岩。既而以理、农二院处湄潭，文、工二院处遵义，师范学院则分布两县间。湄潭有镇曰永兴，一年级生复徙居之。盖积时六稔，而以学院名者五，析系至二十有五；以研究院名者一，析部至五。其隶而附者，若工厂、农林之场，中学、小学之属，又不一而足。师弟子之在校者总三千人。其讲堂、寝室、集会、办公、操练、庖湢之所，取诸廨宇寺观与假诸第宅之羡者十八九。故其材不庀而具，其功不劳而集，其新筑者取苟完而已。凡为屋之数，千有余间。其书自《四部》《七略》暨声、光、电、化、算数、农艺、工程之著作，不下五万余册；其仪器以件计者三万；机器以架数者七百有奇；标本都万二千。凡所以安其身，养其知，肄习其能者，如此遭时多故，世不复以简陋见责，甚或有从而誉焉者。可桢窃独忧之。夫至变而莫测者，事也；至赜而无竟者，学也。守先哲之所以明，而益穷其所未至，以应方来之变，犹惧或踬焉！况区区但袭故迹，无所增进，而谓可与一世角智力，竞雄长，幸存而不替，何其偩欤！校故在杭县，清季为求是书院，院废，为高等学堂，民国十六年易今名。余乃揭"求是"二字，以与多士共勉焉。军兴以来，初徙建德，再徙泰和，三徙宜山，而留贵州最久，不可以毋记也，故记之以谂后之人。

校长　竺可桢
中华民国三十四年六月立

（王焕镳教授撰文，竺可桢删改审定，罗韵珊先生楷书刻石）

（国立浙江大学黔省校舍记碑现存于遵义湘滨公园内）

复员接收杭州校产工作报告 陆子桐 1945年9月

九月三日奉校长电派赴杭接收校产，遵即由绍兴启程，于五日抵杭。其时大学路校舍尚驻日军，未便入内，暂在吴雪愚先生府中设临时通讯处，邀集数人临时帮忙。至十二日校中文理学院部分驻军撤去，始得进校办公。兹将截至九月三十日止进行之工作分项报告如下：

（一）组织临时机构

接收校产以为筹备复校计，对内对外头绪纷繁。与省会各机关接洽交涉，或查询情形，或商请协助；与各商家经事交易，或订立契约，或购置物品。对外各方面在在发生关系，总校与分校印信，未来名家，未便遥用私人，决难活动，函电往返，又恐延误时机。爰经权宜行事组织临时机构，定名为"复校办事处"，赶刻木质图记及木戳等应用，电告总校与分校备案，一面通函各机关查照。

（二）接收校舍校产情形

杭市曾被敌占，各产统须由第三战区司令长官司令部受降日军第一接管组接收，全部完竣后再行分别交还本校。原有华家池农学院及刀茅巷化学系生物学系房屋、求是里宿舍、学生第一宿舍均成废墟，前军械局及工院大楼现储军用品，工学院房屋现有部队借住，西湖哈同花园房屋尚驻有日军，均一时未得交还。惟文理学院部分已函准接管，但暂以借用性质先行迁住，出具借条。又华家池农场前被敌伪占作各类农场，例由省府接收后始能管理。经与省府数度交涉，现已派员接管，开始整理调查征收租金。又湘湖农场亦为伪县府出租与农民种植，经派杨其泳先生赴该场接收，委托黄麟云先生调查登记，嗣吴文照先生来杭，即由吴君前往主持，开始征收本期租稻，各方进行尚称顺利。

（三）延用临时人事

龙泉分校先派杨其泳君前来，于九月三日到杭，继派董幸茂先生暨吴月峰君于九月二十六日，到杭指定董先生为副主任、吴君为出纳员，而路主任未能即来，董先生坚嘱子桐暂代主任，其余人手尚缺。爰邀本大学旧人章定安、吴雪愚二君协助章君，仍任文书并兼监修。吴君任庶务，杨其泳君任购置并兼庶务。又以农场调查登记办理需人，添邀裘永芳君办理华家池农场登记，黄麟云办理湘湖农场登记，各人于本职外对于他人职务仍通力合作，以期一人可得数人之用，至校工亦经觅招旧人以资熟手计，已录用者二十余人。

（四）经济调度状况

奉令到杭时赤手空拳，杨其泳君自分校来杭仅带五万元，除已用旅费三万余元外，仅存一万余元。鉴于杭市物价之昂，接收工作之重，在在需款，爰向元丰钱庄息借法币五十万元应用，迨九月廿六日董幸茂先生到杭，由分校携款五十万元，除已用旅费十万元外，尚存四十万元。又接盐务局倪局长函，能分校电知，由中央银行汇杭一百六十万元以上，共计实收二百零一万余元。除应还元丰钱庄五十万元外，实存一百五十余万元。嗣又由吴馥初先生交来五十万元，总计收款二百五十万元。除各项开支外，尚存六十余万元。

（五）修理校舍进度

1. 原校长公舍；2. 原医务室（拟用作女生宿舍）；3. 原外文系办公室（拟用作总务办公室）；以上三处多系零星装拆临时雇工搜采旧料修理，业已竣工；4. 原新教室修理屋顶渗漏及拆卸各房内日军所装板坑，亦已竣工；5. 大门至文理学院及内部一带道路场地整理清除完竣；6. 文理学院前后总水沟正在逐步疏浚并加砌阴沟；7. 原培育院教育系、数学系办公室（拟用作教职员宿舍）正在包工修理；8. 原物理系房屋及学生宿舍招商承包修理；9. 日军铺设各处电线零乱异常，易生危险，全部加以拆卸改装，尚未竣工；10. 各处旧料拆卸搜集备用。

（六）各方面接洽经过

1. 关于接收事项，曾往访教育部巡回视察团浙江办事处郑振夏先生、两浙盐务局倪局长、哈同花园所驻伪护航队支队部及佛教会主办之小学、第三战区前进指挥所、省会警察局、前驻校内中美合作支队、省主席行辕沈秘书、省政府建设所驻工学院军监部卫生大队、军三分校方队长、第三战区司令部第一接管组等处。2. 关于商借房舍事项，曾有两浙盐务局、警备司令部、杭高法院、地方法院、省参会、军三分校先后来校商借房屋，除允盐务局短时住用外，余均婉却。

（七）购置器具数量

已购置器物：1. 办公桌11张；2. 普通桌20张；3. 椅80把；4. 凳8件；5. 茶几5张；6. 铁床1张；7. 木架床13张；8. 棉被5条；9. 褥5条，时钟3具；10. 文具纸张及襟件具详账簿。

（八）收发文件数量

1.收文共22件，发文共23件，非正式者不计。

来源：浙江大学馆藏档案复制件

国立浙江大学实行教授治校　成立十三种委员会　1947年

　　本校为实行"教授治校"原则，及励行"求是"精神起见，复员后，前后成立十三种委员会，襄助学校推进校务，兹将十三种委员会名称及委员姓名详录如下：

（一）预算委员会

当然委员：张其昀　胡刚复　王国松　蔡邦华　郑宗海　李浩培　李宗恩
　　　　　谢家玉　谢　赓

当选委员：苏步青　李寿恒　王葆仁　陈　立　陈鸿逵

（二）经费稽核委员会

当然委员：竺可桢　谢家玉

当选委员：储润科　江希明　王葆仁　李寿恒　吴徵铠

（三）章则委员会

当选委员：李浩培　张绍忠　诸葛麒　吴耕民　赵之远　王焕镳　顾毂宜

（四）聘任委员会

当选委员：孟宪承　王　琎　佘坤珊　陈建功　张绍忠　叶良辅　顾毂宜

（五）教员升等审查委员会

当然委员：张绍忠

当选委员：杨耀德　陈建功　陈鸿逵　贝时璋　李寿恒　顾毂宜

（六）校舍委员会

当然委员：竺可桢　谢　赓　谢家玉

当选委员：吴钟伟　王国松　林汝瑶　蔡邦华　张绍忠　李浩培　王季午

（七）课程委员会

当然委员：张绍忠

当选委员：蔡邦华　王国松　钱宝琮　孟宪承　郑宗海　吴钟伟　祝文白
　　　　　储润科　黄炳坤　王　琎

（八）训育委员会

当然委员：竺可桢　顾毂宜

当选委员：王　琎　王国松　杨耀德　蔡邦华　朱庭祜　郑宗海　诸葛麒
　　　　　王焕镳　张绍忠　谢家玉　张其昀　蔡邦华　李浩培
　　　　　李宗恩（李天助代）

（九）图书设备委员会

当然委员：张绍忠

当选委员：张其昀　苏步青　王葆仁　陈鸿逵　贝时璋　佘坤珊　陈　立
　　　　　李浩培　王季午　钱令希

（十）出版委员会

当选委员：张其昀　李絜非　苏步青　杨耀德　孟宪承　诸葛麒　吴耕民

（十一）文化合作委员会

当选委员：张其昀　郑宗海　贝时璋　王　琎　佘坤珊　胡刚复　王淦昌

（十二）体育委员会

当然委员：舒　鸿　高尚志

当选委员：江希明　束星北　陈　立　章恢志　万　一　黄炳坤　李春芬

（十三）福利委员会

当然委员：谢家玉

当选委员：江希明　诸葛麒　陆子桐　王国松　储润科　舒　鸿　庄雍熙
　　　　　林汝瑶　沈思玙　王淦昌

来源：《国立浙江大学校刊》复刊第145期，1947年3月17日

国立浙江大学二十周年校庆运动会规则 1947年

第一条 运动大会定于民国三十六年四月一日及四月二日下午在本校田径场举行。

第二条 竞赛单位：凡本校学生均得报名参加，以工、农、师、文理、法医先修班为五单位，分男女两组竞赛。

第三条 锦标种类：大会竞赛分团体及个人锦标二种。

（A）团体锦标：以男女两组合并得分最多之单位获得之。

（B）个人锦标：全校分男女生二组，以得分最多者得该组之个人锦标。

第四条 竞赛项目

男生组

（1）100公尺

（2）200公尺

（3）400公尺

（4）800公尺

（5）1500公尺

（6）5000公尺

（7）110公尺高栏

（8）400公尺中栏

（9）铅球（十六磅）

（10）铁饼

（11）标枪

（12）急行跳远

（13）跳高

（14）三级跳远

（15）撑竿跳高

（16）400公尺接力

（17）1600公尺接力

女生组

（1）50公尺

（2）100公尺

（3）200公尺

（4）80公尺低栏

（5）铅球（八磅）

（6）铁饼

（7）标枪

（8）垒球掷远

（9）跳高

（10）急行跳远

（11）400公尺接力

第五条　计分方法：

（A）每一运动员，除参加接力赛跑外，至多参加四项。

（B）每项比赛于决赛时概取四名，其分数以五、三、二、一计算之。

（C）接力赛跑其分数加倍计算并入团体总分内（不计个人分数）。

（D）接力跑每一单位得以六人报名。

（E）团体锦标——任何单位其得分数最多者得团体锦标。如遇二个或二个以上单位所得分数相等时，以所得各项之第一名之多寡判分之，如仍相等则以第二名之多寡判分之，依此类推。而仍不能解决时，以所得径赛第一名之多寡判分之，余类推。

（F）个人锦标——任何运动员在该组（男生组或女子组）得分最多者，得该组之个人锦标，如有二人或二人以上所得分数相等时，依照团体锦标之方法判分之。

第六条　比赛细则：比赛规则采用中华民国全国体育协进会公布之最新田径赛规则。

注：为求竞赛公允起见，一律不得穿着跑鞋或跳鞋。

第七条　报名日期及地点：自三月十五日起至三月二十二日下午五时止，向体育课办公室（健身房）报名。

第八条 奖惩办法：

（A）奖励办法：1.凡参加之运动员，本学期体育成绩由体育课依照其学期成绩酌加10％至20％。2.每项优胜之前四名，由大会给予纪念章一枚。3.凡获团体锦标之单位，由大会给予特制奖品。4.成绩优越而破本校新纪录者，由大会给予特制奖品。

（B）惩戒：1.凡报名后无故不参加者，由体育课酌扣其本学期体育学期成绩。2.凡不守竞赛规则，破坏运动精神者，呈请校长酌予惩处之。

第九条 本规则如有未尽之处，得由筹备委员会随时补充公布之。

第十条 本规则由大会筹备委员会通过施行。

来源：《国立浙江大学校刊》复刊第146期，1947年3月24日

国际学生联合会声援于子三运动发来的函件 1947年

Dear Friends and Respected professors:

We have learned from the report of the National Student Federation of China, from the recent issue of your professors' Association and from photographs received of the death of the president of Chekiang University Students Council in prison after 90 hours.

The secretariat of the International Union of Students Sends you its deepest regrets on this occasion which is get one more example of the shameless atroclties which the Kuomingtang government is inflicting

against Chinese democratic and peaceloving students.

We take this opportunity to assure you that the IUS will do all it can do support the heroic struggle of the Chinese students.

Yours sincerely

For and on behalf of the

INTERNATIONAL UNION OF STUDENTS

Joset Grohman Thomas A.Madden,

President of the IUS Secretary of the IUS.

国际学联声援函件的译文

亲爱的朋友们和可敬的教授们：

我们从中国学联的报告、你们的公报、你们教授的宣言和收到的照片中，知道浙大学生会主席于非法被捕后的90小时后在狱中被害了。

国际学联深表关切，这表示国民党政府对民主的及爱好和平的中国学生的又一次暴行。

我们在此向你们保证：国际学联愿尽一切力量支援中国学生的英勇斗争。

国际学联主席　格罗曼

总书记　马　登

来源：浙江大学校史编写组：《浙江大学简史》（第一、二卷），浙江大学出版社，1996年

国立浙江大学校舍图

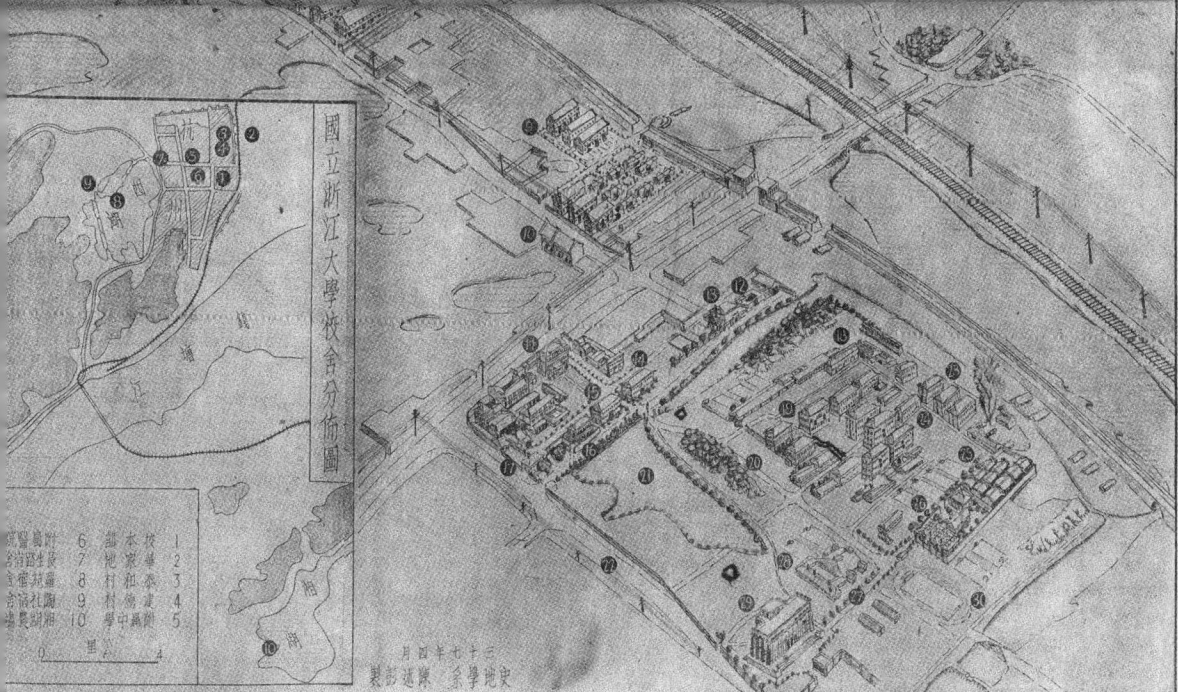

竺可桢致应变委员会正副主席严仁赓、苏步青教授的信

1949年4月

仁赓、步青先生道鉴：

　　昨晨邦会兄交来市政府电台所接杭部长电，嘱弟即日去沪（电稿内附），使弟可释重负。适因前日报载，上海各大学有逮捕学生及强迫疏散之消息。本校同事同人不免人心惶惶。故弟接电后即复一电（由振公秘书拟稿拍发）谓暂难来沪云云。昨晚遇石君先生，谓顷间教厅李厅长见告周主席，已面告并转嘱保安司令王云沛，谓渠等负责期内决不入浙大捕人。弟心为释然，但从此弟亦不能再事恋栈，所幸应变执行会得兄等主持，必能渡此苦海，以创新局面而发扬浙大。一切交代手续，已托振公秘书办理。临别不胜依依。专此即颂。道安。

　　　　　　　　　　　　　　　　　　　　弟　竺可桢　顿首

　　　　　　　　　　　　　　　　　　　　卅八年四月廿九日

　　执行委员会诸先生均此。
　　又启者：执行会重要职员如警卫组主任等必须住入校内，想兄等亦早见及，但急待实行耳。桢又白。

国立浙江大学1949年组织系统图

校长

校长办公室

校务会议

文学院院务会议
外国语文学系
中国文学系
史地学系
人类学系
哲学系
中外文学系

理学院院务会议
物理学系
数学系
化学系
生物学系
药学系

工学院院务会议
电机工程学系
机械工程学系
土木工程学系
航空工程学系
化学工程学系
工场

农学院院务会议
农业经济学系
蚕桑学系
植物病虫害学系
农业化学系
园艺学系
农艺学系
森林学系
湘凤凰山农林场
湖山农场
平临农场

师范学院院务会议
教育学系

法学院院务会议
法律学系

医学院院务会议
附属医院

一年级主任办公室
中央文史研究所
中央地理研究所
数学研究所
物理学研究所
化学研究所
生物学研究所
工程研究所
教育研究所
史地教育研究所
人事组
附属中学

教务处教务会议
注册组
图书管理组

训导处训导会议
生活管理组
体育卫生组

总务处总务会议
文书组
出纳组
医务组

会计室

预算委员会
经费稽核委员会
章则委员会
聘任及升等审查委员会
招生委员会
课程委员会
训育委员会
图书设备及出版委员会
文化合作委员会
体育委员会
福利委员会

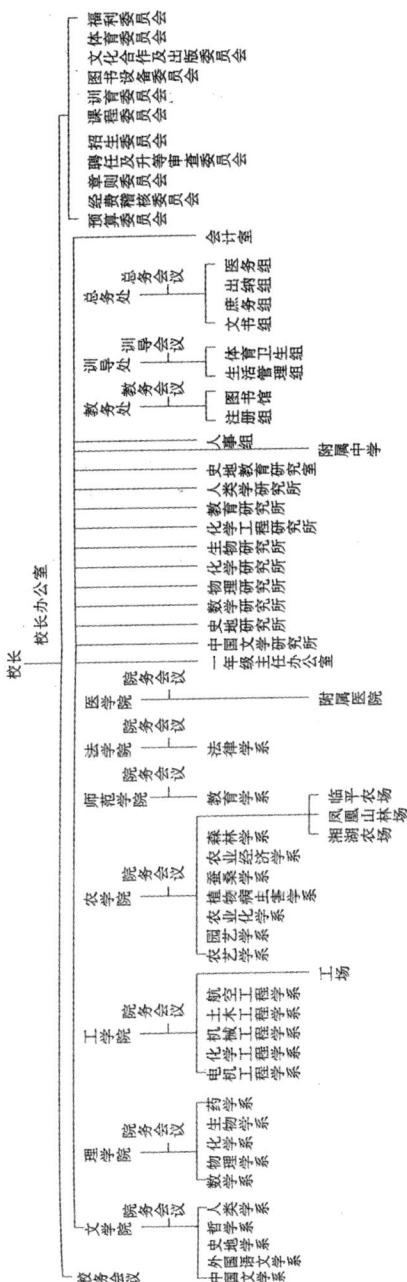

[注] 1947年8月起，师范学院原有中文、外文、史地三系分别合并于文学院有关各系，教学、理化两系分别合并于理学院有关各系，学生仍为师范生。

浙江大学临时校务委员会会议记录　1949年5月—1949年6月

第一次临时校务会会议记录

　　日期：一九四九年五月四日下午五时

　　地点：校长公舍会议室

　　出席：蔡邦华等十四人

　　临时主席：郑院长　　　记录：章定安

　　报告事项（略）

　　讨论事项：

　　一、推举常务委员案

　　决议：常务委员定为三人，推举如下：

　　蔡邦华先生　　　十一票

　　王国松先生　　　十一票

　　谭天锡先生　　　八　票

　　二、本会常会定于每星期三下午三时开会案

　　决议：通过但遇必要时得召集临时会。

　　三、推举常务委员主任委员案

　　决议：蔡邦华先生。

　　四、恢复标准时间案

　　决议：五月六日起恢复标准时间。

　　五、校本部学生宿舍是否恢复原状案

　　决议：1. 校本部女生应于本星期六以前迁回原宿舍；

　　2. 现在暂住该宿舍之教职员应于本星期五以前一律迁让；

　　3. 自下星期一起大礼堂各教室恢复上课。

　　六、学校经费来源暂告断绝如何办理案

　　决议：1. 凡不必要开支一律暂停；

　　2. 各方用途务须万分撙节。

第二次临时校务会会议记录

日期：一九四九年五月六日下午三时

地点：校长公舍会议室

出席：王国松等十五人

主席：蔡邦华　　　记录：章定安

开会如仪

报告事项

主席报告：

今日召集本会临时会所拟讨论的各项问题。

王国松先生报告：

1. 本校经济现状。

2. 应变执行会所拟分配应变经费意见借作救济。

讨论事项：

一、储粮费是否分配案

决议：为顾虑员工及同学生活的清苦，亟需救济，准以储粮费暂为分配，其分配办法如下：

1. 分配的物资：

米、豆及现金，即行分配；

油、盐及蔬菜，交学生自治会处理。

2. 分配的比例：

照应变执行会意见按一、二、四依序分配与同学工友及教职员（同学包括大学部及补习班注册学生暨教职员子女，在附中肄业学生及附中必需救济之学生六十名）。

二、北教室学生业已迁出，应自下星期一起恢复上课案

决议：通过。

来源：《国立浙江大学日刊》复刊新141期，1949年5月9日

校务会议及应变执行会代表会联席会议记录

时间：一九四九年五月四日下午

地点：校长公舍会议室

出席者：王季午　吴耕民　王葆仁　钱宝琮　何增禄　赵之远　王国松
　　　　夏振铎　萧　辅　蔡邦华　贝时璋　戚叔含　王承绪　江希明
　　　　李天助　赵凤涛　严仁赓　黄焕焜　任知恕　马元骥　储润科
　　　　孟宪承　郑宗海　吴钟伟　董聿茂　陈　熹　杨耀德　李浩培
　　　　范绪箕　谈家桢　张　申　周世俊　包洪枢　李寿恒　顾毅宜
　　　　沈金相　苏步青　陆缵何　陆子桐　高尚志　诸葛麒　谭天锡
　　　　邵　均　蒋世澂

临时主席：严仁赓

开会如仪

报告事项

主席报告：

1. 今日召集联席会议缘由。

2. 本校校务主持人亟应推定。

3. 校内秩序如何恢复。

4. 防空方面是否要准备。

5. 竺校长来函已辞去校长职务，改在中央研究院任事。

讨论事项

一、组织校务主持机构案

决议：由各院处长、一年级主任及应变执行会主席团组织之。

二、规定前项组织名称案

决议：定名为临时校务会。

三、临时校务会须有常务委员，其人数及人选由该会自行决定案

决议：通过。

来源：《国立浙江大学日刊》复刊新141期，1949年5月9日

第三次临时校务会会议记录

日期：一九四九年五月九日下午三时

地点：校长公舍会议室

出席：王季午等廿人

主席：王国松、蔡邦华先生　　记录：章定安

开会如仪

宣读上次会议记录

报告事项

王国松先生报告：目前本校经费状况。

蔡邦华先生报告：顷会同地方人士代表谒见军管会谭主任及访文教部接洽情形。

讨论事项

一、请分配兼课教员储粮费案

决议：否决。

二、已故马宗裕先生在校服务多年，经准延展支薪至四月份止，是否配与储粮费案

决议：准予分配。

三、王季午先生提议护士助理员任颜仲英女士于五月一日到校，但系早已约聘，是否配与储粮费案

决议：准予分配。

四、已故朱叔麟先生在校服务多年，家属现尚领恤，其公子朱浩祖现在附中肄业，是否配与储粮费案

决议：准予分配。

五、本校自五月一日起至正式接收日止，在此期间内人事进退应一律停止案

决议：通过。

六、教职员配给实物审查暨严凡同学配给实物须由本人向学生自治会亲自领取，如本人未到者，由自治会留存保管，将来再议处分案

决议：通过。

七、劳工福利会请发一至四月份中央米代金以救眉急案

决议：每人发糙米两斗。

八、药学系拟添建房屋廿方左右，以资实施，制药实习请拨工米若干兴工建筑案

决议：照前议决案暂停开支。

九、本会委员中文理两院长现不在校，为加强本会会务与各院处联系起见，请文理两院各推代表一人，正式出席本会案

决议：通过。

十、训导长人选久悬未定，训导处各项业务归何处主持案

决议：训导处业务关于教务者归教务处，请示于教务长，关于总务者归总务处，请示于总务长。

来源：《国立浙江大学日刊》复刊新142期，1949年5月11日

第四次临时校务会会议记录

日期：一九四九年五月十一日下午三时

地点：校长公舍会议室

出席：王琎等廿人

主席：蔡邦华先生　　记录：章定安

开会如仪

报告事项

主席报告：与文教部长接洽本届毕业同学服务问题。

讨论事项

一、天气渐热请开放淋浴案

决议：自五月十二日起每日下午三时至六时开放冷水淋浴。

二、本年应届毕业生请将功课提早结束案

决议：本届毕业班功课提前于五月卅一日结束。

三、（略）

来源：《国立浙江大学日刊》复刊新143期，1949年5月13日

第五次临时校务会会议记录

日期：一九四九年五月十四日下午三时

地点：校长公舍会议室

出席：王葆仁等十六人

主席：蔡邦华先生

开会如仪

报告事项

主席报告：

1.编制经费预算问题。

2.向文教部接洽经费经过情形。

黄培福先生报告：编制经费预算表经过情形。

讨论事项

一、会计室拟定月支经费预算表请付讨论案

决议：修正通过。

二、因时局关系交通阻隔不能来校，而上课已逾三分之二之学生请求准予休学案

决议：通过惟前项学生如已领储粮费者，应将储粮费缴还学生自治会暂为保管。

来源：《国立浙江大学日刊》复刊新144期，1949年5月16日

第六次临时校务会与第四十一次校舍委员会联席会议记录

日期：一九四九年五月十八日下午三时

地点：校长公舍会议室

出席：王国松等二十二人

主席：蔡邦华先生　　记录：章定安

开会如仪

报告事项：

主席报告：

1. 毕业同学服务问题：文教部准备先施以两个月短期训练，但采取志愿参加方式。

2. 毕业班功课结束问题：文教部同意本校结束之规定毕业考未考毕之同学，可俟考毕后前往参加训练。

3. 非应届毕业同学参军问题：文教部认为参军为其个人之权利，原则上不能拒绝，但如多数志愿参军而影响学校进行者，可加以劝告。

4. 本校经费问题：文教部允暂发生活费，对于经常费尚在研究中，目前校中分文无着。

5. 文教部意见：希望本校关于学分、学籍、成绩、学则等各项悬案速予解决，并组织一研究改进的机构。

王葆仁先生报告：

毕业班成绩一时难得齐全情形。

朱庭祐先生报告：

1. 就教员立场讲一时难得毕业考试成绩缘由。

2. 校中经费现状。

讨论事项：

一、应届毕业生离校时应照章办离校手续，如未办者应即补办；其他年级同学参军或参加干部训练者，应向学校请假并办离校手续案

决议：通过。

二、拟请文教部从速接管本校以解决种种困难案

决议：正式商请文教部来校接管，在未接管以前，经常派员来校出席本会。

三、推严仁赓、蔡邦华、王葆仁、谭天锡四位先生及包洪枢同学商讨本校改制设计会具体方案，并分期举行座谈会，请王葆仁先生召集案

决议：通过。

四、哲学系主任谢幼伟先生已离校，系务请严群先生代理案

决议：通过。

五、暑期学校之筹备是否继续进行案

决议：通过。

六、罗苑原作师范学院会议室，房屋除中间一间仍作会议室外，以东间仍为陈学恂先生宿舍，以西间与鲍屡平先生原住之屋对调案

决议：通过。

七、已离职倪景尧先生所住罗苑房屋，请总务处严格执行迁让案

决议：通过。又该屋拨归师范学院应用。

八、罗苑平等观十二号房屋空出，请分配与金祖同先生居住案

九、建德邨乙种四号原住黄炳坤先生房屋空出，请分配与施宏勋先生居住案

决议：通过

来源：《国立浙江大学日刊》复刊新146期，1949年5月20日

第七次临时校务会会议记录

日期：一九四九年五月廿五日下午三时

地点：校长公舍会议室

出席：王季午等十六人

主席：蔡邦华先生

开会如仪

报告事项

主席报告：

1. 出席文教部所召开之座谈会，经过情形业由本人报告，五月廿日本校各单

位所举行之座谈会、学治会亦经公告周知。

2. 文教部为开办干部学校向本校借用铁床情形。

3. 哲学系主任一职上次本会推请严群先生担任，现严先生尚在谦辞中。

4. 改制研究会会员产生及发展经过。

5. 本校房屋登记问题。

6. 本校经费问题。

7. 物理系同人提供意见：六月份员工救济费希望在任直系眷属每口能得到食米六斗为原则。

8. 接管及移交问题。

9. 潘渊、朱希亮两先生服务年资已符休假规定，由郑院长提请本会考虑，希望将来校务恢复经常状态时一并办理。

王葆仁先生报告：自改制研究会筹备会演进至改制研究会及该会会员产生之经过情形。

郑奠先生报告：

1. 文学院组织联会经过，

2. 代达严群先生愿以无名义担任哲学系事务。

王国松先生报告：依据去年八、九、十三个月份及本年二、三、四三个月份同人所得薪津平均数目已经会计室统计，拟提请文教部座谈会参考。

讨论事项：

一、本会上次会议通过本校应成立之改制设计会，拟改称为改制研究会，其职权为推动本校各部及全体员工同学作改制之研究，并收集整理研究之结果以资研讨案

决议：通过。

二、请推定改制研究会会员案

决议：由本会推定严仁赓、蔡邦华、王葆仁、谭天锡、包洪枢、李浩培、孟宪承、王国松、熊伯蘅、任知恕、宁奇生、郑奠、王仲侨十三位先生为会员，并请教授会、讲助会、职员会、学治会、劳工会五单位各自推定代表二人为会员组织改制研究会，并仍请王葆仁先生为召集人。

来源：《国立浙江大学日刊》复刊新149期，1949年5月27日

第八次临时校务会会议记录

　　日期：一九四九年五月三十一日上午十时

　　地点：校长办公室

　　出席：王国松等十六人

　　主席：蔡邦华先生　　记录：章定安

　　报告事项

　　主席报告：

　　1. 竺校长在沪平安，应否由本校表示请速返校。

　　2. 为便于军管会不日来校接管，应如何赶办移交清册。

　　3. 谭天锡先生来函请来虞先生代表出席。

　　4. 上年处分农场木工借米一事之负责人员情形。

　　讨论事项

　　一、请竺校长返校案

　　决议：1. 以本会名义电竺校长问候并请返校；

　　2. 推蔡邦华、王国松、来虞三位先生赴军管会接洽。

　　　　　　　　　　来源：《国立浙江大学日刊》复刊新152期，1949年6月3日

第九次临时校务会会议记录

　　日期：一九四九年六月一日下午三时

　　地点：校长公舍会议室

　　出席：王国松等十七人

　　主席：蔡邦华先生　　记录：章定安

　　报告事项

　　主席报告

　　1. 昨偕王国松、来虞二先生赴军管会文教部接洽各项情形。

　　2. 讲助会、学治会职员均已声明对于改制研究会不推派代表出席。

黄培福先生报告：昨与军管会派来调查本校经济状况之人员谈话情形并开始本年二至四月份经费收支报告表一纸。

王国松先生报告：本校经费现状。

讨论事项：

一、本校目前经济如何维持案

决议：代电文教部要点如下：

1. 五月份水电费八十八万数千元，请拨付或请转知水电厂缓付；

2. 员工生活急迫，请速拨借维持费每人五千元，俟正式薪饷核定后扣除；

3. 经常费请先拨若干以资维持；

4. 学生公费另案办理。

二、本校向无预算之单位声请各项物件应否照支案

决议：目前经费困难，凡向无预算之项目暂缓支付，俟经费核定后再行商讨办理。

三、校车管理处据附中学治会、干事会请求准予非教职员子女之同学亦得购票乘车案

决议：现因校车容量无法扩充，俟下学期再行议办。

四、讲助会请迅速成立本校员工同学消费合作社并与军管会贸易处接洽配购案

决议：请福利委员会议拟具体计划报告本会再行办理。

五、讲助会请利用本校可生产之机构，如医院、农场、畜牧场、鱼池等机构增产，以补不足而资救济案

决议：函请有关各部门先行研讨报告本会。

来源：《国立浙江大学日刊》复刊新152期，1949年6月3日

第十次临时校务会会议记录

日期：一九四九年六月六日上午十时

地点：校长公舍会议室

出席：王国松等廿人

主席：蔡邦华先生　　　记录：章定安

报告事项

主席报告：

1. 今日召集临时会议，欢迎军事代表林部长暨刘同志来校接管，并希望指示一切。

2. 本校自成立以来，简史及经济状况。

3. 竺校长赴沪辞职经过。

4. 应变执行委员会及临时校务会之产生经过。

林部长乎加报告：

1. 迟来浙大接管原因。

2. 军事代表的任务及军事管制期内应有的改变。

3. 目前接管的性质及对于接管上几点意见。

4. 临时校务会应继续存在执行校务，军事代表参加会议，学校一切重要措施应由军事代表签署始生效力。

严仁赓先生报告：应变执行会现已结束，其主席团参加临时校务会是否继续有效，须请讨论。

讨论事项：

一、应变执行会业已结束，其参加临时校务会之代表声明撤回应如何办理案

决议：请教授会、讲助会、职员会、学治会、劳工会五团体各推代表一人参加本会。

来源：《国立浙江大学日刊》复刊新154期，1949年6月8日

第十一次临时校务会会议记录

日期：一九四九年六月九日下午二时

地点：校长公舍会议室

出席：王国松等十九人

主席：蔡邦华先生　　　记录：章定安

报告事项

主席报告：

1. 各团体推出出席本会之代表姓名。

2. 训导处结束问题拟照上次议决案办理。

3. 最近派员赴沪洽连上海到埠之中美文化基金借款所买之仪器药品经过情形。

4. 员工生活困难情形。

5. 接管展期缘由。

6. 福利委员会函告结束未能遵办消费合作社，并建议由教授会、讲助会、职员会、学治会、劳工会各推派代表二人，临时校务会推派代表一人，组织全校性的福利委员会。

刘军事代表报告：

1. 关于上次临时校务会商讨修改该会组织问题，依照我们接管原则，在军事管制期内一律维持现状原封不动，前以应变执行会主席团出席临时校务会之人员仍应照常出席。

2. 文教部拟定废除科目如下：

（1）三民主义（2）伦理学（3）国父实业计划（4）新唯识论（5）民法（总则及各论）（6）刑法（总则及各论）（7）诉讼民法（8）诉讼刑法（9）民事诉讼实务（10）刑事诉讼实务（11）诉讼实习

又停考科目如下：

（1）理则（2）哲学概论（3）社会学（4）土地法（5）罗马法（6）英美法（7）行政法（8）商法（9）经济政策（10）伦理学原理（11）政治学（12）政治地理

又局部废除科目如下：宪法。

奉刘军事代表批：国民党伪宪部分应即废除。

以上作初步决定，俟全国统一法令颁布，再行依照统一法令办理。

3. 考试接管日期：现拟俟学生考试完毕后开始接管，拟定本月十日至十二日停课复习，十三日至十七日考试，十八至二十日办理接管。

考试不主张废除，考试方式得由任课教员自行决定。

4. 训导处应即将有关教务总务固定工作拨归各该处自行管理，训导处人员均暂停工作听候处理。

5.经费问题财经部尚在研究中，一二天内可暂发一部分维持费，大约三千元左右，由财经部决定。

6.军事代表之任务系监督作用，凡决议案布告文件须签署，会议仍须通知但不一定出席，经常事务仍须由大家照旧工作。

王教务长报告：

1. 日前教务会议关于毕业生及有关修改学则各议决案。

2. 不能毕业之同学姓名。

3. 改制研究会各方代表名单尚未送来同等因改试及接管问题故未能立即开会。

讨论事项

一、卅七学年度第二学期应届毕业生请审核案

决议：照教务会议议决案通过。

二、规定学期考试日期案

决议：遵照文教部指示，定于本月十日至十二日停课复习，十三日至十七日考试。

奉刘军事代表批：考试方式可由教授自行决定。

二、福利委员会函报结束案

决议：1.请福利委员会暂维现状；

2. 本会对于福利委员会所发起组织全校性福利机构筹备会暂不派代表参加；

3. 前项新组织成立后本校予以最大之协助。

四、第五教室日前倾圮，电机实验室大梁腐朽屋架下垂，第一宿舍亦亟需修理如何办理案

决议：即行修理。

奉刘军事代表批：可先造预算呈请文教部批准后再行动工。

五、职员李相壁先生以生活困难拟以家具全部价让与学校如何办理案

决议：1. 本校无款受让，报告文教部军事代表核示。

奉刘军事代表批：可另想办法处理。

2. 请求文教部酌拨救济基金以资随时救济。

奉刘军事代表批：可呈报文教部听候处理。

六、刘景善同学照章应行休学而其经济来源断绝进退维谷呈请核示案

决议：特准不退学。

来源：《国立浙江大学日刊》复刊新156期，1949年6月15日

第十二次临时校务会会议记录

日期：一九四九年六月十五日下午二时

地点：校长公舍会议室

出席：蔡邦华、杨锡龄等十六人

主席：蔡邦华先生　　记录：章定安

报告事项

主席报告：

1. 军管会接北平来电，商派本校王琎、苏步青、贝时璋、王淦昌四先生及本人五人前赴北平参加全国科学会议筹备会，已均同意，即日启程。

2. 农学院院务在离校期间已请陈鸿逵先生代理至临时校务会主任委员职务，是否另推或请代理请公决。

3. 王季梁先生来函在离校期间化学系主任职务请王承基先生代理。

4. 苏步青先生数学系主任职务在离校期间请卢庆骏先生代理。

讨论事项：

一、临时校务会主任委员蔡邦华因公赴北平假期内校务如何主持案

决议：请常务委员王国松先生代理主任委员职务。

二、训导处现已裁撤，请将训导长室借与教授会作工作室案

决议：原训导长室准借与教授会作工作室，惟目前在接管小组使用期内，暂以教员休息室代用。

三、本校现有存米约叁百石，霉天未便久储如何处理案

决议：本校存米除留作修理工程及土木系测量实习费用外，余暂借与本校员工，俟将来正式发到薪饷再行扣还，其详细办法请总务处拟定办理。

四、法学院院务会议议决关于法律学系及司法组本届应届毕业生究应读满若

干学分方得毕业一节事关全校教务请讨论案

　　决议：照法学院议决案通过。

　　附法学院议决案如下：

　　（一）凡必修课已全部读毕之学生，如已修满一百六十二学分，准予毕业；

　　（二）凡已修满一百六十六学分之学生，其未修习之必修课程如不超过四学分，准予毕业。

　　　　　　　　　　　　　　来源：《国立浙江大学日刊》复刊新158期，1949年6月20日

第十三次临时校务会会议记录

　　日期：一九四九年六月廿二日下午二时

　　地点：校长公舍会议室

　　出席：谭天锡等十八人

　　主席：王国松先生　　　记录：章定安

　　报告事项

　　主席报告：

　　1. 苏步青先生等来电安抵北平。

　　2. 文教部通知关于参加本市接管工作及参加受训同学考试办法。

　　谢家玉先生报告：

　　1. 在上海参加校长会议情形。

　　2. 竺校长被逼赴台而辞职未去的经过。

　　3. 上海办事处公款均存亿中银行开浙大户及其支款手续。

　　4. 退回煤款六百〇四元五角缘由。

　　5. 京沪办事处经常工作。

　　6. 由浦东抢运渡江新到埠六十九箱物资情形。

　　朱总务长报告：

　　1. 详查存米数量共计三百十一石一斗二升一合，除已估定之修理工程及土木系测量实习等需米四十九石七斗外，尚余糙米二百六十一石四斗二升一合。

讨论事项：

一、本校向国外订购到沪之仪器，所有运输费栈租关税等为数颇巨，此后如何办理案

决议：请总务处查明已到及已购未到之货，开具清单向文教部请示办法。

二、本校美金账及银行存款应行清理案

决议：请会计室会同总务处清理。

三、五月份水电费电话费等迭准催索如何办理案

决议：催请文教部核示。

四、处理存米案

决议：1. 同人维持费即将发给，所有存米可以停借；

2. 前项存米除已奉核定拨作修理工程及土木系测量实习费外，其余二百六十余石拨交全校性福利机构筹备会，作为员工子弟学校基金，为避免霉烂计，请该会迅速处理。

奉刘军事代表批：存米应作正式开支之用。

来源：《国立浙江大学日刊》复刊新161期，1949年6月27日

第十四次临时校务会会议记录

日期：一九四九年六月廿九日下午二时

地点：校长公舍会议室

出席：王季午等十四人

主席：王国松先生　　记录：章定安

宣读上次会议记录

报告事项

朱总务长报告：

1. 上次议决清查订购之仪器案已拟订调查表向各系调查。

2. 查美金账上海方面尚存七六二九、〇七元，已函询上海人民银行动支手续。

3. 商请杭州人民银行派员驻校，办理折实存款情形。

讨论事项

一、本校存米渐将霉烂亟应处置案

决议：1. 机械农垦管理处浙江分处函索代修理福特曳引机费用白米二石五斗应即照付；

2. 农学院农场结欠机械农垦管理处浙江分处代耕白米三石准予垫付；

3. 其余存米配售与员生工友单身者一斗，有家眷在任所者二斗，其价照缴款之日牌价八折计算。

二、现在已届发聘时期应如何办理案

决议：1. 现有院系仍暂维现状；

奉军事代表批：听候处理。

2. 各院转知各系拟具名单，由院长汇送临时校务会主任委员。

来源：《国立浙江大学日刊》复刊新164期，1949年7月6日

华东军区杭州市军事管制委员会公布浙大接管小组组员名单　国立浙江大学布告　第二号　1949年6月

顷奉杭州市军事管制委员会命令文字第三十七号内开"兹派严仁赓、张君川、陈立、孟宪承、范绪箕、黄焕焜、刘潇然、许良英、包洪枢为该校接管小组组员"等因除通知各院处室外，特此布告周知。

临时校务会主任委员　蔡邦华

浙江大学第一届校务委员会会议记录 1949年7月—1949年9月

校务委员会第一次会议记录

时间：一九四九年七月二十六日下午四时

地点：校委会会议室

出席：李浩培等十九人

主席：刘代主任委员潇然　　记录：包洪枢

讨论事项：

（一）招生委员会如何组织案

决议：1. 除六院院长、教务长、总务长八人外，并聘请王葆仁先生、来虔先生及同学一人合组成之，推教务长为召集人；

2. 同学名额一人，由包洪枢同学转商学生自治会提名，于下次本会通过。

（二）本年度本校上海区招生，是否参加上海文教部之统一招生案

决议：参加上海市统一招生，并暂以一年级新生为限。

（三）参加上海市统一招生，具体办法如何

决议：1. 先去电报通知上海市招生委员会；

2. 拟定各招生院系，交陈立先生二十七日去沪时，代向上海市统一招生委员会商洽；

3. 转学生研究生招生日期及办法，另行决定公布。

（四）理学院院长贝时璋先生去平未返，各项会议均告缺席，如何处理案

决议：奉文教部指示，在贝院长未返校前，各项会议暂请何增禄先生代表出席。

来源：《国立浙江大学日刊》复刊新175期，1949年8月24日

校务委员会第二次会议记录

时间：一九四九年七月二十七日下午二时

地点：校委会会议室

出席：王国松等十六人

主席：刘代主任委员潇然　　记录：包洪枢

讨论事项：

（一）本会成立仪式如何定名

决议：定名为"校务委员会成立典礼"。

（二）教职员升等加薪如何决定案

决议：奉俞部长指示，颁发聘书时（1）教职员薪额暂不填明，待京沪杭统一规定后，再行决定；（2）升等暂仍照旧；（3）由本会布告说明。

（三）各院处系主管人员聘书如何填发

决议：各院处系主管人员聘书，均注明职位。

（四）包洪枢同学提名杨锡龄同学参加招生委员会提请表决案

决议：通过。

（五）机械变动应如何决定案

决议：请各院处主管人员将旧有会议及机构系统备文送文教部审定。

（六）如何响应省委"反对浪费、励行节约"之号召

决议：请文教部定期召集本校各团体阐述"反对浪费、励行节约"之意义及其必要，并具体指示节约之办法，并请总务拟定节约办法，交校委会或常委会通过实行。

来源：《国立浙江大学日刊》复刊新175期，1949年8月24日

校务委员会第三次会议记录

时间：一九四九年八月二日下午二时

地点：本会会议室

出席：范绪箕等二十一人

主席：刘代主任委员潇然　　记录：包洪枢

讨论事项：

（一）英大并入本校后，原在该校肄业之学生如何处理案

决议：1. 该校法学院学生及文理学院历史系学生以转入其他大学之同院同系为原则；

2. 该校其他诸院系学生得免试转入本校之同院系级，但须经过学分审查手续；

3. 学生以卅七年度第二学期注册为限。

（二）英大并入本校后，原在该校之教员续聘问题，如何办理案

决议：该校教员先分由各院系提供意见后，再交文教部决定。

（三）接管英大之图书仪器装运事情如何进行案

决议：由各有关诸院主管人员会同总务长、教务长再行商讨决定。

（四）本校劳军运动机构亟待成立，如何决定负责人选案

决议：聘请王国松先生负责筹备组织。

来源：《国立浙江大学日刊》复刊新175期，1949年8月24日

校务委员会第四次会议记录

时间：一九四九年八月八日下午二时

地点：本会会议室

出席：蔡邦华等十七人

主席：刘代主任委员潇然　　记录：包洪枢

讨论事项：

一、地理学系已划归理学院，地理研究所是否亦设于理学院案

决议：地理研究所设于理学院。

二、原设校舍委员会拟请分设为宿舍分配委员会及校舍委员会案

决议：通过。

三、宿舍分配委员会应如何组织案

决议：由教授会、讲助会、职员会、劳工会、学生会各推代表二人及总务长、事务主任共十二人组织之。

四、校舍委员会拟与预算委员会合并定名为"预算及校舍委员会"案

决议：通过。

五、预算及校舍委员会应如何组织案

决议：由各院院长、总务长、教务长及附中代表组织之，会计主任列席。

六、聘任升等委员会工作迫切是否仍以原有人选继续进行案

决议：暂由原组织推进工作。惟张其昀先生已离校，另推苏步青先生为委员。

来源：《国立浙江大学日刊》复刊新175期，1949年8月24日

校务委员会第五次会议记录

时间：一九四九年八月三十日下午二时

地点：本会会议室

出席：王国松等十八人

主席：马主任委员寅初　　记录：孙祥治

讨论事项：

一、添设俄文组之办法应否明确规定案

决议：通过。呈文教部核备。

二、师范学院归并后原有教育系学生之公费名额应否续予维持案

决议：请示文教部。

三、各院系拟添聘教员名单请予审定以便呈送文教部案

决议：与文教部原停聘名单校对一遍，凡迄至目前止文教部未同意续聘者概不续聘。

四、英大人事物资如何处理案

决议：1.关于人事者：教员方面本校遴选提请；

2.文教部核定：职员方面酌量考虑；

3. 关于物资者：组设分配委员会，由各院院长、总务长、教务长、刘副主任委员组织之，刘副主任委员为召集人。

五、各种常设委员会议决案应先通过主任委员然后施行案

决议：通过。

来源：《国立浙江大学日刊》复刊新175期，1949年8月24日

校务委员会第六次会议记录

时间：一九四九年九月七日下午二时

地点：本会会议室

出席：王国松等十七人

主席：刘副主委　　记录：孙祥治

讨论事项：

一、美英帝国主义觊觎台湾西藏，本校应如何表示案

决议：通知教授会、讲助会、职员会、学治会、劳工会等理事会，请联合举行座谈会发表文告。

二、附中迁罗苑案

经表决：反对者一人，弃权者八人，时在座者为五十人，过半数通过。

三、附中校务会与大学校务会之关系请文教部明确规定案

决议：通过。

四、附中校务会议决案与大学校务会议决案发生冲突时应如何处理请文教部指示案

决议：通过。

来源：《国立浙江大学日刊》复刊新183期，1949年9月17日

浙江大学改制研究大纲　　1949年5月

（一）本校之使命及基本精神

（1）本校之使命及教育方针

（2）本校传统精神之检讨

（3）新精神之基础及其建立

a. 批评作风及民主精神之必要

b. 学校与社会之关系

（二）立法及行政机构

（1）立法机构

（2）校长问题

（3）教务行政

（4）总务行政

（5）各种会议及委员会之性质、组织、职权及产生

a. 校务会议、教务会议、总务会议、院务会议、系务会议等

b. 常设委员会（如预算委员会等）

c. 特种委员会（如水电委员会等）

（三）人事制度

（1）各部门负责人之产生及任期

（2）教员聘任、职工任用及其辞退

（3）员工等级及薪给

（4）员工考绩及升等

（5）进修、休假、退休金、恤金等制度

（6）职业保障问题

（7）层级负责制及检讨批评制之运用

（四）院系与研究所之调整

（五）教学方法与态度

（1）过去教学方针、方法及态度之检讨

（2）新教学态度与方法之商榷

（六）课程与内容

（七）学则问题

（八）学生生活管理及公费制度

（1）训导制度之存废问题

（2）学生生活管理问题

（3）公费自费奖学金助学金之商榷

（4）研究生待遇问题

（九）生活问题及福利问题

（1）全校性（或部分性）生活及福利事务机构之组成、产生、工作范围，并与其他部门之关系

（2）职工进修班及员工子弟学校之创立

（十）其他

（1）招生问题

（2）寒暑假、例假存废及利用问题

（3）高工高农之复校

（4）高医及护士学校之设立

（5）进修班、函授班、补习班、专修班、特种技术班之设立及推广

（6）图书馆馆舍问题

（7）农工医各院与校外技术机关之联系

（8）同学会、教授会、讲师助教会、职员会、劳工会、学生自治会与大学之关系

（9）校歌

（10）经费撙节办法

来源：《国立浙江大学日刊》复刊新148期，1949年5月25日

国立浙江大学学生会子三图书馆章程草案 1949年9月

　　第一条　定名——本馆定名为子三图书馆，为纪念前学生自治会故主席于子三同学殉难而创设。

　　第二条　宗旨——为满足各方新知识的学习要求，进行新民主主义的宣传与教育，发扬马列主义和毛泽东思想，竭诚为全校师长同学工友服务。

　　第三条　组织——

　　（一）本馆直属于国立浙江大学学生会，接受其领导；

　　（二）本馆设于校本部，于华家池设立分馆；

　　（三）本馆为适应工作需要，设下列各股：

　　1. 资料股：负责分类整理收藏资料，合订或剪贴报章刊物，以供各方参考并协助出版工作。

　　2. 出版股：负责各种壁报及书刊之出版事宜。

　　3. 管理股：负责图书之管理，借还、分类、编目、制卡、清理及修补等。

　　4. 订购股：负责图书报刊之选购、征集、交换、收拆、陈列及代订事宜并协助资料股及管理股整编报刊及图书。

　　5. 总务股：负责文书、会计、出纳、庶务及其他不属于各股之事项。

　　6. 生活股：负责馆内工作同学各种康乐活动及生活互助以增强彼此感情上之联系，并借此以建立批评与自我批评的制度。

　　7. 学习股：负责馆内工作同学课余有关技术上或业务上之学习。

　　以上各股得视实际情况之需要随时增减或合并之。

　　第四条　人事——本馆及分馆各设总干事一人，各股设干事一人至二人及工作同学若干人。

　　本馆总干事综理馆务，对外代表本馆向学生会及本馆干事会负责。

　　总干事由学生会聘请之。

　　干事（包括分馆总干事）由总干事提请学生会执委会通过聘请之，如有调动，则由干事会提请执委会通过改聘之。

分馆干事及全部工作同学由干事会聘请之。

第五条　部门——本馆设图书、阅览、报刊及资料等室，得视实际情况扩充或合并之。

第六条　干事会——为本馆最高权力机构，决定本馆一切业务工作，制定本馆预算及工作方针并经常加以检讨与总结以提高工作效能。但决议案不得与学生会决议案相抵触，会期以每周一次为原则，必要时由总干事或半数以上干事签名提请总干事召集临时会议。

第七条　工作同学大会——由生活股召集之，目的在交换业务上之意见，连系感情，会期每学期举行若干次。

第八条　经费——本馆经费来源，除学生会供给经常费外，得接受各种捐款或发起劝募。

第九条　简章及规则——分馆简章、阅览规则及借阅图书及资料规则由该分馆及有关各股另行拟订，交由干事会通过施行之。

第十条　施行及修正——本章程草案由本馆干事会拟定，经学生会通过后施行之，修正时亦同。

来源:《国立浙江大学日刊》复刊新185期，1949年9月23日

国立浙江大学历年在校学生人数统计（1927—1949）

学年度	学生人数
1927—1928	174
1928—1929	245
1929—1930	333

续表

学年度	学生人数
1930—1931	431
1931—1932	511
1932—1933	590
1933—1934	705
1934—1935	628
1935—1936	575
1936—1937	512
1937—1938	613
1938—1939	728
1939—1940	1045
1940—1941	1481
1941—1942	1693
1942—1943	1889
1943—1944	2030
1944—1945	2062
1945—1946	1963
1946—1947	2171
1947—1948	2121
1948—1949	1661

来源：浙江大学校史编写组：《浙江大学简史》（第一、二卷），浙江大学出版社，1996年

国立浙江大学历年毕业学生人数统计（1927-1949年）

学年度	学生人数
1927—1928	17
1928—1929	25
1929—1930	23
1930—1931	65
1931—1932	69
1932—1933	79
1933—1934	115
1934—1935	137
1935—1936	178
1936—1937	127
1937—1938	86
1938—1939	66
1939—1940	127
1940—1941	177
1941—1942	187
1942—1943	335
1943—1944	393
1944—1945	311
1945—1946	327
1946—1947	332
1947—1948	439
1948—1949	458
共计	4073

来源：浙江大学校史编写组：《浙江大学简史》（第一、二卷），浙江大学出版社，1996年

后　　记

　　本书是浙江大学"百廿求是丛书"之一种。为符合丛书对各本书籍体量和规模的要求，编者在尽量广泛收集史料的同时，将具有重要历史价值、反映重要历史节点的精选史料编入本书，不使篇幅过于庞大。作为浙江大学重要史料选编的一次尝试，本书努力记录浙江大学120年来的点点滴滴，作为浙江大学历史发展的佐证，为浙江大学传承求是精神理出一条线索，同时也为研究中国大学的发展之路提供一种视角与借鉴。

　　这些史料的获取，主要有两个途径：其一是编者服务的单位浙江大学档案馆。这是一座史料的宝库，也是文化的宝藏。丰富的馆藏资源为史料选编提供了最为切实的保障。其二是编者长期从事校史工作中所积累起来的史料。编者留心、发现、钩沉和搜集新的史料，通过顺藤摸瓜式的资料检索与考订，搜集了一批校史文献。这些文献对于浙江大学百廿历史的丰富内涵而言，不过是沧海一粟，然而其反映浙江大学历史的价值闪烁其间，不禁令人感慨浙大历史底蕴之丰厚、历史发展之曲折、历史成就之卓著。要特别感谢先辈们采用了各种方式，克服了各种困难，保存或记载了史料，没有他们的贡献，我们不能知道历史的面貌。需要指出的是，由于近代以来中国社会变迁起伏之频繁，许多组织机构的史料散佚现象十分普遍，浙江大学也不例外。一些重要史料，尤其是浙江大学前身求是书院到浙江高等学堂的史料已经很难寻觅。比如，求是书院时期的历年师生名册的可靠文档至今无处可寻，不能编入本书。类似疏漏，不得不说是一种遗憾。不过，从挖掘大学文化底蕴、积累大学研究史料、提供办学实践借鉴的角度，编者史料收集工作不会停止，希望能有新的机会，得以汇编出版新的史料，与读者分享。

　　编者希望所选编的史料能够为读者和研者带来阅读的趣味和研究的便利。但是，由于人手有限，丛书编写体例上又有篇幅限制，因此许多重要史料虽明知应当搜集却不能汇辑入籍，只得深深引以为憾事。同时，由于水平有限，视野所限，难免存在遗误错漏之处，也敬请广大读者和研者不吝赐教，提出批评指正。

本书的编写时间也特别紧张。学校为迎接双甲子校庆，启动了一系列重要纪念和庆祝活动，包括改建浙江大学校史馆、编写《浙江大学图史》等等。参与承担这些重点任务的建设工作，是编者的荣幸和责任，但也在一定程度上减少了本书编写的时间和投入的精力。幸运的是，浙江大学出版社为本书配备了张一弛、张婷两位踏实强干、用心细致而又美丽聪明的巾帼编辑。她们为本书的编成投入了大量的时间和精力，弥补了编者的不足，才使得本书能够在百廿校庆之际顺利出版，由衷地感谢！

最后，值浙江大学120周年校庆之际，再次祝愿母校生日快乐，事业更加辉煌，早日建成世界一流大学！

编者

2017年4月24日

图书在版编目（CIP）数据

浙大史料：选编一（1897—1949） / 张淑锵，蓝蕾
主编. — 杭州 ：浙江大学出版社，2017.5
ISBN 978-7-308-16811-3

Ⅰ．①浙… Ⅱ．①张… ②蓝… Ⅲ．①浙江大学—
史料—1897—1949 Ⅳ．①G649.285.51

中国版本图书馆CIP数据核字(2017)第075860号

浙大史料：选编一（1897—1949）

张淑锵　蓝　蕾　主编

责任编辑	张一弛
责任校对	杨利军　於国娟
装帧设计	程　晨
出版发行	浙江大学出版社
	（杭州市天目山路148号　　邮政编码　310007）
	（网址：http://www.zjupress.com）
排　　版	杭州林智广告有限公司
印　　刷	杭州钱江彩色印务有限公司
开　　本	710mm×1000mm　1/16
印　　张	24.75
字　　数	478千
版印次	2017年5月第1版　2017年5月第1次印刷
书　　号	ISBN 978-7-308-16811-3
定　　价	59.00元